조선 풍속사 ①

조선 사람들, 단원의 그림이 되다

조선 풍속사 ①

조선 사람들○단원의 그림이 되다

강명관

푸른역사

일러두기

1. 본문에 표기된 《단원풍속도첩》과 풍속화의 일부 제목은 저자가 붙인 것이며, 그림 설명에는 원제목과 함께 병기하였다.
2. 인용은 원문을 살리기 위해 반드시 한글맞춤법을 따르지 않았다.
3. 그림이나 사진의 소장처를 확인할 수 없는 경우 밝히지 않았다.

《단원풍속도첩》 읽기

●   이 책에서 나는 단원檀園 김홍도金弘道의 《단원풍속도첩檀園風俗圖帖》에 실린 25점의 풍속화를 꼬투리로 삼아 조선시대의 풍속에 대해 이런저런 이야기를 하려 한다. 2001년도에 혜원 신윤복의 《혜원전신첩蕙園傳神帖》을 제재로 《조선 사람들, 혜원의 그림 밖으로 걸어나오다》라는 긴 제목의 책을 썼다. 아마도 풍속화를 회화사적 접근이 아닌, 풍속사적 입장에서 접근한 최초의 책이 아닌가 한다. 그때 내친 김에 단원의 풍속화도 같은 작업을 해보고 싶었으나, 단원의 그림은 혜원의 그림에 비해 내용을 쉽게 알 수 있는 것이라 여겨 굳이 작업을 벌이지 않았다.

이제 단원의 풍속화로 같은 작업을 하면서 한점 한점 들여다보니 뜻밖에도 모르는 부분도, 잘못 알려진 부분도 꽤나 많았다. 또 너무 평범한 그림이라 모두들 알고 있겠거니 생각했지만 주위에 물어보면 아주 새로운 이야기를 듣는다고 해서 정말 세상이 달라졌음을 실감한 적도 있다.

나는 1960년대에 부산에서 초등학교를 다녔다. 부산은 큰 도시였지만, 집 부근에서는 소를 키우고 벼농사를 짓고 있었다. 나는 농업사회의 끝에서 태어나 산업화 시대를 거쳐, 정보화 시대를 경험한 것이다. 내가 흘낏 끝 자락을 본 농업사회에는 단원의 풍속화 속 세상과 다르지 않았다. 한데 그 세상은 이제 가뭇없이 사라져 동년배의 친구들조차 희한하게 여기는 풍경이 되고 말았으니, 단원의 그림 역시 낯선 것이 되고 만 것이다.

단원의 풍속화가 무엇을, 어떤 풍속을, 어떤 사회를 그렸는지 아는 것은 조선시대를 시각적으로 아는 것이다. 백문이 불여일견이라고 백 번 듣는 것보다 한 번 보는 게 낫다. 풍속화를 대충 보아 넘기지 말고 꼼꼼히 살피면 조선시대 사람들의 삶의 모습을 생생하게 확인할 수 있다. 풍속화, 그것도 단원의 풍속화는 조선시대를 감각할 수 있는 좋은 길인 것이다.

나는 이 책에서 단원에 관한 이야기나, 혹은 풍속화의 미적 성취는 언급하지 않는다. 단원에 대한 훌륭한 전문적 저술이 이미 있고, 또 그런 책에서는 단원의 그림이 회화사에서 얼마나 높은 평가를 받는지 충분히 논하고 있기 때문이다. 오직 《조선 사람들, 혜원의 그림 밖으로 걸어나오다》에서 했던 것처럼, 그림 속에 담긴 풍속 또는 사회를 말할 뿐이다. 따라서 이 책은 단원 김홍도 연구 혹은 풍속화 연구가 아니다. 단원의 풍속화에 그려진 내용에 대한 가벼운 이야기일 뿐이다. 다만 이 책은 학술논문은 아니지만, 이 책에서 언급한 이야기의 대부분은 모두 문헌적 증거에 입각한 것이다. 내키는 대로 무책임한 감상이나 추측을 늘어놓은 것은 결코 아니다.

단원의 풍속화에 대한 글이지만, 사실은 단원을 꼬투리 삼아 생각이 번지는 대로 이런저런 가지를 치는 것을 막을 수가 없었다. 앞서 언급했듯 무슨 학술적 논문이나 저술이 아니니, 그저 옛날 이야기거니 하고 읽어준다면 고맙기 짝이 없겠다.

단원의 풍속화

단원의 풍속화를 언급하자면, 당연히 단원에 대해 몇 마디 해야겠지만, 앞에서도 이미 말한 바와 같이 별로 하고 싶은 생각이 없다. 과거 미술사학계를 수놓았던 기라성 같은 대가들과 근자의 오주석, 진준현, 정병모, 유홍준 같은 분들의 저작이 더 이상 나아갈 수 없을 정도로 단원의 작품과 일생을 자세히 밝혀 놓았기 때문이다.[1]

때문에 미술사학을 '전공' 하지 않은 내가 단원에 대해 지금 이런저런 설을 보탠들 무슨 도움이 되겠는가. 앞선 분들의 연구를 받아들여 디딤돌로 삼으면 그만이다. 다만 미술사학의 연구는 화가로서 단원의 탁월함과 그의 빼어난 그림 기법을 해명하는 데 열중하고 있다. 물론 이런 연구에 문외한인 나는 한마디 말도 더하거나 뺄 수가 없다. 하지만 옛 그림을 오직 회화사적으로만 접근하는 연구 방법은 그림의 저 풍성하고 다양한 성취를 도리어 좁히는 것이 아닐까? 사실 풍속화라고 하면 이미 풍속이란 말에 초점이 놓여 있다. 풍속화를 보고 보통 사람들이 처음 던지는 질문은, 등장하는 인물이 어떤 사람이며 그들이 하는 일은 무엇인가라는 단순한 질문이 아니겠는가? 그렇다면 그 풍속을 소상하게 알아내는 일이야말로 풍속화의 풍부한 이해에 도리어 도움이 될 터이다. 단원의 풍속화를 보면서 이런저런 생

각이 끊이지 않았다. 나의 이 책은 그동안 가졌던 스스로의 의문에
답이기도 하다.
　서설이 길었다. 먼저 단원이 남긴 풍속화에 대해 지금까지의 연구
를 바탕으로 간단히 정리하고 이야기를 시작하기로 한다.
단원의 풍속도는 편의상 네 종류로 나눌 수 있다.

　① 시리즈 풍속화
　② 평생도
　③ 아집도雅集圖
　④ 기록화

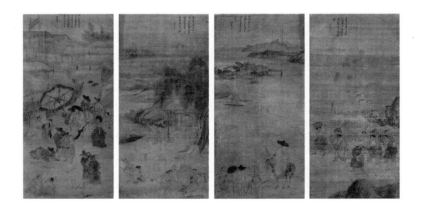

이 중에 '시리즈 풍속화'가 이 책에서 다룰 그림들이다. 시리즈 풍속화는 대개 병풍과 《단원풍속도첩》처럼 첩의 형태로 되어 있다. 물론 이 책에서 다룰 것은 앞서 언급했듯 《단원풍속도첩》이다. 하지만 병풍 형태의 풍속화 역시 참고로 다루지 않을 수 없기에 간단히 언급한다.

진준현 선생의 《단원 김홍도 연구》에 의하면 단원은 다음과 같은 병풍 형태의 풍속화첩을 남겼다고 한다.

(1) 〈산수풍속도 팔첩병풍〉, 국립중앙박물관 소장

① 위교과객危橋過客, ② 풍우행려風雨行旅, ③ 산곡연군山谷練裙, ④ 녹음납량綠陰納凉, ⑤ 홍군녹의紅裙綠衣, ⑥ 송음각저松陰脚觝, ⑦ 채애探艾, ⑧ 산사

1~4	5~8

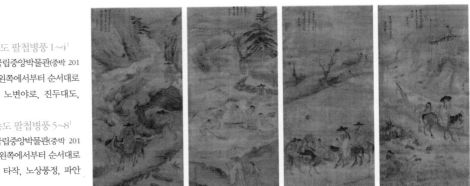

1 행려풍속도 팔첩병풍 1~4｜
김홍도, 국립중앙박물관(중박 201
005-188). 왼쪽에서부터 순서대로
노상송사, 노변야로, 진두대도,
매염파행
2 행려풍속도 팔첩병풍 5~8｜
김홍도, 국립중앙박물관(중박 201
005-188). 왼쪽에서부터 순서대로
과교경객, 타작, 노상풍정, 파안
흥취

(2) 〈풍속도 팔첩병풍〉, 프랑스 기메 박물관 소장

① 노상송사路上訟事, ② 기방쟁웅妓房爭雄, ③ 가두매점街頭買占, ④ 노상
풍정路上風情, ⑤ 후원유연後苑遊宴, ⑥ 파안흥취破顔興趣, ⑦ 설중행사雪中
行事, ⑧ 설후야연雪後野宴

(3) 〈행려풍속도 팔첩병풍〉, 1778년(34세 작), 국립중앙박물관 소장

① 노상송사路上訟事, ② 노변야로路邊冶爐, ③ 진두대도津頭待渡, ④ 매염파
행賣鹽婆行, ⑤ 과교경객過橋驚客, ⑥ 타작打作, ⑦ 노상풍정路上風情, ⑧ 파안
흥취破顔興趣

(4) 〈풍속도 팔첩병풍〉, 1795년(51세 작), 국립중앙박물관 소장

① 진두과객津頭過客, ② 춘일우경春日牛耕, ③ 수운엽출水耘饁出, ④ 마상
청앵馬上聽鶯, ⑤ 해암타어海巖打魚, ⑥ 노방노파路傍爐婆, ⑦ 모정풍류茅亭
風流, ⑧ 관인원행官人遠行

모두 팔첩의 병풍이다. (1)과 (2)는 제작 연대가 확실히 밝혀지지
않았지만, (3)과 (4)는 제작 연대가 확실하다. 대체로 (1)과 (2)는 단원
의 30대 초반의 작품으로 추정한다.

흥미로운 것은 (1)을 신윤복이 임모臨摹했다는 사실이다. 두 사람이
직접 만났다는 기록은 찾을 수 없지만, 같은 시대를 살며 꼭같이 도
화서 화원을 지냈으니, 서로의 그림을 잘 알고, 모사하는 일도 있었

행려풍속도| 신윤복, 국립중앙
박물관(중박 201005-188). ① 여행
하는 선비, ④ 휴식, ⑥ 기녀와 승
려 ⑧ 씨름
행려풍속도| 필자 미상, 국립중
앙박물관(중박 201005-188). ③ 행
려부녀자行旅婦女子 ⑤ 채미採薇

을 것이라 생각된다. 그중에서 ① ④ ⑥ ⑧ 은 《조선시대 풍속화》(국립중앙박물관, 2002) 에서 확인할 수 있다(142, 143면). 한데 2002 년 국립중앙박물관에서 발행한 《조선시대 풍속화》에 ③과 ⑤를 싣고 필자 미상으로 처리하고 있다. 왜 이런 차이가 나게 되었는지는 알 수가 없다.

(3)은 단원이 1778년(34세)에 강희언의 집 담졸헌淡拙軒에서 그린 것이다. 그림 윗부분에는 표암 강세황의 화제가 있다. 이 그림의 일부도 역시 신윤복이 임모한 작품이 남아 있다.

시리즈로 그려진 풍속화는 병풍 외에도 있다. 즉 이 책에서 해설할 《단원풍속도첩》이다. 진준현 선생의 연구에 의하면, 30대 후반의 작품이라고 한다(《단원 김홍도 연구》, 395면). 대체로 (3)과 (4) 사이의 작품인 것이다. 《단원풍속도첩》에 실린 그림을 소개하면 다음과 같다.

서당, 논갈이, 활쏘기, 씨름, 행상, 무동, 기와 이기, 대장간, 노상풍정, 점괘, 나룻배, 주막, 고누놀이, 빨래터, 우물가, 담배 썰기, 자리 짜

1 모당평생도 팔첩병풍 ¹ 김홍
도, 국립중앙박물관. 왼쪽에서부
터 순서대로 돌잔치, 혼인식, 삼
일유가, 한림원겸수찬시翰林院兼
修撰時

2 모당평생도 팔첩병풍 ¹ 김홍
도, 국립중앙박물관. 송도유수
도임식松都留守到任式, 병조판서
시兵曹判書時, 좌의정시左議政時,
회혼식

기, 타작, 그림 감상, 길쌈, 편자 박기, 고기 잡기, 신행, 점심, 장터길

총 25점으로 시리즈로 된 풍속화로서는 가장 많은 수를 자랑한다. 《단원풍속도첩》을 선택한 것은 바로 이 때문이다.

《단원풍속도첩》에 실린 그림은 병풍류 풍속화에 그린 그림과 그 제재가 중복되는 것이 적지 않다. 따라서 앞으로 《단원풍속도첩》을 해설할 때 병풍류 풍속화를 적극 참고할 것이다.

시리즈 풍속화 이외에 중요한 풍속화로 들 수 있는 것이 평생도다. 평생도는 한 인물이 경험한 주요한 사건, 혹은 개인의 일생에서 전환점이 되는 중요한 의식 몇 가지를 골라서 그린 것이다. 평생도는 김홍도가 창안한 것으로 추정하기도 한다.[2] 단원은 일본 유현재幽玄齋 소장 〈평생도병풍〉과 〈담와평생도淡窩平生圖〉, 〈모당평생도 팔첩병풍慕堂平生圖八帖屛風〉 등 3종의 평생도를 남기고 있다. 유현재 소장 〈평생도병풍〉은 가장 일찍 그려진 것으로 원래 8폭 중 6폭이 남아 있다. 누구의 평생을 그린 것인지는 미상이다. 〈담와평생도〉는 담와 홍계희洪啓禧(1703~1771)의 평생을 그린 것이다. 현재 6폭이 남아 있다.[3] 〈모당평생도 팔첩병풍〉은 모당 홍이상洪履常(1549~1615)의 평생을 그린 것으로 8폭이 온전하게 남아 있다. 평생도는 조선시대 사람의 일생과 일상을 이해하는 데 매우 중요한 작품이다. 다만 이 책에서는 다루지 않는다. 언젠가는 평생도를 제재로 해서 글을 써 보고 싶다.

풍속화로서 또 상당한 작품 수를 자랑하는 것이, 문인들이 모여 시문을 짓고 술을 마시는 등 그들의 우아한 생활을 그린 아집도雅集圖와 어떤 행사를 뒷날 전하기 위해 그리는 기록화가 여러 점 남아 있

다. 하지만 이 책에서는 다루지 않는다.

이 외에도 단품의 풍속화가 상당히 남아 있는데, 이것은 《단원풍속
도첩》을 다루면서 필요한 경우 적극 인용하기로 한다.

끝으로 한마디 덧붙이고 싶은 것은 그림의 제목이다. 《단원풍속도
첩》을 제외하고는 거개 풍속화의 제목은 한자말로 되어 있다. 한자
나 한문을 모르는 사람에게는 요령부득이다. 그래서 이 책에서는 가
능한 한 쉬운 우리말로 그림 제목을 바꾸었다. 또 그림의 내용과 다
르게 제목이 엉뚱한 것도 종종 있어 이 역시 가능한 한 우리말로 바
꾸었다. 이 점 이해해 주시기 바란다.

백문이 불여일견이라고, 아무리 찬찬한 설명도 직접 보는 것만 못
한 법이다. 단원의 풍속화를 해설한 이 책이 아직 어수룩하나마 조선
후기 사람들의 삶과 풍속을 엿보는 길라잡이가 되면 한다. 또 이 책
을 시작으로 삼아 조선의 풍속을 시각적으로 이해하는 길이 열렸으
면 한다.

2010년 6월
강명관

차 례

조 선 풍 속 사 ○

한눈에 보는 조선 풍속사

쌍겨리 · 22

들밥 · 34

타작 · 50

나무하기와 윷놀이 · 70

어살 · 88

자리 짜기 · 104

대장간 · 118

편자 박기 · 128

기와 이기 · 146

우물가 · 162

빨래터 · 178

길쌈 · 194

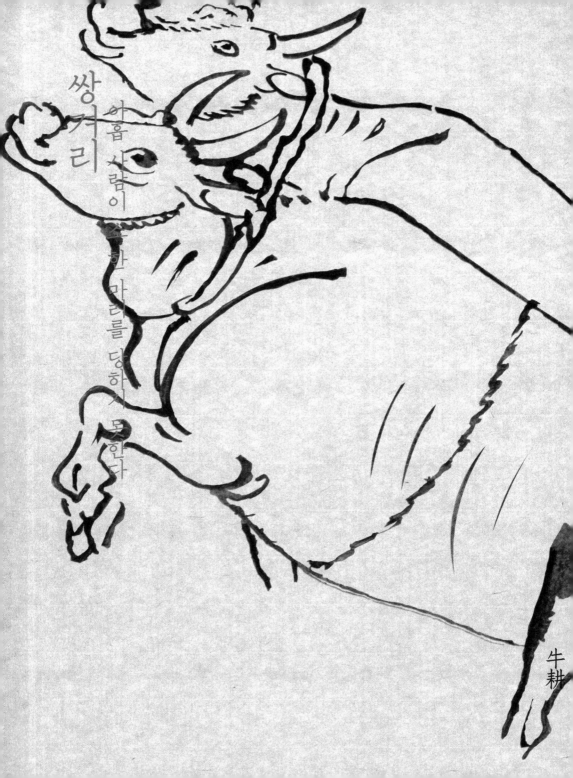

쌍거리

아홉 사람이 소 한 마리를 당하지 못한다

牛耕

一 30대 후반의 어느 날이었다. 평소 존경하는 선배 교수님을 모시고 식사를 하던 중 문득 이렇게 물으신다. "강 교수는 은퇴하면 무엇을 하며 지내려나?" "뙈기밭이나마 갈아보고 싶습니다." 은퇴를 불과 한두 해 남겨놓은 그 분은 희끗희끗한 머리를 손으로 넘기면서 허허 웃으신다. "강 교수, 농사가 그리 쉬워 보이나?" 시골에서 젊은 날 농사를 지어본 그 분에게 책상물림으로 평생을 보낸 사람의 농사를 짓겠다는 말은 정말이지 우습게 들렸을 것이다.

나 역시 모르는 바 아니다. 농사는 힘들기 짝이 없는 노동이다. 책을 읽고 글을 쓰던 사람이 농사라니 가당치도 않다. 다만 대학에서 평생 남이 생산한 먹을 것을 소비해 왔기에 미안한 마음도 있고, 또 내 직장인 대학에서 하는 일들이 농사짓는 일보다 더 중요할 것도 없겠기에, 나머지 인생은 뙈기밭에서 육신을 놀리지 않고 꿈적이며 살아야겠다는 얕은 생각에 부질없는 희망 사항을 말씀드린 것뿐이었다.

농사를 짓는다는 것은, 근골을 수고롭게 하는 노동을 하염없이 해야 한다는 의미다. 조선시대의 농업 노동이 더욱 가혹하게 다가왔던 것은, 대부분 자기 땅이 아닌 남의 땅을 경작해야 했고, 또 그 노동에 자신의 생명과 자신이 부양해야 할 부모와 아내(혹은 남편)와 아이들의 생명이 달려 있었기 때문이었다. 만약 지주가 땅을 거두어들인다면, 또 가뭄으로, 홍수로, 병충해로 농사가 실패한다면, 굶는 수밖에 없었다. 굶주리는 삶은 곧 유리걸식을 의미했다. 가난 구제는 나라님도 못한다고, 아무런 대책이 없다. 예금이랄 것도 없고 보험이랄 것도 없다. 농사가 힘들다는 것은 본시 그 노동에 얹혀 있는 삶의 무게 때문일 것이다.

조선시대 화가들이 그린 농촌의 풍경은 대개 원경이다. 저 멀리 보이는 마을은, 이발소그림에 등장하는 농촌과 다르지 않다. 한쪽에서 타작을 하고, 물레방아가 돌아가고, 소가 느릿느릿 걸어가고 복사꽃이 피고, 녹음이 우거지고, 이런 모든 경치가 한데 있는 그런 그림 말이다. 한마디 덧붙이자면 타작은 가을에 하는 일인데, 이발소그림에는 봄날의 복사꽃이 옆에 피어 있으니 알다가도 모를 일이다. 어쨌거나 이런 그림의 농촌은 평화롭고 풍요로운 곳이다. 그렇다. 나의 삶과 구체적 연관을 맺지 않을 때 그것은 아름다운 풍경으로만 보인다.

각설하고 단원의 〈쌍겨리〉를 보면 원경이 아니다. 일하는 장면만 크게 클로즈업했다. 농민의 삶을 묘사한 그림이 적지 않지만 이렇게 가까이에서 일하는 장면만 잡아내는 것은 《단원풍속도첩》 특유의 화법이다. 그림은 위쪽과 아래쪽으로 나뉘어져 있다. 먼저 위쪽을 보자. 남자 둘이 쇠스랑을 들고 일을 하고 있다. 쇠스랑은 주로 두엄을 쳐내고 퇴비를 긁어 올리는 데 사용하며, 드물게는 밭을 가는 데도 쓰인다. 쇠스랑은 그림에서처럼 발이 세 개인 것이 일반적이고 이따금 둘인 것도 있다. 자루는 대개 참나무로 만들고 발은 당연히 쇠로 만든다. 그런데 이 그림의 농부 둘이 구체적으로 무엇을 하는지는 분명하지 않다. 두엄을 쳐내는지, 퇴비를 긁는지, 아니면 밭을 가는지 이 그림만으로는 알 수가 없다.

아래쪽의 사내는 소 두 마리로 쟁기

1 쌍겨리(논갈이)ㅣ 김홍도, 《단원풍속도첩檀園風俗圖帖》, 국립중앙박물관. 소 한 마리에 멍에를 지우면 외겨리 혹은 독겨리라 하고, 쌍멍에에 소 두 마리를 지우면 쌍겨리라 한다.

2 두 발 쇠스랑과 세 발 쇠스랑

질을 하고 있는 중이다. 소 엉덩이에 똥이 묻은 것까지 자세하게 그렸으니 어지간한 관찰력이다. 흥미로운 것은 쟁기를 끄는 소가 두 마리라는 점이다. 소 한 마리에 멍에를 지우는 것을 외겨리 혹은 독겨리라 하고, 쌍멍에에 소 두 마리를 지우면 쌍겨리라 한다. 지금은 소로 밭을 가는 일도 보기 어렵게 되었으니 쌍겨리는 더욱 보기 어렵다. 가끔 깊은 산골에서 쌍겨리로 논과 밭을 가는 경우가 있기는 하지만, 아마도 곧 사라져버릴 것이다. 대개 논과 밭을 갈 때 땅이 평평하여 쉽게 흙을 팔 수 있으면 외겨리로 하지만 화전 같은 경사지거나 흙이 단단하거나 돌이 많은 곳은 힘이 많이 들기 때문에 쌍겨리로 한다. 쌍겨리는 땅을 깊이 갈기 위해 고안된 방법인 것이다.

김준근金俊根의 풍속화 〈밭갈이와 씨 뿌리기〉는 소 두 마리가 끄는 쟁기를 그렸다. 역시 쌍겨리다. 그림의 솜씨야 단원만 못하지만 정보량에서는 김준근이 훨씬 앞선다. 앞에는 재거름을 뿌리는 사람, 옆에는 씨망태에서 씨앗을 꺼내 뿌리는 사람까지 그려놓았다.

다산茶山 정약용丁若鏞(1762~1836)은 강진에 귀양 가서 〈탐진농가耽津農歌〉[4]란 시를 지었는데, 여기에 흥미롭게도 외겨리, 쌍겨리 이야기가 나온다(탐진은 강진康津의 옛 이름이다). 모두 10수인데, 일곱 번째 작품을 보자.

게으른 버릇은 기름진 땅을 믿기 때문
상농上農도 중천에 해 뜨도록 잠에 빠졌다가
느릅나무 그늘에서 한바탕 술주정하고 나서
느리작느리작 소 한 마리 몰고 마른 밭을 가는구나.

이 시에 주석이 붙어 있는데, "경기 지방의 마른 밭은 소 두 마리로 간다"하고 있다. 곧 전라도 강진에서는 외겨리로 밭을 갈지만 경기도에서는 쌍겨리로 갈았던 것이다. 우하영禹夏永(1741~1812)의 《천일록千一錄》에 의하면, 관동 지방은 영서·영동을 막론하고 쌍겨리로, 황해도 봉산·재령·신천·안악 등도 쌍겨리, 경상도는 대개 쌍겨리, 남쪽 지방은 외겨리, 전라도는 산간 지방은 쌍겨리, 평야 지대는 외겨리로 한다는 것이다.[5] 혼자 소 두 마리를 가지고 있다면 문제가 없지만 소란 것이 농민이면 누구나 손쉽게 가질 수 있는 재산이 아니

어서, 이웃과 함께 어울려 소 두 마리를 매기도 하였다. 위의 그림도 그런 사정을 말해 주는 게 아닌가 한다.

쌍겨리로 논밭을 갈며 부르는 노래를 〈쌍겨리 소리〉라 하는데, 경기도 가평의 〈쌍겨리 소리〉를 들면 이렇다. "어져, 저 소야, 줄 잡아 당겨라. 이랴, 이랴. 먼저 나가지 말고, 두 마리가 잘 잡아 당겨라." 물론 노래는 소리를 길게 뽑고 후렴구를 넣기도 하여 아주 늘어진다.

쌍겨리를 보았다면, 외겨리도 보자. 단원이 1795년(51세)에 그린 〈풍속도병〉의 하나인 〈봄날 쟁기질春日牛耕〉이다. 그림의 상단에 사내 둘이 괭이로 땅을 파고 있고, 그 아래에 한 사내가 황소로 쟁기질을 하고 있다. 이것이 외겨리다. 사족을 하나 덧붙이자면 아래쪽에 아낙이 아이를 업고 나물을 캐고 있는데 손에 쥐고 있는 것은 '캠대'라는 것이다. 역시 단원의 작품인, 〈쟁기질〉도 외겨리로 밭을 갈고 있다.

농우는 농사를 짓는 데 필수였다. 하지만 농민들에게 소가 언제나 넉넉하게 돌아갔던 것은 아니다. 성종 때 시인이자 관료였던 강희맹姜希孟은 《금양잡록衿陽雜錄》이란 책을 쓴다. 금양은 지금의 과천인데, 그는 한때 과천에서 씨뿌리고 채소를 가꾸고 나무를 심는 등 직접 농사일을 하여 농사에 관해 제법 알게 되었다. 강희맹은 먹물이었으니 먹물답게 거기서 얻은 지식을 《금양잡록》이란 책으로 엮는다. 책의 내용은 곡식의 종류, 농

1 봄날 쟁기질春日牛耕 김홍도, 〈행려풍속도병行旅風俗圖屛〉, 국립중앙박물관(중박 201005-188)

2 쟁기질(경작) 김홍도, 《병진년화첩丙辰年畵帖》, 호암미술관

3 쟁기질(1904) 외겨리로 밭을 갈고 있는 소와 농부의 모습이다. 이렇게 소 한 마리가 쟁기를 끄는 것을 호리(쟁기)질이라고도 한다.

사짓는 법, 농민과의 대화 등 잡다하다. 이 책을 보면 당시 농촌에 소가 매우 드물었음을 알 수 있다. 강희맹은 이렇게 말하고 있다. "동리에 100집이 있는데, 가축이 있는 집은 열 집 남짓이고, 소는 한두 마리에 불과하다. 거기서 송아지를 제외하고 농사일을 맡길 만한 소는 겨우 몇 마리에 불과하다. 100집의 밭을 몇 마리 소가 갈자 하니 힘이 부치기 마련이다." 이것으로 보아, 농사지을 소가 충분하지 않았던 것이다. 거기다 도둑떼까지 소를 잡아먹어 남은 소로는 경작이 불가능해 하는 수 없이 사람이 쟁기를 끄는데, 아홉 명이 쟁기를 끌어도 소 한 마리를 당하지 못한다는 것이다.[6]

이처럼 농업사회인 조선조에는 소가 늘 부족했다. 소 전염병도 자주 돌았다. 예컨대 인조 15년, 16년 두 해에는 소 전염병이 너무 심하여 성균관에서 공자에게 올리는 봄가을의 제사, 곧 석전 때도 제물로 소 대신 돼지를 쓰게 했으며, 현종 11년에도 전국의 소가 거의 다 죽어 사람이 대신 쟁기를 끌었다고 한다. 한데 소가 모자라는 가장 큰 이유는 쇠고기의 소비 때문이었다. 《세종실록》 7년 2월 4일조를 보면 국가에서는 농우 확보를 위해 소의 도살을 금지하고 있다. 읽어보면 다음과 같다.

먹는 것은 백성의 근본이 되고 곡식은 소의 힘에서 나오므로 우리나라에서는 금살도감禁殺都監을 설치하였고, 중국에서는 쇠고기의 판매를 금지하는 법령이 있으니, 이는 농사를 중히 여기고 민생을 후하게 하려는 것이다.

조선조 500년 동안 지속된 세 가지 금령이 있는 바 소나무의 벌채를 제한하는 송금松禁, 술 빚는 것을 금하는 주금酒禁, 그리고 바로 소의 도살을 금하는 우금牛禁이 그것이었다. 조선 정부는 이처럼 소의 도살을 막았지만 성공한 적은 거의 없었다. 정책을 수립하는 지배층이 쇠고기를 가장 많이 소비했기 때문이었다.

　　정조 때 박제가朴齊家(1750~1805)가 쓴 《북학의北學議》에 의하면 당시 날마다 소 500마리를 도살한다 하였다. 서울에는 쇠고기를 파는 24개의 푸줏간이 있고 지방 300여 고을 관아에서도 빠짐없이 쇠고기를 파는 푸줏간을 열고 있다 했으니, 쇠고기의 소비량은 실로 대단했던 것이다. 《정조실록》 17년 9월 11일조의 대사간 임제원이 올린 상소문을 보면 좋은 날씨로 인해 유래 없는 풍년이 들었는데도, 뜻밖에도 모내기도 못한 곳이 있다면서 그 이유로 농사지을 소의 부족을 들고 있다. 소를 잡아먹는 일이 너무 심해져서 소가 부족해졌다는 것이다. 큰 도시에 쇠고기를 파는 가게가 늘어서 있으며 호서 지방과 호남 지방이 쇠고기를 먹는 데 열중한 나머지 소 값이 올라 논밭을 가는 소가 모자라게 되었고, 그 결과 사람이 대신 쟁기질을 하므로 모를 내지 못하는 곳이 적지 않다는 말이다. 요컨대 고려공사 사흘이라고 아무리 금령을 발동해도 쇠고기를 먹고자 하는 욕망을 막을 수는 없었다.

　　소는 농가의 최고의 재산이었다. 조선시대 한시를 보면 세금을 내지 못한 농가에 아전들이 들이닥쳐 소를 끌고 가는 장면이 흔히 나온다. 정약용은 〈용산마을 아전龍山吏〉이란 시의 서두를 이렇게 시작한다.

아전들 용산마을 들이쳐

소 끌어내 관가로 넘기누나.

소 몰고 멀리멀리 사라지는 걸

집집이 문밖에 서서 멍하니 바라만 보네.

사또님 노여움 풀어 드리기 급급한데

백성의 아픔이야 누가 아랑곳하리.

용산은 정약용이 귀양살이를 하던 강진의 한 마을이다. 백성들이 세금을 내지 못하자 아전들이 들이닥쳐 소를 빼앗아 간 것이다. 그런데 소를 빼앗으라 한 사또는 소로 무슨 짓을 했던가? 시의 말미를 보자. "소 잡아 포를 떠서 권문세가에 바치나니, 재간은 이로 말미암아 드러난다지."[7] 백성의 소를 빼앗아 제 출세를 위해 권문세가에 포를 떠서 바쳤던 것이다.

소는 농사를 짓거나 고기만으로 이용되는 게 아니었다. 짐을 끄는 것도 소가 하는 중요한 노동이었다. 영조 때의 시인인 홍신유洪愼猷가 쓴 시에 〈우거행牛車行〉이란 작품이 있다. '수레를 끄는 소에 대한 노래'란 뜻이다. 서울 한강 근처에 강을 통해 서울에 도착한 양곡이며 땔나무를 도성 안으로 옮기는 수레를 끄는 소를 제재로 삼은 것이다. 이 작품의 소는 짐을 싣고 도성으로 들어가다가 큰 비로 생긴 웅덩이에 빠져 천신만고 끝에 나온다. 하지만 다시 좁은 비탈길에서 양반네 행차를 만나 놀란 나머지 진흙 구덩이에 빠져 버둥거리다 죽고 만다. 시인은 소를 가엾게 여겨 이렇게 말한다.

한 해 가고 두 해 가면

전신은 성한 데 없고

가죽은 마르고 살은 졸아붙어

영락없이 고사목처럼 되고 말지.

그 소 마침내 푸주로 끌려와서

잡아먹히게 되는데

"수레 끄는 소는 고기 맛이 없다"

말들 한다네.

소의 힘 모두 빨고

마침내 그의 고기까지 먹으니

사람들 잔인하기

어찌 이와 같단 말가?[8]

　평생 노동력을 빼앗고 죽으면 고기까지 먹으니, 인간처럼 잔인한 짐승이 지구상에 또 있을까? 단원의 〈쌍겨리〉를 보자니 영화 〈워낭소리〉가 생각이 난다. 과연 인간이 이토록 짐승의 살을 탐닉해야 할 것인가.

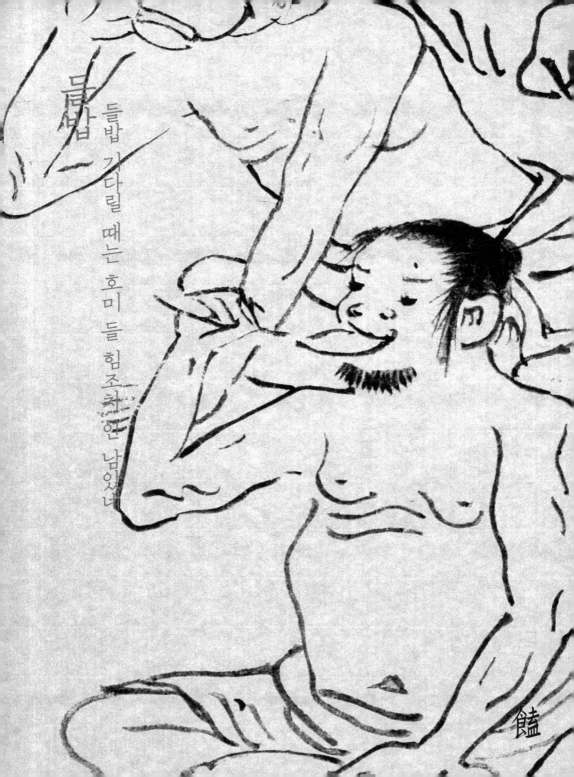

들밥

들밥 기다릴 때는 호미 들 힘조차 한 남있너

二 전근대 사회에서는 일일이식一日二食, 곧 아침저녁으로만 밥을 먹는 것이 원칙이었고 점심의 경우 먹지 않아도 괜찮은 것처럼 인식되었다. 관청에서는 경비가 부족하면 점심밥을 제공하지 않기도 하였다. 하지만 대개의 경우 점심을 먹었던 것 같다. 물론 그것은 점심이란 말처럼 마음에 점을 찍는 정도의 가벼운 식사였던 것으로 보인다. 한데 절대 생략할 수 없는 식사가 있다. 힘든 노동은 많은 칼로리를 필요로 한다. 농사일이 한창일 때면 점심을 몇 번이라도 먹어야 하지 않겠는가.

단원의 유명한 〈들밥 ①〉을 보자. 장정이 일곱 명, 젖먹이 어린애가 한 명, 더벅머리 꼬마가 한 명, 그리고 젖을 먹이는 아낙이 한 명 있다. 뙤약볕에서 일을 했는지 장정 다섯은 윗저고리를 벗고 맨살을 드러내고 있다. 큼지막한 밥사발을 들거나 앞에 놓고 먹고 있는데, 넉넉하지 않은 살림이라는 게 절로 짐작이 간다. 왼쪽을 보면 두 사내가 한참 밥을 먹고 있는데 반찬 그릇은 오직 하나다. 그림 중앙의 사내는 아예 반찬 그릇조차 없다. 모든 밥은 아낙네 앞에 놓인 보자기를 덮은 방구리에서 나온 것이다. 장정 일곱의 밥이 방구리 하나에서 나오다니, 좀 쓸쓸하다. 한쪽이 열려 있는 방구리를 조심스럽게 보면 그릇을 담은 것이 아니라 하나의 물건만을 담은 것으로 보이는데, 내 눈에는 보리밥으로 보인다. 아닌가? 하기야 들밥에 무슨 정해진 음식이 있을까. 보리밥에 풋고추와 된장이면 족할 것이다. 하지만 빠질 수 없는 것이 막걸리가 아닌가. 그래서 새참은 동시에 '술참'이 된다.

방구리(광주리)¹ 음식물 등을 서늘하게 보관하거나 머리에 이고 나를 때 사용하던 그릇이다.

흔히 직업에 귀천이 없다는 말을 하지만, 사실 직업에는 귀천이 있다. 편안하고 쾌적한 사무실에서 깔끔한 복장으로 앉아 커피를 마시며 업무를 보고 월급을 받는 것과, 저 땅 속에서 비지땀을 흘려가며 석탄가루를 뒤집어쓰고 석탄을 캐는 노동으로 대가를 받는 것 중 당신은 어느 쪽을 택하겠는가. 물론 오직 농업뿐인 사회 그리고 자신의 경작이 온전히 자신과 공동체의 것이 되는 사회라면 귀하고 천할 것도 없다. 아니 그런가.

양반들은 언필칭 농자천하지대본이라고 말하지만 그 말은 농민이 가장 고귀하다는 의미는 아니다. 식량은 인간의 필수적 생존 조건이다. 그런 의미에서 식량을 생산하는 농사가 가장 중요한 것일 뿐, 뙤약볕에 몸을 내맡기고 허리가 끊어져라 김을 매는 노동은 그보다 편한 직업, 예컨대 관청의 벼슬자리가 있는 한 선택하고 싶지 않은 일이다. 전근대 사회의 농사는 하나에서 열까지 모든 일이 인간의 손끝에서 이루어지기 때문에 노동의 강도는 대단히 높고, 칼로리의 소모도 엄청났다(물론 지금이라 해서 노동의 강도가 약하다는 것은 아니다). 그 소모되는 칼로리의 공급원이 들밥이고 새참이다. 따라서 농사꾼의 새참은 심심풀이로 먹는 간식이 아니다. 하지만 노동의 중간에 새참을 먹는 게 얼마나 또 행복한가. 이 새참의 역사는 실로 오래다. 《시경》 빈풍豳風 〈칠월〉을 보면, 이런 구절이 있다.

들밥(점심) ①ˡ 김홍도, 《단원풍속도첩》, 국립중앙박물관. 힘든 노동 끝에 한데 모여 들밥을 먹는 일꾼들의 모습이 정겹다. 점심이 끝나기를 기다리며 돌아앉아 아기에게 젖을 물리고 있는 아낙과 따라온 듯한 개 등이 들밥의 포만감을 더한다.

칠월에 화성이 서쪽으로 내려가면
구월에 겨울옷을 준비 하네.
동짓달 찬바람 쌩쌩 불어오고

설달에는 추위가 몰아치니

덧옷이며 털옷 없으면

어찌 겨울 넘기리오?

일월에 쟁기 살펴 손을 보고

이월에 밭을 갈기 시작하니

아내와 아이들이 남쪽 밭에 들밥을 날라오고

전준田畯은 와서 보곤 흐뭇해하는구나.

'빈풍豳風'은 '빈豳' 지방 민요란 뜻이다. 〈칠월〉은 '칠월'이란 말로 이 노래가 시작되기 때문에 붙은 제목이며, 전준田畯은 '권농관'이다. 즉 봄이 되어 밭을 갈기 시작하여 아내와 자식이 아버지에게 들밥을 날라 오자, 권농관이 그 광경을 보고 흐뭇한 미소를 띤다는 내용이다. 이 구절의 원문은 "饁彼南畝, 田畯至喜"인데 좀 어려운 한자다. 굳이 우리말로 음을 달자면 '엽피남무, 전준지희'가 된다. '饁'자에 해설이 붙어 있는데 다음과 같다. "饁은 밭에 밥을 내가는 것이다[饁(餉田也)]" 곧 들밥은 2000년 하고도 수백 년 전인 주周나라 때에도 사용된, 오랜 역사를 지닌 말이다.

농업사회였던 조선시대에도 들밥에 대한 언급이 있었다. 앞서 들었던 강희맹의 《금양잡록》에는 농민의 삶을 노래한 농요農謠도 실려 있다. 강희맹이, 농민들이 농사를 지으며 부르는 노래를 들었는데, 이게 의외로 솔직한 것이 괜찮다. 그래서 먹물답게 한시로 옮긴다. 이것이 〈선농구選農謳〉 14편이다. 말이 길었지만 여기에 〈들밥을 기다리며待饁〉란 시가 있는 것이다(〈농구〉는 모두 14수다. 그중 여덟 번째 작품이 〈들밥을 기다리며〉다). 작품을 읽어보자.

큰며느리 절구질 서두르고

작은며느리 부엌으로 들어가자

푸른 연기 모락모락 피어나고

주린 창자에선 우레 소리 울린다.

들밥 기다릴 때는

호미 들 힘조차 안 남았네.[9]

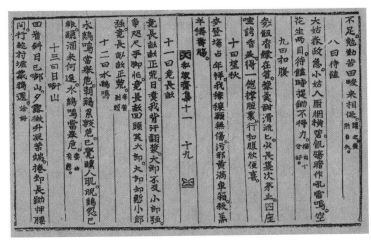

선농구 중에서 강희맹, 《금양
잡록》, 《사숙재집私淑齋集》 권11.
강희맹이 성종 때 금양에 은퇴해
그 지역의 농사에 관한 자료들을
수집, 정리해 저술한 책이 《금양
잡록》이다. 이 중 〈선농구〉는 금
양 지역의 농요 14수를 채집한 것
이다.

八日待饁

大姑舂政急 小姑入廚煙橫碧

飢腸暗作吼雷鳴 空花生兩目

待饁時提鋤不得力

남자들이 들에 나가서 김을 매고 있을 때 집안에서 부녀들은 들밥 준비에 바쁘다. 남자들은 고된 노동을 하면서 오로지 들밥만 기다린다. 그렇지 않은가. 나는 한 끼 점심밥을 달게 먹기 위해 오전의 노동을 견디고, 한 끼 저녁밥을 즐겁게 먹기 위해 오후의 노동을 견딘다. 농사일은 강도 높은 노동이다. 새벽에 나와서 허리를 꼬부리고 계속 일을 하다가 정오가 되면 뱃속에서는 우레 소리가 울리고 호미 들 힘조차 남지 않는다. 드디어 들밥이 오고, 배불리 먹는다. 그 다음은? 〈배를 두드리며〉란 작품이 이어진다.

광주리에 담긴 향기로운 보리밥이며
아욱국 달디달아 숟갈에 매끄럽게 흐르네.
어른 젊은이 차례로 둘러앉아
왁자지껄 밥 먹는 소리 요란하다.
달게 포식하매 속이 든든하니
배를 북처럼 두드리고 그저 흡족해할 뿐.[10]

어떤가, 힘든 노동 끝에 배불리 먹고 흡족해하는 농민의 심정을 느낄 수 있으신지.

전근대 사회는 농업사회이니 당연히 농사에 관한 한시가 많이 남아 있다. 그런 한시 중에서 들밥을 내가는 여성은 단골로 등장하는 제재다. 성종 때 관료이자 시인으로서 대제학 벼슬까지 했던 서거정徐居正(1420~1488)의 〈전가田家〉[11]란 시를 보자.

집집마다 차린 들밥 고사리나물 향기롭다.

먹고 나자 밭머리에서 웃음소리 왁자하네.

올해 봄비 넉넉하니

하릴없는 두레박에 저녁 햇살 비치네.

　고사리나물을 반찬삼아 밥을 먹고 농담하며 웃음소리가 낭자하다.
봄비도 넉넉히 내렸다. 굳이 두레박으로 논물을 퍼 올리지 않아도 된
다. 여유 있는 풍경이다. 한데 들밥 자체에 초점을 맞춘 게 아니다.
고려 말 시인 안축安軸이 삼척 죽서루를 읊은 8수의 한시 중 〈밭이랑

에 들밥을 내어가는 아낙네葧頭饁婦〉[12]란 시를 보자.

아낙은 들밥 차리느라 자기 밥도 아니 먹고
새벽부터 마음이 논밭에 가 있네.
점심나절 밭이랑으로 걸음을 재촉하여
남편을 배불리 먹인 뒤 신이 나서 돌아오네.

남편은 꼭두새벽에 들로 나갔다. 한여름의 농사일은 너무나 고되
다. 아내는 그 남편이 너무나 안쓰럽다. 그것을 생각하고 서둘러 밥
을 지으며 정작 자신의 식사는 잊어버린다. 정오가 되어 서둘러 들로
나가 남편이 배불리 먹는 것을 보고는 그제야 편한 마음으로 집으로
돌아온다. 앞서 들었던 서거정의 시보다는 현실에 훨씬 더 가깝다.
단원의 그림도 그렇다. 단원의 그림에서 아이에게 젖을 물리고 있는
여성의 표정을 보라. 자식에 대한 따스한 눈길을 느낄 수 있다. 사랑
하는 대상에게 무언가를 먹이는 것이야말로 진정한 사랑의 표현이
아니겠는가. 먹이는 행위는 인간의 생명 의지를 충족시켜 주기 때문
이다.

그런데 이 시에 꼭 맞는 그림이 남아 있다. 역시 단원이 1795년(51
세 작)에 그린 〈들밥 내가는 아낙네水耘饁出〉가 그것이다. 그림의 논에
서는 농부들이 김을 매고 있고 그 아래에 아낙네가 머리에 밥을 담은
광주리를 이고 있다. 그 앞을 가는 사내는 지게에 광주리를 지고 가
는데 역시 점심밥이 담겨 있을 것이다. 밥이 있다면 술도 있어야 하
는 법, 광주리를 인 아낙네 뒤에 큰 술단지를 안은 아이가 따르고 있

1 들밥 나르기(1930)¹ 농사가 한창일 때 논일 하는 사람을 위해 점심을 나르는 일은 농촌 아낙들의 주된 일과였다.

2 들밥 내가는 아낙네野餐出饋¹ 김홍도, 〈행려풍속도병〉, 국립중앙박물관(중박 201005-188)

다. 한데 들밥을 말하면서 꼭 말해야 하는 것은 아닐 수도 있겠지만, 그래도 한마디 덧붙이지 않을 수 없는 것이 그림 중간에 햇볕을 가리는 휘장을 치고 앉은 사내다. 사방관을 쓴 이 사내는 도포를 고이 입고 삿자리 위에 앉아 농부들이 김매는 것을 보고 있다. 지주일 게다. 논에서 김을 매고 있는 남자들은 모두 이 양반의 종이거나 아니면 소작인이다. 양반의 왼쪽에는 꼬마가 책을 얹은 서안을 앞에 두고 책을 읽고 있는 참이다. 양반의 아들이거나 손자이겠다. 어찌 좀 서글픈 생각이 든다. 논에서 일하는 자와 시원한 그늘 아래서 감농監農하며 아들에게 글을 읽히는 사람이라니! 저 아이는 자라면 양반의 자리에 앉아 감농할 것이고, 술 단지를 안고 오는 농부의 자식은 또 술 단지를 안을 것이다.

　김득신金得臣(1764~1822)의 그림에도 들밥을 먹는 그림이 있다. 〈들밥 ②〉가 그것인데, 이 그림은 여러 모로 단원의 〈들밥 ①〉과 흡사하다. 김득신의 〈들밥 ②〉 위쪽 부분은 들밥을 먹고 있는 장면인데 비교해 보면 단원의 〈들밥 ①〉과 사실상 동일한 구성임을 알 수 있을 것이다. 다만 이 그림은 단원의 그림에서처럼 감농하는 지주가 김매기를 앉아서 지켜보지 않고, 그림 아래에서 보듯 지팡이를 짚고 물을 건너오고 있는 참이다. 김득신의 그림만이 아니라, '들밥'

을 주제로 한 그림은 제법 전하고 있다.

각설하고 조선 후기 가사체歌辭體 농서農書인 《농가월령가農家月令歌》[13]를 보자. 《농가월령가》는 '월령'이란 말대로 달마다 농사꾼이 해야 할 일을 열거한다. 6월령의 점심 먹는 부분을 인용해 보자.

날 새면 호미 들고 긴긴 해 쉴 틈 없이
땀 흘려 흙이 젖고 숨 막히고 맥 빠진 듯
때마침 점심밥이 반갑고 신기하다.
정자나무 그늘 밑에 앉을 자리 정한 뒤에
점심 그릇 열어놓고 보리단술 먼저 먹세.
반찬이야 있고 없고 주린 창자 채운 뒤에
맑은 바람 배부르니 낮잠이 맛있구나.
농부야 근심 마라 수고하는 값이 있네.

아마 이 부분이 단원의 그림과 흡사할 것이다. 점심밥의 내용물은 무엇인가. 5월령을 보면, "보리밥 찬국에 고추장 상추쌈을, 식구들 헤아리니 넉넉히 준비하소. 새참때 문을 나서니 개울에 물 넘는다. 농부가로 답을 하니 격양가 아니런가?"라고 했으니, 보리밥에 찬국에 고추장과 상추쌈이었던가 보다.

농부의 새참은 당연히 호된 노동에 소모된 에너지를 보충하기 위한 것일 터이다. 개화기 때 선교사들이 한국에 와서 농부들이 점심나절 먹는 들밥의 양을 보고 깜짝 놀랐다는 이야기를 들은 적이 있다. 밥이 아니고서야 힘든 노동을 감당할 다른 에너지원이 없기 때문에

들밥 ②│김득신, 〈풍속팔곡병風俗八曲屛〉, 호암미술관

많이 먹을 수밖에 없다. 21세기 한국 사회의 과식과는 차원이 다른 것이다. 요즘이야 적게 먹으면 건강에 좋다느니, 오래 산다느니 하지만 그것은 먹을 것이 흘러넘치는 세상의 일일 뿐이다. 즉 현대의 소식은 고열량의 기름진 음식, 오로지 미각의 욕망을 충족시키기 위한 음식이 흘러넘치는 사회에서의 미덕일 뿐이다.

한데 조선시대에도 소식을 주장한 사람이 있었다. 이익李瀷(1681~1763)은 《성호사설星湖僿說》 인사문人事門의 〈적게 먹기食少〉[14]란 글에서 과식을 비판한다.

한 그릇의 밥을 지을 때 쌀 한 홉을 덜어낸다 하자. 하루에 두 번 밥을 한다면 한 가족, 열 식구가 덜어낸 쌀은 두 되가 될 것이고, 한 고을의 인구를 1만 호戶로 잡으면, 2,000말이 넘는 쌀이 쌓일 것이다. 게다가 한 사람이 한 번에 먹는 것이 한 홉에 그칠 리가 없다. 또 한 사람이 한 해 동안 먹는 것을 모으면 엄청난 양이 된다. 그러니 그 허비되는 곡식의 한 줌, 한 홉은 모두 아깝기 짝이 없는 것이다.

우리나라 사람은 많이 먹기로는 천하의 으뜸이다. 최근 유구국琉球國(지금의 일본 오키나와)에 표류한 사람이 있었는데, 그쪽 백성들이 "너희 나라는 늘 큰 밥그릇에 놋숟갈로 밥을 떠서 배가 부르도록 먹으니, 어찌 가난하지 않겠느냐" 하였다. 대개 전에 그쪽 사람들이 우리나라로 표류해 온 적이 있기에 우리의 사정을 잘 알았기 때문이었다. 내가 일찍이 바닷가 백성들을 보니, 한 사람이 먹는 양은 세 사람이 먹어도 배고프지 않을 정도였다. 나라가 어찌 가난하지 않을 수 있으랴?

한 사람이 한 해 동안 먹는 것을 모으면 엄청난 양이 된다. 그러니 그 허비되는 곡식의 한 줌, 한 홉은 모두 아깝기 짝이 없는 것이다.

況一人終歲之食 積至許多 其虛所費龠合 皆可惜也

적게 먹기食少 이익, 《성호사설》 권17, 인사문人事門

이익은 조선 사람들이 터무니없이 밥을 많이 먹기 때문에 나라가 가난하다고 주장한다. 밥을 많이 먹는 게 사실일지라도 그 때문에 나라가 가난하다는 말은 나로서는 찬동하기 어렵다. 다만 굶주려서야 안 되겠지만 필요 없이 많이 먹는 것은 옳은 일이 아니라는 이익의 지적은 정당하다. 그는 다시 이렇게 말한다.

요즘 사람들이 아침 일찍 일어나 흰죽을 먹는 것을 조반早飯이라 하고, 한낮에 든든히 먹는 것을 점심이라 부른다. 부귀한 집에서는 하루에 일곱 번 먹는데 술과 고기를 질펀하게 내놓고 진귀한 음식을 경쟁하듯 차리니, 한 사람의 식사에 드는 비용으로 백 사람이 먹을 수 있을 정도다. 집집마다 하증何曾(중국 진晉나라의 부자, 잘 먹기로 유명했음)처럼 거리낌 없이 먹어대니, 백성들의 살림이 어찌 곤궁해지지 않으랴. 나는 백성들의 곤궁함을 해결하려면 굶주림을 참고 먹지 않는 것보다 빠른 방법이 없다고 생각한다. 한두 끼 굶는다 해서 꼭 병이 나는 것도 아닌데다 굶으면 굶는 대로 한 되, 두 되 쌀이 모인다. 조금 배고픈 것을 참지 못하고, 쌀이 떨어져 남보다 먼저 병이 나는 것과 견주어본다면 어느 쪽이 어리석고 슬기로운가?

평소 이따금 굶어서 쌀을 모아 정작 양식이 모자랄 때에 대비하라는 것이다. 그 의도야 선량하지만 과연 그럴까? 백성들이 밥을 많이 먹는 것은 과도한 노동 때문이 아니었을까? 들밥을 많이 먹었던 것처럼 말이다. 실학자 이익의 논설이라면 나는 대체로 긍정하는 편이지만, 평소 굶어서 식량을 비축하라는 말은 어딘가 현실을 모르는 말 같

아 받아들이기 어렵다. 이덕무李德懋는 《앙엽기盎葉記》의 〈식계食戒〉[15]
란 글에서 《성호사설》을 인용하고, 모두 절실한 말이지만 한두 끼 굶
으라는 말은 그 의도의 선량함에도 사람마다 요구할 수는 없는 말이
라 하였다. 이 말 때문에 털끝 만한 재물에도 인색하게 구는 폐단이
열릴까 두렵다는 것이다. 즉 굶어가면서까지 무엇인가를 모으는 버
릇은 좋지 않다는 말이다.

　인간을 사정없이 경쟁에 몰아넣는 이 세상에 살다 보니 만약 다시
태어날 수 있다면, 들밥을 먹으며 농사를 짓고 싶다는 생각을 한다.
근골을 움직여 나와 내 가족이 먹을 정도로만 수확을 얻는다면 나머
지 시간은 그냥 놀다가 늙어지면 죽어 흙으로 돌아가는 그런 삶 말이
다. 욕심이 너무 과한가. 한국의 농업이 무너지고, 수천 킬로미터 바
다를 건너온 식량에 목을 매고 사는 이 시대를 반추하면 그런 생각이
더욱 간절해진다.

점심(20세기 초)¹ 들일을 하고 난 후 함
께 먹는 정겨운 밥이 바로 들밥이다.

타작

수확의 즐거움과 수탈의 괴로움

打作

三 저 유명한 단원의 〈타작 ①〉이다. 한때 서울 시내 한 빌딩의 벽
면을 장식한 것을 보고, 정말 어울리지 않는 것이라고 생각하
였다. 농업과 농촌, 농민을 짓밟고 건설한 도시에 무슨 타작 그림인
가? 말이 나온 김에 한마디 덧붙이자면, '민족의 전통' 운운하면서
조선시대 문물을 아무 데나 갖다 대는 것은 정말 싫다.

흥미로운 것은 같은 제재의 그림이 단원과 같은 시대를 살았던 다른
화가에게도 동일하게 나타난다는 것이다. 김득신의 〈타작 ②〉를 보
면, 단원의 그림과 구도가 꼭 같다. 김득신은 단원보다 아홉 살 연하
다. 워낙 유명한 화원 집안 출신 화가이고 또 1791년 정조의 어진御眞
을 그릴 때 단원과 함께 참여하였으니, 서로 잘 아는 사이였던 것은 두
말할 필요가 없겠다. 후배가 선배의 그림을 보고 따라 그려보는 것은
있을 법한 일이다. 김득신 그림은, 그림 중간 부분에 소에다 벼를 잔
뜩 실어오는 아이와, 타작마당으로 들어서고 있는 고깔을 쓴 중, 떨
어진 알곡을 주워 먹고 있는 한쌍의 닭이 있는 것만 단원의 그림과
다를 뿐이다. 굳이 편을 들자면 김득신의 그림이 훨씬 더 섬세하고
아름다워 보인다.

각설하고 다시 단원의 〈타작 ①〉로 돌아가자. 등장하는 사람이 여
럿이다. 중앙에는 긴 나무둥치('개상'이라고 한다)에 볏단을 쳐서 알곡
을 떨어내는 사람이 넷이 있다. 그중 둘은 볏단을 묶고 있고 둘은 볏
단을 털고 있다. 맨 왼쪽 구석에는 떨어진 알곡을 비로 쓸어 한곳에
모으는 사람이 있고, 왼쪽 위에는 볏단을 지게에 지고 오는 사람이
있다. 그런데 이들의 표정이 재미있다. 오른쪽의 고깔 같은 것을 쓰
고 볏단을 묶는 사람과 그 위쪽의 맨상투 바람의 사내는 표정이 밝

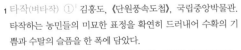

1 타작(벼타작) ①¹ 김홍도, 《단원풍속도첩》, 국립중앙박물관.
  타작하는 농민들의 미묘한 표정을 확연히 드러내어 수확의 기
  쁨과 수탈의 슬픔을 한 폭에 담았다.
2·3 개상·탯돌¹ 곡식의 낟알을 떨어내는 일종의 탈곡 기구다.
4 타작 ②¹ 김득신, 〈풍속팔곡병〉, 호암미술관

다. 위쪽의 지게에 볏가리를 잔뜩 지고 오는 사내 역시 밝은 표정이다. 봄부터 가을까지 노고한 결과 이렇게 곡식을 거둘 수 있으니 어찌 즐겁지 않겠는가? 한데, 그렇지 않은 사람도 있다. 왼쪽의 볏단을 치켜들고 있는 납작코 사내는 얼굴에 수심이 가득하다. 이 사람이 문제다.

그림 왼쪽 상단의 모서리에서 오른쪽 하단의 모서리로 직선을 그으면 그림이 반으로 나뉘는데, 빗금 아래에는 일하는 사람들이 있고, 빗금 위에는 한 사내가 볏가리 위에 돗자리를 깔고 장죽을 빨며 빈들거리는 자세로 자빠져 있다. 갓까지 젖혀 쓴 모습이 영 게으른 꼬락서니다. 자리 앞에는 담배쌈지와 신발이 놓여 있고, 벌써 한 잔 했는지 술잔으로 입을 덮은 작은 술단지도 놓여 있다. 이 사내의 빈들거리는 자세는 시무룩한 납작코 사내의 표정과 아주 대조가 된다. 단원은 한 폭의 그림에 기쁨, 수심, 빈들거림 셋을 동시에 섞어놓은 것이다. 아마도 자리에 자빠져 있는 사내는 지주이거나 지주를 대신하여 소작료를 받아 지주에게 바치는 일을 하는 마름일 것이다.

타작하는 장면만을 가까이에서 잡은 그림으로 김준근의 〈타작 ③〉도 있다. 한쪽에서는 농부들이 볏단을 땅바닥에 늘어놓고 도리깨로 치고 있고, 한쪽에서는 '탯돌'에다가 곡식을 치고 있다. 단원의 〈타작 ①〉과 같은 모습이다. 요즘은 타작이라 하면 회전식 자동 혹은 반자동의 탈곡기를 연상하지만 조선시대에는 오직 도리깨질을 하거나 나무나 돌에 대고 터는 수밖에 없었다. 각설하고 다시 단원의 〈타작〉으

1 도리깨 콩, 보리 등 곡식을 두드려 낟알을 떨어내는 도구
다. 작대기나 대나무 끝에 휘추리를 서너 개 달아 돌려서 이
삭을 내리쳐 낟알을 떨어낸다.
2 타작 ③ 김준근, 독일 함부르크 민족학박물관
3 타작(20세기 초) 도리깨질은 혼자서도 하지만 사진에서처
럼 서너 사람이 마주서서 차례를 엇바꾸어가며 떨기도 한다.

로 돌아가자. 볏단을 묶는 사람 둘은 싱글벙글 웃고 왼쪽 상단의 볏단을 지고 오는 사람 역시 웃고 있다. 수확의 기쁨이 얼굴에 가득하다. 한 해 몸을 수고롭게 한 끝에 알곡이 충실히 여물었다. 세 사람의 밝은 표정은 바로 이 때문일 것이다.

조선 사회가 농업사회이고 보니, 당연히 농사일을 제재로 하는 그림이 많이 남아 있다. 예를 하나 들어본다. 《태종실록》 2년 4월 26일자 기사를 보면, 예조 전서典書 김첨金瞻은 임금이 타기 위해 기르는 말('내구마內廏馬'라고 한다) 한 마리를 상으로 받는다. 주周나라 문왕이 침소에서 문안을 드리는 그림이 완성되었고, 또 〈빈풍도豳風圖〉를 바쳤기 때문이었다. 여기서 〈빈풍도〉가 알고 싶은 대상이다. 물론 그림은 김첨의 작품이 아니고 구입한 것일 터이다.

왜 〈빈풍도〉를 바쳤다 하여 상을 내렸던 것인가. 〈빈풍도〉가 예사롭지 않은 의미를 담고 있기 때문이다. '빈풍'은 앞서 〈들밥〉에서 잠시 인용한 바 있다. 이제 좀더 본격적으로 알아보다. 사서삼경 중 하나인 《시경》은 시의 성격에 따라 풍風, 아雅, 송頌으로 작품을 나누어 싣고 있는데, 그중 '풍'은 특정 지방의 민요를 말한다. 곧 '빈풍'은 '빈豳'이란 지방의 민요를 모은 것이다. 〈칠월〉은 빈풍에 실린 일곱 편의 시 중에서 첫 번째 작품이다. 내용은 중국 주나라의 선조 격이 되는 빈 지방 사람들이 한 해의 농사에 대해 노래한 것인데, 노래의 시작이 7월부터이기 때문에 제목이 〈칠월〉이 된 것이다. 〈칠월〉은 봄 여름 가을 겨울의 농사일을 늘어놓고 있지만, 여기서는 구월의 농사일을 한 번 들어보자.

구월이면 채소밭을 마당으로 다지고
시월이면 곡식을 거두어들이나니
메기장, 차기장에 늦곡식, 올곡식에
벼며 삼이며, 콩이며 보리라네.
아아, 우리 농부님네,
우리 농사 이제 다 모았으니
마을로 들어가서 집 손질을 해보세.
낮에는 띠풀 베고
밤에는 새끼 꼬아
서둘러 지붕을 이어야만
내년에 온갖 곡식 씨뿌릴 수 있으리라.

보다시피 가을이 되어 곡식을 거두어 모으고 지붕을 이으며 겨울나기를 준비하는 농민의 삶이 소박하게 표현되어 있다.

'빈풍' 〈칠월〉은 바로 이런 농부의 한 해의 삶을 노래한 것이다. 김첨이 〈빈풍도〉를 바치자 상을 내린 것도, 임금에게 농사일의 중요함과 농사짓는 백성들의 어려움을 늘 생각하면 좋겠다는 충간忠諫의 의미가 있다고 생각했기 때문이었다. 이런 예에서 보듯 '빈풍' 〈칠월〉을 그린 〈칠월도〉는 왕이 언제나 좌우에 갖추어두고 보아야 할 그림이었다. '빈풍' 〈칠월〉에 깊이 공감한 성군 세종은 1433년 8월 13일 자신이 〈빈풍칠월도〉를 보고 농사일의 힘들고 어려움을 깨닫게 되었다고 말한다. 그리고 궁중에서 자란 왕가의 사람들은 농사일의 괴로움을 모를 것이니 조선의 실정에 맞게 세금과 부역, 농사일과 누에치는 일

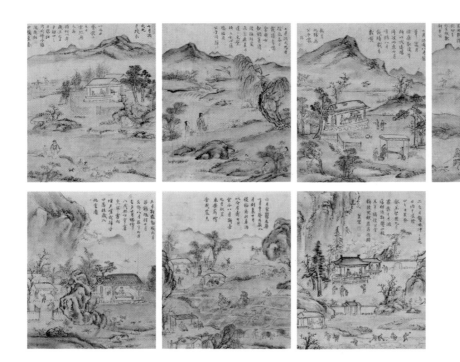

구월이면 채소밭을 마당으로 다지고
시월이면 곡식을 거두어들이나니
메기장, 차기장에 늦곡식, 올곡식에
벼며 삼이며, 콩이며 보리라네.

九月築場圃
十月納禾稼
黍稷重穋
禾麻菽麥

1 빈풍칠월도 이방운(왼쪽에서부터 차례대로
1~6면과 8면). 《시경》의 빈풍 칠월편(농업과
잠업에 종사하는 주나라 농민들의 생활을 읊은 일
종의 월령가月令歌)을 그림으로 옮긴 것이다.
2 빈풍칠월도 중 7면

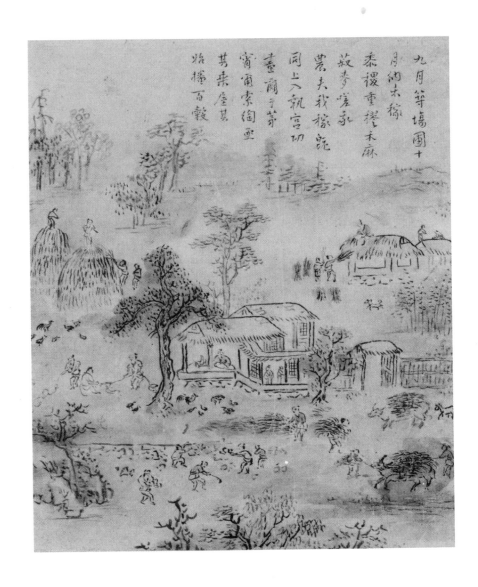

九月等場圖十

月納禾稼

黍稷重穋禾麻

菽麥嗟我

農夫我稼既同

上入執宮功

晝爾于茅

宵爾索綯亟

其乘屋其

始播百穀

을 그림으로 그리고 거기다 시와 노래를 붙여서 조선판 〈칠월도〉를 만들라고 지시한다.

이후 임금의 선정을 바라는 사람은 종종 임금에게 〈빈풍칠월도〉를 보라고 청한다. 예컨대 성종 18년 1월 29일 승문원 교리 유양춘柳陽春은 윤대에서 '빈풍' 〈칠월시〉를 그림으로 그려서 볼 것을 청한다. 하다못해 연산군 같은 폭군도 즉위하던 해(1449)에 〈칠월시〉를 그림으로 그려 올리라고 한 적이 있었다. 하지만 그는 뒷날 까마득히 까먹고 궁중에 있는 병풍으로 만들거나 벽에 붙인 〈빈풍도〉가 무슨 그림이냐고 물었다. 아예 들여다 보지도 않았던 것이다.[16]

이런 쪽으로 이야기를 늘어놓자면 한이 없다. 어쨌거나 실록이나 문집을 뒤져보면 〈칠월도〉에 관한 기록이 적지 않다. 그리고 그 그림은 중국에서 수입한 것이거나 국내 화가가 그린 것으로서 대개 궁중에 소장되었다. 수입한 예로는 앞서 든 태종 때의 것이 있고 또 《중종실록》 39년 5월 2일조에 나오는 호조참의 이명규李明珪가 명나라에 가서 사온 〈칠월도〉(원나라 때 조맹부趙孟頫가 황제의 명을 받아 그린 것으로 명나라 때 다시 간행된 것이다)도 있다. 앞에서 세종이 조선판 〈칠월도〉를 그리게 했다고 했는데, 성종 때도 같은 취지에서 〈칠월도〉가 제작된 적이 있었다. 또 연산군 때도 만들었던 것이니, 대개 왕들은 〈칠월도〉 외에도 농사에 관한 그림을 그려서 무언가 자신이 농민과 농사일에 대한 관심이 많음을 나타내려 했던 것이다.

이런 그림들은 불행하게도 오늘날 전하지 않는다. 또 〈칠월도〉 외에도 농사에 관련된 다양한 그림이 있었음을 기록으로 확인할 수 있는데, 이 역시 유감스럽게도 전하지 않는다. 지금 남아 있는 〈칠월도〉 유의 그림은 조선 후기의 작품이며 그것도 대개 18세기 이후의 것이다.

〈칠월도〉 외에 조선 후기 농사를 제재로 한 풍속화에 큰 영향을 행사한 중국 그림이 있다. 《패문재경직도佩文齋耕織圖》란 것이 그것이다. 청나라 강희제康熙帝의 명으로 초병정焦秉貞이란 사람이 그린 그림을 동판에 새기고 찍어내 책자의 형태로 묶은 것이다. '경직도'란 이름에 걸맞게 경작과 직조의 모든 과정을 그림으로 그리고 거기에 시와 설명을 붙였다. 1696년에 출판된 《패문재경직도》는 그 이듬해인 1697년 최석정崔錫鼎이 중국에서 구해 와서 숙종에게 바친다. 이후 《패문재경직도》는 풍속화에 큰 영향력을 행사한다. 《패문재경직도》를 변형시키거나, 거기서 아이디어를 빌린 그림이 쏟아져 나왔던

패문재경직도(청淸 1696) 제왕이 노동하는 농부와 누에치는 여인의 어려움을 이해할 수 있도록 제작한 책이다. 18세기 전반에 조선에 전해져 조선 후기 풍속화에 영향을 주었다.

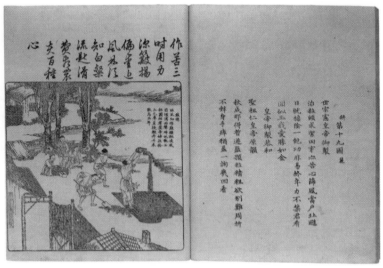

것이다. 단원의 〈타작〉이 반드시 《패문재경직도》의 영향을 받았다고 단정할 수는 없지만, 넓게 보아서 《패문재경직도》의 변형이자 〈칠월도〉의 범위에 들어가는 작품이라 말할 수 있다. 어쨌거나 《패문재경직도》가 이렇게 광범위한 영향을 끼쳤던 것은 조선 사회가 중국과 다를 바 없는 농업사회였기 때문이다.

이제 다른 타작 그림을 보자. 단원의 또 다른 〈타작 ④〉로 1778년 곧 단원이 34세 때 그려 《단원풍속도첩》보다 앞서 제작된 것이다. 이 그림은 〈행려풍속도병行旅風俗圖屛〉의 한 점이다. 〈행려풍속도병〉 뒤에 《단원풍속도첩》이 그려졌으니, 단원은 분명 〈타작 ④〉를 의식하고 앞의 〈타작 ①〉을 그렸을 것이다. 사실 두 그림은 동일한 구도를 갖는다. 차이점은 앞의 〈타작 ①〉은 배경이 전혀 없는 데 반해, 이 〈타작 ④〉는 배경이 있다는 것이다. 특히 앞의 〈타작 ④〉의 아랫부분의 지팡이를 짚은 남자와 그를 따르는 여자가 길을 가고 있는 장면은 앞의 〈타작 ①〉에서는 전혀 보이지 않는다. 이처럼 길 가는 여행자의 모습을 담고 있기 때문에 〈타작 ④〉가 실린 병풍그림을 〈행려풍속도병〉이라 부른다.

이것을 제외하면 두 그림은 사실 같은 구도다. 두 그림 모두 곡식을 터는 사람이 셋, 묶는 사람이 하나, 비질을 하는 사람이 하나는 꼭 같다. 다만 앞의 〈타작 ①〉에는 지게를 지고 오는 사람이 하나 더 있을 뿐이다. 많이 달라진 것이라면, 〈타작 ④〉의 갓에 휘항을 쓰고 자리에 점잖게 앉아 있는 사람이, 〈타작 ①〉의 자빠져 빈들거리며 담배를 빨고 있는 사람으로 바뀐 것이다. 거기다 〈타작 ①〉은 타작하는 농민들의 미묘한 표정을 확연히 드러내어 수확의 기쁨과 수탈의 슬픔을 동

1 타작打稻樂趣 ④ 김홍도, 〈행려풍속도병〉, 국립중앙박물관(중박201005-188)

2 타작 ④ 중에서 《단원풍속도첩》 전에 그려진 〈행려풍속도병〉의 〈타작 ④〉
는 〈타작 ①〉과 구도와 등장인물 등이 많이 닮았음을 알 수 있다.

시에 나타내고 있다. 그중 어두운 표정을 한 사내는 빈들거리며 누워 있는 지주 혹은 마름의 표정과 확연히 대비된다. 단원은 이 부분을 따로 떼어내어 《단원풍속도첩》으로 옮겼을 것이다. 아마도 〈타작 ④〉에서 〈타작 ①〉로 오는 과정에서 땅을 가진 자와 노동하는 자 사이에 놓인 모순에 대한 인식이 선명해졌을 가능성이 있다.

타작은 힘든 노동의 산물을 거두는 것이니 기쁨이 없을 수 없다. 타작의 기쁨을 노래한 정약용의 한시 한 수를 보자. 위의 그림은 벼 타작을 그린 것이지만 정약용의 시는 보리타작이다. 종류는 다르나 기쁨은 매한가지이다.

새로 거른 막걸리 젖빛처럼 뿌옇고
큰 사발에 보리밥, 높기가 한 자로세.
밥 먹자 도리깨 잡고 마당에 나서니
검게 탄 두 어깨 햇볕 받아 번쩍이네.
옹헤야 소리 내며 발맞추어 두드리니
삽시간에 보리 낟알 온 마당에 가득하네.
주고받는 노랫가락 점점 높아지는데
보이느니 지붕 위에 보리 티끌뿐이로다.
그 기색을 살펴보니 즐겁기 짝이 없어
마음이 몸의 노예 되지 않았네.
낙원이 먼 곳에 있는 게 아닌데
무엇하러 벼슬길에 헤매고 있으리오?[17]

막걸리를 한 잔 걸치고 앞소리를 메기고 뒷소리로 받는다. 노동은 고되지만 얼굴에는 기쁨이 가득하다. 풍성한 수확이 있는 곳이 낙원이고 천국이다. 어찌 고향을 떠나 굳이 벼슬길에 오를 것인가.

타작의 시간은 수확의 기쁨을 누리는 즐거운 시간이기도 했지만, 동시에 국가에 바칠 세금과 지주에게 바칠 소작료를 고민하는 괴로운 시간이기도 하였다. 그것은 조선시대 전 시기를 걸쳐 거의 동일했다. 선조 때의 관료이자 문인이었던 이산해李山海(1539~1609)의 〈전가잡영田家雜詠〉[18]이란 시를 보자. 이 시는 모두 세 수인데, 첫째 수에서는 갓 빚은 막걸리로 토지신에게 제사를 지내고 흰떡을 쪄서 먹으며 즐긴다. 정말이지 정승판서가 부럽지 않다. 두 번째 수는 타작이 끝난 뒤 등불을 켜고 술과 닭고기를 먹으며 한 해의 회포를 푼다. 문제는 세 번째 수다.

마을 아전 문 앞에 들이닥쳐 늙은 할멈 묶어 가고
아들 셋은 지난해 남쪽으로 수자리 갔다오.
솥단지 다 쏟아낸들 세금 납부를 늦출 수 있으리오?
밭 갈던 소까지 팔아도 세금을 못 채운다.
고을 원님 위세는 어찌 그리 무서운가
관가 마당에서 매질이 잠시도 그치지 않네.
부럽구나, 저 집도 절도 없이 떠도는 비렁뱅이가
아침에 빌어먹다 저녁에 구렁에 뒹굴어 죽는 것이.

나라에 낼 세금을 바치지 못하자 집 안의 할멈을 잡아가고 아들 셋

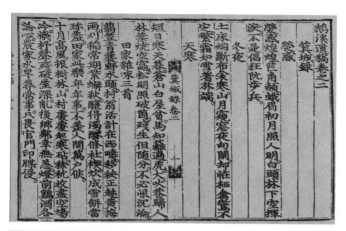

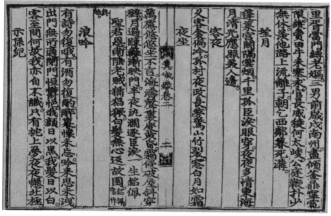

里胥當門縛老嫗 三男前歲戍南州

盡傾釜鼎寧寬限 縱賣田牛未塞求

官長威稜何太峻 公庭鞭扑少無休

羨他路上流離子 朝乞西鄰暮死溝

을 징발하여 군인으로 끌고 갔다. 솥 안에 있던 것까지 털고 소까지 팔아도 세금을 다 내지 못한다. 해서 관청에 끌려가 매를 맞는다. 그러면서 유리걸식하다가 구렁에서 죽는 거지를 부러워한다. 다시 그림 〈타작 ①〉로 돌아가면, 볏단을 털던 사내의 근심은 바로 이런 사정에서 온 것이 아닐까. 그림 오른쪽 상단에 단원이 의도적으로 배치한 게으른 지주(혹은 마름)가 나의 상상에 합당한 근거를 마련해 줄 것이다.

여러 번 지적했듯, 중세 사회에서 농민은 생산의 전체를 담당하면서도 늘 빈곤했다. 최대의 수탈자는 국가였다. 국가의 이름으로 강제로 세금을 부과하고 거두었던 것인데 그것은 국가가 독점하는 폭력으로 가능하였다. 한데 국가는 다만 폭력을 집약한 기구일 뿐이고, 그 기구의 작동은 그 기구를 장악한 사회의 지배층이 맡았다. 따라서 국가에 바치는 세금이란 사실상 지배층의 이익을 위한 것이었다. 생각해 보라. 중세, 구체적으로 말해 조선이란 국가에서 왕과 조정의 관료가 농민을 위해 무엇을 했단 말인가. 그들이 세금을 받을 권리가 있다고 생각하는 것 자체가 이상하지 않은가.

농민이 세금을 내어야 할 곳은 국가만이 아니었다. 지주가 있었다. 농민들이 모두 자기 농토를 넉넉히 갖고 농사를 짓는다면 천국이 따로 없겠지만, 여유 있는 자작농의 비율은 대단히 낮았고 대부분이 소작농이었다. 소작농은 가혹한 지대를 바쳐야 했다. 정약용의 〈호남 여러 고을의 소작농이 세금을 바치는 풍속을 엄히 금하기를 청하는 차자〉[19]라는 긴 제목의 글을 보면 소작농의 딱한 사정이 잘 나와 있다. 이에 의하면, 당시 호남의 농민 100호 중 자작농은 25호 정도, 소

작농은 70호, 그리고 땅을 빌려주고 세를 받는 집이 5호라 하였다. 인구의 70퍼센트가 소작농인 것이다. 그런데 호남의 경우 소작농은 추수를 하여 거둔 곡식을 지주와 소작농이 반으로 나누지만, 나라에 내는 세금(10분의 1)과 곡식 종자는 소작농이 내어야 한다. 경기도의 경우 지주가 세금과 종자를 맡는 것과 비교해 본다면 호남의 소작농은 30퍼센트 정도의 수확물만 가지는 것이다. 이익은 《성호사설》의

벼 훑기(20세기 초)¹ 한 일가가 수확의 즐거움을 나누고 있다. 사진 중앙에 남자가 농기구를 이용해 벼를 훑고 있는데 이를 홀태라고 한다.

〈민빈民貧〉이란 글에서 충청·전라·경상도는 모두 이런 식으로 소작료를 받으면서 볏짚까지 빼앗고 뇌물까지 받아먹는 자도 있어 요구하는 것을 다 주면 집안이 텅 비고 만다고 말하고 있다.[20]

경기도는 지주가 종자와 세금을 내기 때문에 소작농이 50퍼센트를 차지할 수 있다지만, 이 역시 충분한 분배는 아니다. 왜냐 하면 박지원朴趾源의 〈한민명전의限民名田議〉[21]를 보면, 이 50퍼센트에서 땔감과 소금, 장을 마련하는 비용, 의복 마련에 드는 비용, 결혼과 상제 등에 드는 비용이 나와야 하고, 여러 가지 계에 드는 돈, 관청에 바치는 잡세를 내어야 한다. 또 홍수와 가뭄이 들기도 한다. 그렇다면 도대체 남는 것이 얼마 되겠는가. 이런 이유로 추수 때 정말 즐거운 사람은 5퍼센트의 지주나 혹은 25퍼센트의 자작농이다. 우선은 기뻐하겠지만 괴로운 사람이 70퍼센트다. 〈타작 ①〉의 찡그리는 사내는 아마도 이 70퍼센트에 드는 사람일 터이다.

〈타작 ①〉을 볼 때마다 자리 위에 비스듬히 누워 있는 사내, 혹은 〈타작 ④〉에서 갓을 쓰고 자리에 단정히 앉아 있는 사내가 없으면 좋겠다는 생각을 한다. 이상한 일이 아닌가. 땅은 원래 경작하는 것이고, 경작하는 사람만이 땅의 주인이 될 수 있다. 그런데 양반은, 마름은 경작하지 않고 땅을 차지하고 있으니 정말 해괴한 일이 아닌가. 소를 부리며 땅을 갈고, 가족이 날라오는 새참을 먹고, 가을에 도리깨질을 하는 소농이야말로 인류를 이제까지 살려온 사람이 아닌가. 그런데 지금 한국 사회의 농민과 농촌은 어떻게 되었는가.

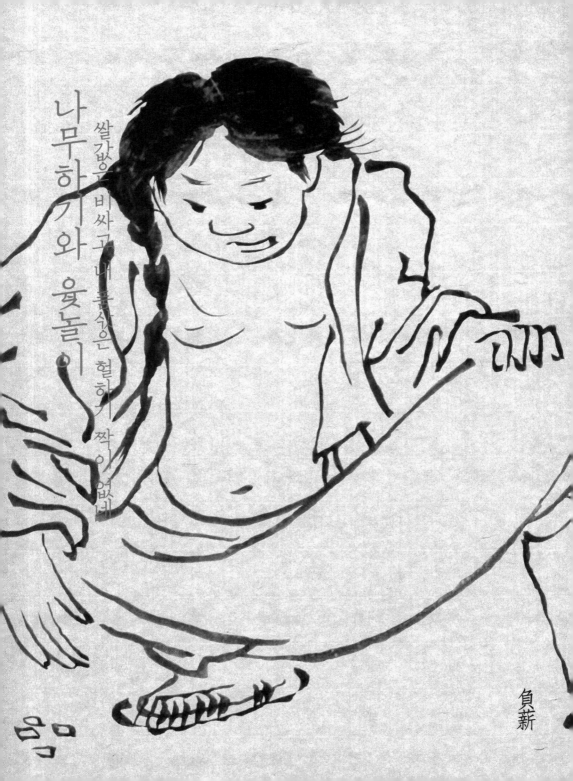

나무하기와 윷놀이

쌀값은 비싸고 내 품삯은 헐하기 짝이 없네

負薪

움

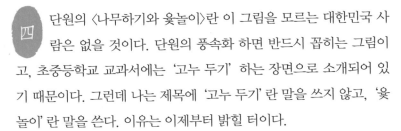

四 단원의 〈나무하기와 윷놀이〉란 이 그림을 모르는 대한민국 사람은 없을 것이다. 단원의 풍속화 하면 반드시 꼽히는 그림이고, 초중등학교 교과서에는 '고누 두기' 하는 장면으로 소개되어 있기 때문이다. 그런데 나는 제목에 '고누 두기' 란 말을 쓰지 않고, '윷놀이' 란 말을 쓴다. 이유는 이제부터 밝힐 터이다.

그림을 보자. 그림 오른쪽에는 상투를 튼 어른이 나무에 기대어 곰방대를 물고 물끄러미 아이들이 노는 장면을 보고 있고, 그림 중앙에는 아이 둘이 웃통을 벗고 놀이에 한창이다. 그리고 그 왼쪽에 아이 둘 역시 구경을 하고 있다. 그림의 위쪽에는 집채만 한 나뭇짐을 얹은 지게 둘을 언덕에 기대어 놓았고, 그 왼쪽에 다시 더벅머리 아이 하나가 나뭇짐을 지고 오고 있다.

이 그림은 고누 두는 그림으로 널리 알려져 있다. 그림의 제목도 〈고누〉로 알려져 있다. 고누는 흙바닥이나 종이 등 아무 곳에나 말판을 그리고 상대방의 말을 많이 잡아먹거나, 상대의 집을 차지하거나, 상대를 움직이지 못하게 하면 이기는 놀이다. 지방에 따라 꼰, 고니, 꼬니, 꼬누 등 여러 가지로 부르고, 그 놀이의 방식도 다양해서 우물고누, 네줄고누, 밭고누, 호박고누, 샘고누, 강고누, 줄고누, 팔자고누, 십자고누 등 많은 종류가 있다. 장기와 바둑은 놀이하는 판이 정해져 있지만, 고누는 다양한 이름만큼 말판의 종류도 많고 노는 방식도 다양하다. 또 말판이 간단하여 언제 어디서나 둘 수 있었다. 나 역시 초등학교 들어가기 전에 땅바닥에 고누판을 그리고 고동 껍데기를

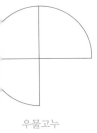

우물고누

지게¹ 무거운 짐을 어깨와 등에 걸쳐 전신의 힘으로 질 수 있도록 나무를 이용해 만든 재래 운반구다.

굴려 논 적이 있다. 아마 지금 마흔이 넘은 분들은 같은 추억이 있을 것이다.

한데 이 그림에 약간의 문제가 있다. 이 그림의 고누판은 둥근 원을 그리고 그 속에 다시 '십+' 자를 그렸는데 이런 고누판은 현재 전하지 않는다. 사실 이 그림의 말판은 윷판으로 보인다. 윷가락이 없으니 아니라고 할 수 있겠지만 꼭 그런 것만도 아니다. 둥근 원형 안에 작은 물건 넷이 보이는데 이것이 윷일 수 있다. 윷가락은 꼭 나무로 길게 만든 것이 아니라도 된다. 나는 어렸을 때 동네 어른들이 작은 고동 껍데기를 윷가락 대신 쓰는 것을 보았다. 땅에 살짝 굴려도 도개걸윷모가 나왔다. 이 그림은 윷판일 가능성이 높은 것이다.

증거를 좀더 대자면 스튜어트 컬린의 책 《한국의 놀이》를 들 수가 있다. 이 책에는 이런 구절이 있다. "어린이들은 짧은 나무토막인 밤윷을 사용하는 반면, 도회지나 시골의 도박꾼들을 장작윷長斫柶라고 불리는 긴 나무토막을 이용한다."[22] 여기에 밤윷의 그림도 있는데[23] 단원의 그림과 동일한 것이다. 또 이 책에 실린 김준근의 〈윷놀이〉란 그림을 보면, 중간에 놓인 윷판이 단원의 것과 동일하다는 것을 확인할 수 있다. 앞으로 '고누 두는 장면'이라고 하는 이 그림의 해설을 고쳐야 할 것이다.

이제 나뭇짐 쪽으로 말머리를 옮기자. 나무 하는 그림은 더러 볼 수 있다. 단원의 그림에서도 몇 점 찾아볼 수 있다. 단원의 〈나무꾼〉이 그중 하나다. 눈 내린 산등성이를 세 사람이 나무를 잔뜩 지고 내려오고 있다. 한 사람은 이미 등성이를 내려갔고, 두 사람은 서로 대

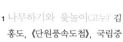

1 나무하기와 윷놀이(고누) 김홍도, 《단원풍속도첩》, 국립중앙박물관
2 윷놀이(아이들 윷뛰기 하기) 김준근, 소장처 미상
3 밤윷 스튜어트 컬린의 《한국의 놀이》에 소개된 밤윷 삽화와 그 아래는 실제 밤윷이다.

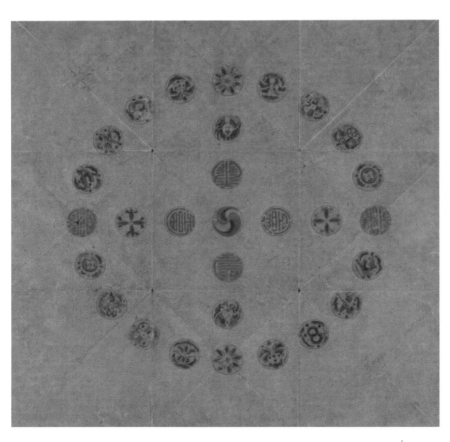

■ 윷판

● 종지윷

ᐧᐧᐧ 산호윷

☰ 장작윷

화를 하면서 내려오고 있다. 여기에는 생활이 그런대로 나타나 있다. 하지만 역시 단원의 그림인 〈기우부신도騎牛負薪圖〉를 보면 나무꾼이 아주 낭만적으로 그려져 있다. 지게에 나무를 진 아이가 소를 타고 경사진 길을 내려오고 있는 장면이다. 오른쪽은 바위 위에 관목을 그리고 그 아래에는 작은 다리가 놓인 시내를 그렸다. 아름다운 풍경이지만, 인간의 생활은 어디에서도 읽어내기 어렵다. 예컨대 이 그림을 김준근의 〈나뭇짐〉과 비교해 보자. 그림이야 단원의 솜씨가 훨씬 빼어나지만, 세부 묘사는 김준근 쪽이 더 뛰어나다. 김준근의 그림에는 생활의 구체성이 물씬 풍긴다.

도시에서 나고 자란 50대 이하의 세대는 나무 한다는 말이 무엇을 의미하는지 모를 것이다. 나 역시 나무를 한 적은 없다. 하지만 나의 아버지의 세대, 그리고 주변의 시골출신들은 나무 하러 다녔던 기억을 종종 떠올린다. 나무가 없으면 취사와 난방을 할 수 없었으니 그들에게 나무 하기는 생존 수단이었던 것이다. 거슬러 올라가 조선시대라면 군말이 필요치 않다. 조선 후기 인구가 늘어나고 온돌이 보급되자, 취사와 난방의 연료인 땔나무의 수요가 폭발적으로 증가했다. 특히 겨울에 땔나무가 없으면 추위를 감내하는 수밖에 다른 도리가 없었다. 오죽했으면 땔나무를 살 돈이 없었던 이덕무가 《논어》와 《한서》를 꺼내 덮으며 추위를 이겨내려 했을까?

나의 근무처인 부산대학교가 있는 동래는 온천으로 유명하다. 조선조 때부터 있던 온천이 '온천장'이란 이름으로 본격 개발된 것은 일제강점기 때부터다. 그때 온천장을 소개하는 사진엽서가 만들어졌는데, 온천장의 뒷산 금정산을 찍은 엽서도 있다. 그런데 사진엽서

樵牌雲蔽山腰
诗人语燈溪村
沙村

1 나무꾼負薪樵童 김홍
  도, 개인 소장
2 기우부신도騎牛負薪圖 김홍
  도, 간송미술관
3 나뭇짐(나무 해오는 모양) 김
  준근, 파울 게오르크 폰 묄렌도
  르프 수집본

양로는오여호목나

속 금정산은 나무를 거의 찾을 수 없는 하얀 민둥산이다. 왜냐고? 땔감 때문에 나무가 남아나지 않았던 것이다. 전국이 거의 같은 실정이어서 구한말 한국을 여행한 외국인들은 산에 나무가 없는 것이 인상적이라는 말까지 했을 정도다. 다시 대한민국의 산이 우거진 때는 연탄을 대체 연료로 쓰면서부터일 것이다. 물론 적극적인 식목정책도 한몫했겠지만.

단원이 살던 조선시대는 나무 하기가 쉬웠던가. 조선시대가 지금보다 환경이야 더 깨끗했겠지만, 국토가 온통 나무로 뒤덮였던 것은 당연히 아니다. 나무를 할 만한 곳은 모두 관청과 개인의 소유로 분할되어 있었고, 그 소유지에 들어가는 것은 당연히 불법이었다. 관청 소유지를 살펴보자. 《경국대전》〈공전工典〉을 보면 나무하는 곳, 즉 시장柴場에 대한 흥미로운 조항이 있다. 나라에서는 관청에서 필요로 하는 땔감을 위해 관청마다 일정한 면적의 시장을 분배해 준다. 예컨대 봉상시·상의원·사복시·군기시·예빈시·내수사에는 모두 사방 20리, 내자시·내섬시·사재감에는 15리, 사포서에는 5리의 '시장'을 지급했던 것이다. 그런데 이게 뒷날 문제를 일으킨다. 명종 9년 12월 10일 사헌부에서 올린 상소문의 일부를 보자.

서울 주위 30리의 꼴과 땔나무가 있는 곳은 모두 세도가가 독점하여, 베어가는 것을 금지합니다. 때문에 근방의 나무를 해서 파는 사람들이 그 위세에 눌려 손을 대지 못하고 개울을 건너고 고개를 넘어가기 때문에 너무나 고생스럽습니다. 그래서 시장에서 파는 나무 값이 너무 비쌉니다.

권세가가 서울 근처의 나무 할 만한 곳을 모두 독점해 버려 나무 값이 뛰어오른다는 것이다. 이런 권세가를 한 명 밝히자면 문정왕후의 오라비였던 윤원형尹元衡(?~1565)이 있다. 박순朴淳(1523~1589)의 상소에 의하면 윤원형은 수락산 일대를 독차지해 주민들의 무덤까지 파헤치면서 주민들을 내쫓은 뒤 시장을 만들고는 그곳에서 땔나무를 하는 사람이 있으면 그중 일부를 세금조로 바치게 했다고 한다. 원래 수락산은 서울에 가깝기 때문에 누구나 땔나무를 하거나 꿩이나 토끼를 잡기 위해 자유롭게 드나들 수 있는 산이었는데, 이것을 윤원형이 독점했던 것이다.

윤원형 같은 인물은 예외적인 사람이 아니었다. 김성일金誠一(1538~1593)이 임진왜란 직전에 올린 차자를 보면 궁방宮房에서도 시장을 차지하는 경우가 있었다.

왕자방王子房 사람들의 경우 그들이 정말 왕자방의 사람인지 알 수가 없습니다. 그런데도 사약司鑰이라고 제멋대로 일컬으며 군현郡縣 여러 산의 사찰을 횡행하면서 원당願堂으로 삼는다는 핑계로 재물을 뜯어내고, 산이나 못, 저수지 등을 제 것으로 차지하는가 하면, 남의 농토를 빼앗고 양가의 처녀를 겁탈하여 처첩으로 삼기도 합니다. 부근에 사는 양민을 궁속宮屬이라 하며 수령을 무시하고 시골 사람들을 을러댑니다.
또 서울 근처에 있는 산은 죄다 시장으로 삼는가 하면, 강과 바다의 어장漁場과 염전鹽田을 죄다 입안立案하였다고 합니다. 한 사람이라도 자신들의 뜻을 순순히 따르지 않으면, 곧 종친부宗親府에서 보내는 공문이라면서 관리에게 잡아 보내라고 합니다. 하지만 왕자방에 가보면 왕자의 모습이라고는 그 누구도 볼 수가 없고 도리어 뇌물을 가져오라고 풀어 내보내면서 '이것은 왕자의 명령이다' 합니다.[24]

시장과 어장과 염전 등 백성들의 몫으로 돌아가야 할 이익을 궁방이 차지한 사정을 열거하고 있다. 궁방이 시장 등을 차지한 일은 조선 후기까지 거대한 폐단이 되었다. 양심적 관료들은 이 문제를 끊임없이 제기하고 비판했다. 하지만 늘 미봉책으로 일관했을 뿐 근원적 대책은 마련되지 않았다. 예컨대 《정조실록》 1년(1777) 8월 10일조를 보자. 집의 임관주任觀周의 상소다.

각 궁방이 지방에 끼치는 폐해를 전하께서 등극하시면서부터 혁파하지 않는 것이 없었으니, 뭇 신하들이 우러러 찬송하고 백성들이 뛰고 춤추는 것이 어찌 한정이 있겠습니까? 하지만 시장을 절수折受하는 폐단은 여전하여 백성들이 받는 어려움이 너무나도 많습니다.
이른바 시장으로 말하자면, 대개 해당 고을의 간사한 백성이 궁속宮屬과 짜고서 궁방에 서류를 올리고서 다시 허락하는 문서를 얻어냅니다. 그래서 궁방이 관할하는 시장이 팔도에 두루 퍼져 있습니다. 산골짜기의 백성들은 원래 들판에 농토가 없고 화전을 일구는 것을 살아가는 방도로 삼을 뿐입니다. 한데 갖가지 방법으로 침탈하자 견뎌내지를 못하고 작년에 갈아먹던 화전을 올해 모두 묵혀버리게 되었습니다. 사정이 이런데도 궁방에서 주관한 이후로는 묵히거나 안 묵히거나를 가리지 않고 일체 땅세를 받아내니, 산골짜기 백성들이 열 집에 아홉 집이 비는 지경이 된 것은 모두 여기에 연유하는 것입니다. 바라옵건대 제도의

도신에게 명하여 궁방이 절수한 시장을 조사해 내어 모두 혁파해서 백
성들의 더할 수 없는 큰 폐해를 제거해 주소서.

이에 정조는 여러 궁방의 시장을 혁파하라고 명한다. 하지만 그게
소용이 있었을까?

시장은 조선 초기부터 큰 문제가 되었다. 성종 연간의 인물인 서거
정徐居正(1420~1488)의 시에 나무꾼의 딱한 사정을 그린 진지한 시가
한 편 있다. 〈토산의 시골집에서 농부의 말을 기록하다兎山村舍, 錄農夫
語〉[25]라는 제목의 긴 시가 그것인데, 나무꾼의 하소연을 옮겨 적은 것
이다. 워낙 긴 시니, 앞부분을 요약하고 나서 중요한 부분을 인용해
본다. 이 농부는 불암산 기슭에서 농사를 지으며 겨우 살아간다. 그런
데 어느날 간교한 자의 토지 소유권 소송에 걸려든다. 교활한 아전들
의 협잡질로 오막살이 한 채만 남기고 땅을 죄다 빼앗기고, 근근이 남
아 있는 묵은 땅을 경작해 보지만 흉년이 든다. 세금을 낼 형편이 아
니건만 아전들은 날마다 찾아와서 세금을 내놓으라 닦달이다. 급기
야 산속으로 달아나 숨어 있자니 굶주린 뱃속은 불이 붙는 듯 아려오
고 얼굴은 까맣게 타들어간다. 그래서 궁리 끝에 나무를 해다 팔기로
한다. 이제 나무꾼의 말을 직접 들어보자.

땔나무 하러 산속으로 들어가면
산중에 땔나무 무성하지요.
집에 누런 송아지 한 마리 있지만
한 해 내내 먹지 못해 뼈만 앙상해

生二頃田出豪吾今能自鐫悠悠得失拋關天

子文見和復用前韻二首

林間一道響清泉春日花開煖欲然明月且尋南
澗去清風時寄北窓眠微君松菊猶存徑杜曲來
床牽有田早眈功成名赤遼魚鳥亦欣然榮枯過眼都
帝屋青山對石泉相逢百舌嗔啼古柳一春白蒲天
成夢愛愛患經心只自眠百舌黃鸎鳴古柳
鳥立開田小軒恰得新詩句柳絮飛飛自滿天

送日本禪文溪來

曾向三韓訪道遊曹溪卓錫久淹留重來面目渾
如舊白歇偏鷔歲月通
東平館裏月三圓故國歸心蒲日邊昨夜文溪來

《四佳詩集某》 十一

入夢四風安穩送回船
蓬萊地勝老烟霞水園微茫路自瞻正爾秋風香
柚摘片帆和月落誰家

兔山村舍鏡田父語

何足論耶以慰飢渴聊來對妻見稍亦得體粥以
此作生理生理真可惜近來豪勢權利到木石
龍山極君子尚節義見此欲嗚歎嗚呼我民生
漁東家跛過牛父子遭縲紲公然掠民財讓斧流
蒙其山澤天地之公物我今聞此語中夜獨鳴咽
仁何得生惠我今聞此語
血東家趨過牛

詠物四十三首

梅花

清艷看抵死奇貞只許月相知臨窓貓出橫
斜影帶雪招邀淡瘦姿好借暗香通鼻觀分清
入詩脾開等閒莫作羅浮夢王笛時拈滿意吹

《四佳詩集四》 十二

杏入詩脾 杏花

杏花消息一番新悟當起枝腋始繁漠漠紅雲連
白日解香雪起青春餘賽破骨生粟細雨霑
腮膚帶疲東待月明疎影蘸膝筵扶醉倩傍人

薔薇

一年春事到薔薇蒲架離披不自持幾陣清香頻
蝶使十分濃艷如醯見水邊照影心先惱兩裏催詩
開賞漸宜闌煖受東風吹不盡半菴無語要催詩

芍藥

揚州奇品廣陵莊通種庭除闌麗華至味丁寧通
蝶使往香玝重接蜂衝風前兩後無雙艷天上人

토산의 시골집에서 농부의 말을 기록하다 | 서거정, 《사가집四佳集》 권4

나뭇짐 나를 수 없기에
한 발짝에 두 번씩 꼬꾸라지며
걸음걸음 지기도 하고 이기도 해서 나르니
두 어깨 살갗이 벌겋게 부풀어 오릅다.
해 떨어질 녘에야 도성으로 들어가니
야박해라, 길에서 만난 장사치
푼전까지 따지며 나무 값 후려치니
쌀값은 비싸고 내 품삯은 헐하기 짝이 없네.

농부는 깊은 산속으로 들어가 나무를 한 짐 해서 나오는데 뼈만 남은 몸이라 등에 지고 오자니 어깨가 벗겨진다. 시내에 들어와 팔려하지만 야박한 장사치가 값을 후리치니 품삯도 안 나온다. 그래도 어쩔 것인가. 자신에게 의지하는 가족들이 있다.

그래도 집에 있는 열 명의 식구
밥 달라고 소리치는 걸 생각하면
한 되든 한 말이든 어찌 따질 수 있겠습니까
그나마 주린 창자를 달래얍지요.
집에 돌아와 마누라 자식놈과 마주 앉아
차츰 죽이라도 먹게 되었지만
이렇게 살아가야 한다고 생각하니
내 삶이 정말 딱하기 짝이 없습다.

그나마 나무를 해 팔아 처자식과 죽이나마 먹게 되었다. 서울에는 모든 사람들이 스스로 나무할 형편이 되지 않았기 때문에 땔나무를 파는 사람들이 있었다. 오른쪽 사진을 보면, 구한말까지 나무를 팔았음을 확인할 수 있다.

하지만 웬일인가, 사람 고생은 끝이 없다.

얼마 전부터 권세가의 힘이
나무며 돌까지 미쳐
산이란 산은 죄다 제 땔나무 밭으로 차지해
사람들 나무하고 꼴 베는 것을 막고부터
서쪽 집은 땔나무 한 번 한 죄로
매질 마구 하여 피가 철철 흘렀고
동쪽 집은 소가 밭을 밟은 죄로
아비 아들 나란히 묶여갔지요.
아무런 이유 없이 백성의 재물 약탈해
낫과 도끼까지 모두 빼앗아갔지요.

권세가의 힘이 나무와 돌에까지 미쳐 산마다 줄을 치고 자기의 땔나무 밭으로 삼는다. 만약 그 독점 공간에 들어가 땔나무를 하게 되면 찾아와서 피를 흘릴 정도로 가혹한 사형私刑을 가하고, 낫과 도끼까지 빼앗아갔던 모양이다. 시를 지은 서거정은 이 비극적 사태를 보고하면서 시의 끝자락에서 "나는 지금 이 말을 듣고 나서, 한밤중에 홀로 흐느껴 우노라"고 깊은 동정을 표했지만, 조선조 말까지 백성들의 고통

장작장수(20세기 초) 연료로 쓸 만한 것이라고는 나무밖에 없었던 때, 많은 사람들이 산에서 나무를 해 시장에 내다 팔았다.

이 줄어든 것은 아니었다. 신광수申光洙(1712~1775)의 〈채신행採薪行〉[26]
을 보면 조선 후기에도 서글픈 현실이 계속되었음을 짐작할 수 있다.

　가난한 집의 계집종,
　맨발의 두 다리로
　산에 가서 나무를 하려니
　차돌멩이 뾰족뾰족

　차돌에 부딪혀
　다리에 피가 흐르는데
　나무뿌리 땅에 박혀
　낫이 뎅강 부러졌다네.

　다리 다쳐 흐르는 피
　괴로워할 겨를이나 있나요.
　오직 두려운 건 부러진 낫
　주인에게 야단맞을 일이로다.

　나무 한 단 머리에 이고
　해 저물어 돌아오니
　한 덩이 조밥이야
　허기진 뱃속 기별도 안 가는데
　주인의 야단 잔뜩 맞고

문밖에 나와서 남몰래 훌쩍인다.

남자의 성냄은 한때지만
여자의 성냄은 열두 때라네.
샌님의 꾸중은 들을 만해도
마님의 노여움 견디기 어려워라.

시의 주인공인 나무꾼은 남자가 아니라 여자다. 형편이 워낙 어려운 양반집이니 종이라고는 계집종 하나뿐이다. 해서 이 계집종이 나무를 하러 나선 것이다. 맨발로 상전 집 나무를 하기 위해 산을 오르다 차돌에 부딪혀 피를 흘린다. 하지만 그게 문제가 아니다. 낫을 부러뜨리고 여자 상전으로부터 심한 질책을 듣는다. 각설하자. 어쨌거나 한 장의 그림도 뜯어보면 조선조 백성들의 삶의 고통이 깊이 각인되어 있는 것이다.

어살 물고기 잡기 어살에 열한 애한

漁箭

五 물고기 잡는 것만큼 신나는 일이 있을까? 아이든 어른이든 바닷가 얕은 물가에 풀어놓으면 작은 고기를 쫓느라, 돌을 들어 게를 찾느라 시간 가는 줄을 모른다. 하지만 물고기 잡는 것을 생계로 삼는다면 어떨까? 물고기 잡는 일로 가족이 걱정 없이 먹고 살 수 있다면 그것도 괜찮을 일일 것이다. 그럼, 어디 취미로서의 물고기잡이, 곧 머리에 먹물깨나 든 사람들의 낚시질이 아니라 어업을 생업으로 삼는 사람들 이야기를 좀 해보자.

그림은 단원의 〈어살〉이다. 바다에 말장을 빽빽이 쳐서 길게 담을 만들어 두었다. 이렇게 말장을 빽빽이 쳐서 물고기를 잡는 방법을 어살 혹은 어전漁箭이라 한다. 또 말장과 말장 사이에 그물을 치면 '말장그물'이라 한다. 물고기를 잡는 방법은 작살, 낚시, 통발, 그물 등 여럿이다. 어살은 그중 하나다. 지금 어살 위에는 새들이 잔뜩 앉아 있고, 또 막 날아드는 놈들도 있다. 나는 새에 관해서는 손방이라 이게 무슨 새인지 모른다. 내가 사는 해운대에서 차로 10분만 가면 대변이란 어항이 나온다. 멸치 잡이로 유명한 곳이다. 멸치배가 들어와 어부들이 멸치 그물을 털 때면 갈매기 떼가 몰려들어 주워 먹는다. 그러니 그림 속의 새도 아마 갈매기가 아니겠는가. 먹을 것이 생기면 사람과 짐승이 나누어 먹는 풍경, 보기에 아름답다.

각설하고, 지금 어살 안에는 사내 둘이 다리를 걷고 광주리와 채반 같은 것에 물고기를 담아 건네고 있다. 이 그림에는 배가 세 척이 있는데, 맨 아래쪽의 배는 무엇을 하는지 알 수 없지만 어살 바로 바깥에 있는 배 두 척은 하는 일이 분명하다. 그중 위의 배는 어살 안에서 건네주는 물고기를 막 받고 있는데, 배에 독이 둘이 실린 것으로 보

1 어살(고기잡이) 김홍도, 《단원
풍속도첩》, 국립중앙박물관. 바
다에 말장을 쳐서 길게 담을 만
들어 물고기를 잡는 것을 어살
혹은 어전이라 한다. 어살은 해
안 지방에 사는 사람들의 중요
한 생계 수단이었다.

2 고깃배 중에서 김득신, 《긍
재전신첩》, 간송미술관. 부뚜막
이 있는 고기잡이배를 이 그림
에서도 확인할 수 있다.

아 거기에 아마 담을 모양이다. 아래쪽 배의 맨 왼쪽에 서 있는 사내
는 왼손에 큼지막한 물고기 두 마리를 들고 있다. 방금 어살에서 받
은 것일 터이다. 그리고 오른쪽에는 역시 독이 둘이 있다. 재미있는
것은 그 오른쪽이다. 배 가운데에 솥과 그릇이 있다. 솥이 얹혀 있는
곳은 흡사 부뚜막 같이 생겼는데 도대체 어떤 용도인지 알 수가 없
다. 요즘도 고기잡이배는 바다로 나가면 배에서 밥을 해 먹으니 비록
작은 배지만 역시 밥을 해 먹고 있는 것인가.

어살은 반드시 바다에만 있는 것은 아니다. 기록을 보면 강이나 시
내에 설치한 어살도 있었다. 김득신의 그림 〈들밥〉에도 나온다. 그림

아래쪽을 자세히 보면 징검다리를 건너 양반이 물을 건너고 있는데,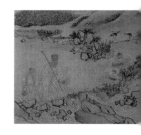
그 징검다리란 것이 실로 돌을 쌓고 그 사이에 잔 나뭇가지를 끼워
만든 어살이다. 바닷가의 물이 들고나는 곳에 돌을 쌓아 물이 빠진
뒤 미처 바다로 나가지 못한 물고기를 잡는 장치를 독살이라 하는데,
이건 시냇물에 쌓은 작은 독살인 셈이다. 또 그 위쪽을 보면 그물을
쳐놓은 게 보일 것이다. 이것은 분명 물고기를 잡는 장면이다. 그림
을 좀더 꼼꼼히 보면 사내 둘이 어리 속을 살펴 물고기가 잡혔는지
확인하고 있는 중이다. 어리는 원래 병아리를 키우기 위해 가는 나무
로 엮어서 만든 물건인데 이것으로 물고기를 잡기도 한다. 물고기가
지나가는 곳에 어리를 뒤집어씌우고 그 속에 든 물고기를 잡아내는
것이다. 어쨌거나 필자의 과문 탓인지 모르지만, 어살 그림은 아주
희귀해서 이 두 점뿐이다. 이것으로 만족하는 수밖에!

　원래 어살은 하천에서 먼저 만들었고 그 뒤 바다에 생긴 것으로 보
인다. 《세종실록》 16년(1434) 1월 26일조를 보면 어살을 만들다 사람
이 죽은 사건이 있다. 즉 경상도 삼가현감三嘉縣監 이보지李
寶之가 어살 설치 작업을 하던 중 갑작스런 폭우로
물이 불어나 군정 38명이 사망했던 것이다. 이
보지는 이 사건의 책임을 물어 장형 100대를
속전으로 대신하게 한다. 어쨌거나 삼가현
은 바다를 낀 곳이 아니고 또 갑자기 불어난
물 운운하는 것을 보아, 강이나 계곡에 어살
을 설치하다가 참변을 당한 것이다. 어업사 연
구에 의하면 조선 성종 이후로 바다에 설치하는 어

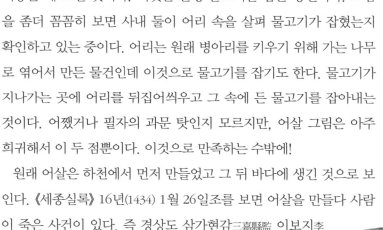

살이 많아졌고 따라서 그 전에 어량魚梁이라 부르던 것을 어전魚籗으로 부르기 시작했다는데, 원래 어량은 하천에 가로질러 놓은 다리와 유사한 데서 생긴 명칭이라 하니 그럴 법하지 않은가.

《세종실록》21년(1439) 윤2월 5일조에는 유학幼學 오세경吳世卿이 당시의 여러 폐단에 대해 글을 올리자 의정부의 대책이 열거되어 있는데, 여기에 어량에 관한 이야기가 있다. 오세경의 말은 이렇다. 은구어, 곧 은어는 두서너 치十가 되어야 잡을 수가 있으므로 고을마다 수령이 사람들을 냇물에 접근하지 못하도록 한다. 그러자 사람들이 다른 곳으로 가서 마구 잡는다. 이 때문에 정작 은어철인 가을이 되면 은어가 드문데도, 공연히 어살만 쌓는다는 것이다. 즉 봄과 여름에는 은어를 잡지 말고 가을에 은어가 한창 살이 올랐을 때 잡게 하라는 말이다. 이 기사를 보면 하천에서도 어살을 설치한 사정을 알 수 있다. 물론 김득신의 〈들밥〉의 어살은 하천에 설치한 것으로 보기에는 너무 초라하지만 그래도 그 원리는 동일하다.

우리가 현재 먹는 생선은 대부분 바다에서 난 것이라 어업이라 하면 바다를 떠올린다. 또 생선은 배를 타고 바다로 나가 그물을 던져 잡는다고 안다. 한데 우리의 상식과는 달리 조선조에는 배를 타고 바다로 나가는 어업이 주류는 아니었다. 어살 역시 배를 타고 나가는 어업 못지않게 중요한 고기잡이 수단이었다. 어살은 조선의 백성들에게 단백질을 공급한 중요한 수단이었지만 그 이면에는 하고 많은 사연이 있었다. 땅이 경작하는 농민의 것이어야 함에도 온전히 농민의 소유가 된 적이 유사 이래 거의 없었던 것처럼, 어살이 물고기를 직접 잡는 어민의 것이었던 적 역시 거의 없었다. 이 사정을 좀 살펴보자.

《경국대전》 호전 〈어염魚鹽〉조에 다음과 같은 법적 규정이 있다.

여러 도의 어살과 염분鹽盆(소금 굽는 가마)은 등급을 나누고 장부를 만들어서 호조와 각 도, 각 고을에 보관한다. 장부에 누락시킨 자는 장杖 80대에 처하고 그 이득은 관에서 몰수한다(어살을 사사로이 점유한 자도 같다). 어살은 가난한 백성에게 주되 3년이 되면 교체한다.

어살과 소금을 굽는 염분은 각각 그 크기에 따라 모두 국가에 등록하고 그 등록 문서는 호조와 각 도, 각 고을에 비치해 두며, 만약 누락한 자가 있을 경우 곤장을 친다는 내용이다. 곧 어살은 국가가 직접 관리하고, 특히 개인적 점유를 금했던 것이다. 여기에 "어살은 가난한 백성에게 주되 3년이 되면 교체한다"는 조항 역시 주목할 만한 것이다. 곧 재산이 없는 빈민에게 무상으로 주고 다시 3년이 지나면 교체한다 했으니, 원래 어살은 가난한 백성이 먹고 살 길을 열어주기 위해 만든 것이었던 셈이다.

어살을 가난한 백성에게 준 것은 유가 정치의 가장 빛나는 부분이다. 《맹자》 〈양혜왕〉에 맹자와 제나라 선왕의 대화가 나온다. 선왕은 맹자에게 먼저 묻는다.

"문왕의 동산囿이 사방 70리나 되었다고 하는데, 정말입니까?"
"옛날 책에 그런 말이 있습니다."
"이렇게 컸단 말입니까?"
"백성들은 오히려 작다고 불만이었습니다."

"과인의 동산은 겨우 사방 40리인데 백성들이 도리어 크다고 하는 것은 무엇 때문입니까?"

"문왕의 동산 사방 70리는 꼴을 베고 땔나무를 하는 사람도 들어갈 수 있고, 꿩을 잡고 토끼를 잡는 사람들이 들어갈 수 있었습니다. 그 동산을 백성들과 함께 누리셨으니, 백성들이 작다고 했던 것이 또한 마땅하지 않습니까?"

맹자는 이어 자신이 제나라에 들어올 적에 제나라에서 가장 엄하게 금하는 것이 무엇인지 물어보았던 바, 선왕의 동산에서 사슴을 죽이는 자는 살인죄로 처벌한다는 말을 들었다고 한다. 선왕의 동산은 결국 사방 40리의 함정을 나라 안에 파놓은 것이 아니냐는 말이다.

산과 들, 강과 바다의 이익은 모든 사람, 곧 백성의 것이고 그러기에 백성과 공유해야 한다는 발상은 유가의 정치사상 중에서 정말 빛나는 부분이 아니겠는가? 조선을 설계한 정도전은 《조선경국전》의 부전賦典 〈산장수량山場水梁〉에서 "옛날에는 눈이 촘촘한 그물을 물에 넣지 않았고, 나뭇잎이 다 진 뒤에야 도끼를 들고 산과 숲에 들어갔다. 대개 천지자연의 이익을 아껴 알맞게 쓰고 사랑해 기르려 했기 때문이었다. 이것이야말로 산장山場과 수량水梁을 이용하는 방도의 근본이다" 하고, 고려시대에는 산장, 수량이 모두 호강자豪强者의 차지가 되어 공가에서 이득을 보지 못했기에 태조가 즉위해 모두 몰수해 국가의 소유로 삼았다고 한다. 여기서 산장은 나무하는 곳, 수량은 곧 물에 설치한 어살이다. 이런 것들이 모두 공가, 즉 국가의 소유가 되었기에 백성들이 함께 그 혜택을 누릴 수 있다는 것이다. 어살을 백성들에게 나누어준 것은 곧 이런 생각에 근거한 것이었다.

　어살은 꽤나 높은 소득을 올릴 수 있는 것이었다. 그 수입의 정도를 어디 한번 살펴보자. 세종 22년(1440) 3월 23일 좌참찬 하연河演은 괜찮은 어살은 한번에 잡히는 생선으로 무명 500필 정도의 수입을 거둘 수 있다고 보고하고 있다. 굉장한 수입이 아닌가. 이 높은 수입 때문에 어살을 두고 문제가 끊이지 않았다. 권력자나 부자의 입장에서는 이 엄청난 수입이 가난뱅이들의 차지가 되는 게 너무나 억울(?)하다. 그런 몫이 좋은 자리는 당연히 권세 있는, 돈이 많은 자기들의 것이어야 마땅하다고 생각한다. 지금은 어디 아니 그런가. 돈 될 만한 일이 있으며 덩치 큰 기업이 슬그머니 끼어든다. 해서 돈 많고 권세 있는 자들은 호시탐탐 어살을 노린다. 급기야 어살의 개인적 독점을 금한 법령은 종종 무시되고 일부 소수 특권층이 어살을 다투어 차지한다. 성종 1년 2월 23일 호조판서 구치관具致寬(1406~1470)이 어살의 문제를 아뢴다.

　어살은 본래 관청과 백성에게 주어서 진상에 대비하게 하고 또 먹고 사는 방도로 삼게 했는데, 지금 종친과 권세가에서 제멋대로 만들어서 관청과 백성의 이익을 빼앗고 있습니다. 원래 법을 제정한 뜻에 어긋납니다. 청컨대 금지하소서.

　종친은 임금의 가까운 친척이다. 당연히 권세가 있다. 돈이 펑펑 쏟아지는 그 좋은 사업을 무지렁이 백성들이 차지하는 것을 어떻게 그냥 두고 본단 말인가. 그래서 이들은 물고기가 잡힐 만한 곳에다 어살

어부(20세기 초) | 물고기를 잡는 방법은 작살, 낚시, 통발, 그물 등 여럿이다. 사진은 어부가 그물을 손질하는 모습으로, 고기잡이를 나가지 않은 날이면 이처럼 그물 등의 갖가지 어구를 살피는 게 어부의 주요 일과다.

을 마구 설치해 관청이나 백성들에게 돌아가야 할 이익을 빼앗는다.

성종은 구치관의 건의를 흔쾌히 받아들이지만 이후 어살의 설치와 소유를 둘러싸고 분쟁이 끊이지 않았다. 《성종실록》 4년 8월 4일조에 실린 사헌부 대사헌 서거정 등의 상소를 보자.

바닷가의 백성들은 오직 생선과 소금을 생업으로 삼고, 바닷가 고을 역시 생선과 소금의 이익에 의지하여 거기서 경비를 거두어 쓰며, 호조에서도 또한 세금을 거두어 나라의 비용으로 씁니다. 한데 지금 여러 도道의 어살은 특별히 하사되는 경우가 많아 권세가나 귀족들의 집에서 그 이익을 독차지하고, 백성들의 이익을 침범하니 가난한 백성들은 털끝만큼도 이익을 보지 못하고, 고을에서도 어살의 하사를 받지 못해 나라의 비용 또한 줄어들고 있습니다. 신들이 생각하건대, 천지는 만민을 위해 재물을 내는 것이니 권세가와 귀족이 백성과 이익을 다투는 것은 옳지 않습니다. 전에 별사한 어살을 모두 나라로 돌려 평민들이 스스로 이익을 볼 수 있도록 들어주고, 호조에서는 어살을 상·중·하로 구분해 장부에 올리고 해마다 세금을 거두어 나라의 비용을 넉넉하게 하소서.

전국의 어살을 권세가나 귀족, 곧 임금과 가까운 친척들이 하사 받아 그 이익을 독점한다는 것이 아닌가. 이것은 '천지는 만민을 위해 재물을 내는 것'이라는 맹자에서 유래한 발상과 크게 어긋난다. 이래서 상소문을 올린 것이지만 이 건의는 채택되지 않았다. 그런데 사실 건의를 한 사람도 문제가 있었다. 서거정 같은 고급 관료들이 사실상 어살을 독점하는 세력이었던 것이다. 성종 13년 12월 21일 충훈부 당상 노사신盧思慎과 윤계겸尹繼謙은 임금에게 "묵은 병이 있는 공신이 많은데 약재의 수량이 적어, 모두에게 두루 주기 어렵습니다. 청하옵건대 제도諸道의 어살을 하사하여 부족한 수량을 보태게 하소서"라고 하며 충훈부 소속 공신의 병을 치료하는 비용을 마련하도록 어살의 하사를 바란다. 하지만 성종은, "어살은 마땅히 가난한 백성에게 주는 것인데 재상이 어찌 구해서 얻으려 하는가"라고 거절한다. 성종은 그래도 훌륭한 임금이다!

이 《실록》 기사에 사신의 논평은 이렇다. "여러 도道의 어살은 가난한 백성에게 주었다가 3년이면 바꾸는 것이 법이다. 이것은 나라의 어진 정사의 하나인데, 노사신 등이 법을 무시하고 이런 요청을 했으니, 백성을 위해 동산을 청했던 일과 비교해 보면 얼마나 동떨어진 것인가?" 백성을 위해 동산을 청했던 일이란, 한漢나라 건국의 공신인 소하蕭何가 고조 곧 유방에게 장안은 땅이 협소한데 왕궁의 동산이 너무 넓으니 백성들이 그곳에서 농사를 짓게 하도록 하자고 건의한 고사를 말한다.

노사신의 요청을 성종이 묵살하자 고급 관료들의 욕심은 일단 꺾인다. 이후 어살을 가난한 백성이 아닌 관료들이 차지하는 것이 계속 문제가 되지만, 성종의 '어살은 가난한 백성에게 주는 것'이라는 판단과 원칙은 그런 대로 유지되었다고 할 수 있다. 이 원칙에 큰 변화가 일어난 것은 연산군 때부터였다. 연산군은 수입이 좋은 어살을 자기가 총애하는 후궁들에게 나누어주기 시작했고, 연산군을 쫓아내고 새로 왕이 된 중종도 '왕자들이 자기 몫으로 토지를 받지 않았기에 대신 어살을 주었을 뿐'[27]이라면서 왕자들에게 어살을 하사했고, 신하들이 반대했지만 들은 척도 하지 않았다. 용렬하기 짝이 없는 인간이다.

이후로 국가와 가난한 백성들의 소유여야 할 어살을 왕자나 공주의 집안, 곧 궁방이 마구 차지하기 시작한다. 왕들은 자기 자식이 자라서 궁 밖으로 나가 딴 살림을 차리게 되면 토지와 어살을 내려주었던 것이니, 어떤 왕이든 예외가 없었다. 《효종실록》 6년 11월 25일 전라감사 정지화鄭知和(1613~1688)의 보고에 의하면, 전라도 부안현 소재 20곳의 어살은, 궁가 점유가 11곳, 성균관 소유가 8곳이었고, 부안현 소유는 한 곳이었던 바, 그 한 곳마저도 숙경공주 집에 빼앗겼다고 했다. 결과적으로 백성의 몫은 한 곳도 없었던 것이다.

양심적 관료들이 궁방의 어살 독점을 문제 삼고, 백성들을 위해 어살을 궁방에서 되찾아 다시 국가가 관리하고 백성에게 어업권을 돌려줄 것을 요청하였으나 아무 소용이 없었다. 《현종실록》의 사관은 어살 문제가 해결되지 않은 것을 이렇게 비판하고 있다.

살펴보건대, 우리 백성을 피폐하게 만들어 조석도 보전하지 못하도록 만드는 폐단은 오래 전부터 쌓이고 쌓여 전례가 된 것들로서, 윗사람 아랫사람이 모두 그냥 따라할 뿐 고칠 수가 없게 된 데 근거를 두고 있다. 삼사의 관원들이 해를 넘기면서까지 굳게 다투고 입이 닳도록 말을 해서 겨우 허락받은 것을 정부에서는 늘 여기로 저기로 돌리며 긴 세월 방치해 두면서, 위로는 임금의 명을 팽개치고 아래로는 여론을 막는 것을 상책으로 여긴다. 시장이며, 염분·어살을 혁파하는 일은 모두 임금의 윤허를 받았지만 끝내 실효가 없다. 이른바 소결청疏決廳과 공안貢案

斗杓李瀗許積等請對 上召見之之源曰臣等親往尺量基址則地勢狹隘

畢竟難容雖變南址為東西以綏為橫纜剩尺之地內墻邏路終無可設之

慶除非填渠退墻更無他策而豈容挾拓舊制致骸聽耶事雖出於不獲已

而阿可家喻而戶說于遠近傳者父曰廣拓宮城非細慮也 上曰雖甕南向

之制正似斗中容外有何盖也宮墻不退而邏路可設則大善若以宮墻為內

墻則其外即置邏路要令往來恢恢也〇乙巳忠清道懷仁文義報恩地震〇

全南監司鄭知和啓聞以為扶安縣舊有漁箭二十處其十一被占於宮家其

八屬於成均館只有一慶本縣賴之今又被奪於淑敬公主家扶安當格浦出

入之路奉使之行絡繹徧受其弊請以舊箭一慶仍屬本縣 許之仍令諸宮

家各衙門之互相冒占者申飭禁斷〇丙午持平尹宣舉上疏辭職 許之〇

大提學蔡裕後免〇珎島監牧官金興祖以犯贓伏法〇丁未以蔡裕後為大

司憲李袗為舍人尹堦為掌令安後稷為持平元萬石為獻納洪柱三為正言

李尚眞為慶尚監司〇戊申 上下教曰今者修理之擧出於萬分不得已凡

係工役一遵簡便取材之時可合於舩材者勿許濫斫分定役夫僅取應人之

數烟戶雜役各量宜蠲除以慰民心可也須以此意嚴飭該道別選剛明差員使

효종실록 중에서 효종 15권, 6년(1655) 11월 25일 기사. 전라감사 정지화가 탈취당한 부안현의 어살을 본 현에 소속시키기를 요청하는 내용이다.

을 고치는 일도 윤허받은 뒤 역시 모조리 폐기하였다. 대신들이 나랏일을 처리하는 데 불충하고 왕명을 어기는 데 거리낌이 없으니, 정말 통탄스럽기 짝이 없다.[28]

수많은 개혁책을 강구했지만, 소수의 양심적 관료의 소리였을 뿐 조정의 권력을 쥐고 있는 세력은 오불관언이었던 것이다.

궁방의 어살 독점은 영조 때에 와서 만든 균역법으로 혁파되었다. 균역법은 양역을 해결하려 만든 법이다. 양역은 양민에게 물리는 군포를 말하는데, 이 군포의 징수가 엄청나게 가혹했다. 죽은 사람에게도 군포를 내라는 백골징포, 어린아이에게 군포를 물리는 황구첨정, 동네나 친족에게 연대 책임을 지워 군포를 징수하는 동징·족징까지 있었으니 군포야말로 백성을 병들게 하는 악정 중의 악정이었다.

이를 해결하기 위해 영조는 양역으로 내는 군포를 한 필로 줄이고 모자라는 재정을 마련하기 위해 다양한 세원을 찾았던 바, 그 세원의 하나가 곧 어전과 염분 등 바다에서 생산되는 물자였던 것이다. 영조는 모든 궁가의 어살을 몰수해 균역청에 소속시키고 백성들이 어살에서 올리는 수입의 일부를 균역청의 몫으로 삼았다. 수백 년 동안 제기되었던 문제를 하루아침에 해결하는 획기적인 조처였다. 영조 28년 1월 13일 병조판서 홍계희는 이 조처에 대해 이렇게 말하고 있다.

여러 궁가에서 떼어 받아 독차지한 어살과 소속된 배에 대해 모두 개혁책을 펼쳐 일체 세금을 받아들이게 하였으며, "진실로 백성을 위해 폐단을 제거할 수 있다면 내(영조 자신) 어찌 내 몸의 거죽과 털인들 아끼겠는가?"라고 하교하시기까지 하였으니, 이는 정말 천고 이래 없었던 거룩한 일인 것입니다.

영조의 균역법을 칭송하고 있으니 그나마 영조는 개혁의지가 있었던 왕이었던 것이다.

균역법 이후 어살을 둘러싸고 작은 소란이 없었던 것은 아니지만 어살이 다시 궁방의 차지가 되지는 않았다. 단원은 정조 때 사람이다. 그림 속 어민들의 표정이 밝아 보이는 것은 영조 때 이루어졌던 개혁 때문인가. 어쨌거나 무엇인가 먹을 것을 거둔다는 것은 즐거운 일이 아니랴.

자리
짜기

양반이스민짜는서랑

織席

언젠가 어머니에게 "시골 가서 살면 어떨까요?" 하고 묻자 "무슨 소리고? 나는 싫테이" 하시며 딱 잘라 거절하신다. 그러면서 젊은 시절 시골서 시집살이하며 겪었던 그 간고한 노동을 늘어놓으신다. 도회지로 나와서도 그 간고한 노동의 양이 줄지는 않았지만, 그래도 베를 짜고 김을 매는 그 노동에야 비할 것이 아니라는 것이었다. 나는 지금도 새벽에 홀로 잠에서 깨어 바느질을 하고 자식들의 옷을 짓는 어머니 모습이 눈에 선하다.

지금이야 흔하디흔한 것이 옷이지만 불과 수십 년 전만 해도 옷과 옷감은 여성의 가혹한 노동으로 마련되는 것이었다. 〈자리 짜기〉의 여성 역시 그 노동을 하고 있는 중이다.

아내는 물레로 실을 뽑고 있다. 무명을 짜기 위해서다. 무명을 짜는 데는 여러 목적이 있다. 무명이란 옷을 지어 입는 옷감이니, 옷을 지어 입기 위해서라면 간단히 끝날 것인데 왜 여러 목적이 있다 하는가. 조선 후기 양반이 아닌 상민은 16세부터 60세까지는 군역을 지고 직접 군대에 가는 대신 군포를 바쳐야 했다. 여기에 생활에 드는 여러 가지 비용 역시 무명을 팔아서 마련해야 한다. 여러 목적이란 이런 것을 두고 말한 것이다.

물레 | 물레바퀴가 돌면서 가락을 움직여 실을 감는다.

이 그림에서 가장 중요한 사람은 오른쪽 아래 부분의 자리를 짜는 남자다. 자리와 돗자리는 같다고 해도 그만이지만, 굳이 구별하자면 못할 것도 없다. 둘 다 재료가 왕골이거나 골풀이라는 점은 같다. 하지만 돗자리는 베를 짜

듯 날줄을 미리 걸어두고 바디를 움직여 짠다. 자리는 고드랫돌에 날줄을 감아두고 왕골 가닥을 더하고 고드랫돌을 앞뒤로 옮겨가며 짠다. 단원의 〈자리 짜기〉와 김득신의 〈병아리 훔치기〉에는 모두 고드랫돌이 보이니 돗자리가 아닌 자리 짜기인 것이다.

자리를 짜는 사람은 사방관을 쓰고 있다. 사방관은 양반이 아니면 쓰지 못한다. 그런데 양반이 웬일로 노동을 하고 있는가. 양반 노릇을 하자면 한문을 읽고 쓸 줄 알고, 좋은 풍경을 만나거나 친구들과 어울리면 한시도 지을 수 있어야 한다. 성리학을 이해해야 하고 수신 교과서 《소학》을 몸에 익혀 점잖은 말과 행동이 몸에 배여야 한다. 물론 여기에 봉제사奉祭祀(조상의 제사를 받드는 것) 접빈객接賓客(손님 접대)을 빠뜨려서는 안 된다. 이 모든 양반다움을 실천하려면 토지와 노비라는 경제적 기반이 있어야 한다. 토지와 노비가 없으면, 자연히 양반 행세를 할 수 없다. 한데 조선 후기로 오면서 여러 가지 이유로 경제적 능력을 갖추지 못하는 양반이 속출한다. 예컨대 상속제도가 장자에게 재산을 몰아주는 장자우대 불균등상속제로 바뀌자, 재산을 물려받지 못한 차남과 삼남은 자연히 궁핍하게 된다. 또 상례, 제례 등의 의식 절차에 지출이 많아지기도 한다. 거기다 인구가 늘어나 토지도 부족해진다.

걸태질이란 말이 있다. 한자로 쓰면 '乞駄질'이다. 이것은 자신의 친척 중 지방 수령으로 나간 사람이 있으면 찾아가 아쉬운 소리를 해, 돈이며 물건을 한 바리 얻어오는 일을 말한다. 처음에야 궁핍한 친척을 도와주었겠지만, 이내 걸태질은 가난한 양반의 중요한 생계 수단이 되었고, 지방관아에서는 수령에게 걸태질하러 오는 사람을 막는

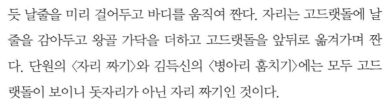

1 자리 짜기 김홍도, 《단원풍속도첩》, 국립중앙박물관. 수염이 석 자라도 먹어야 양반이란 속담처럼, 사방관을 쓴 양반이 생계를 위해 자리를 짜는 모습은 양반임에도 노동하지 않을 수 없는 조선 후기 양반의 삶을 정확하게 반영하고 있다.

2 자리 매기(20세기 초) 이렇게 짜인 왕골자리는 사계절 사용했는데, 여름엔 시원하고 겨울엔 바닥을 따뜻하게 해주는 보온 효과가 있다.

1 병아리 훔치기破寂 │ 김득신, 간송미술관
2 자리틀과 고드랫돌 │ 자리를 짜는 틀로 돗틀이라고도 한다. 여기에 날을 감아
   맨 고드랫돌을 앞, 뒤로 번갈아 움직여가면서 한 땀씩 자리를 직조한다.

일이 주요 업무가 되었다. 18세기 후반의 문인인 윤기尹愭는 양반의 체모를 깎으니 제발 걸태질이랑 하지 말라는 유언까지 남기고 있다. 궁핍한 양반들의 생활이 얼마나 어려웠는지 짐작이 갈 것이다.

토지와 노비가 없으면 다른 노동이라도 해야 하지만 대부분의 양반은 노동을 기피했고, 또 상업은 천하다 하여 하려고 들지 않았다.  한데, 이 〈자리 짜기〉에서 보듯 일하는 양반도 있다. 수염이 석 자라도 먹어야 양반이란 속담은 양반임에도 노동을 해야 하는 양반의 삶을 정확하게 반영하고 있다. 아마도 이 그림은 당시 많은 양반들이 자리 짜는 노동으로 생계를 꾸려갔던 사정을 반영하고 있을 것이다.

양반이 자리를 짜는 그림은 김득신의 〈병아리 훔치기〉에서도 볼 수 있다. 고양이가 병아리를 물고 달아나자 마루에서 자리를 짜던 남자가 담뱃대를 휘두르며 마당으로 뛰어나오는 장면을 그린 것이다. 그런데 마당에 자빠져 있는 것은 이 사내가 짜고 있던 자리다. 사내의 오른손 아래에 있는 검은 물건은 바로 사내가 쓰고 있던 사방관이다. 역시 양반으로서 자리를 짜고 있었던 것이다.

생각이 트인 양반들은 자리 짜기를 천한 일로 생각하지 않았다. 자리를 짜서 생계를 잇고 부모를 봉양했다는 글이 양반들의 문집에 종종 보이는 것을 보면, 자리를 짜거나 신을 삼아 파는 일은 양반들도 퍽 나쁘게 여기지 않았던 모양이다. 문집에는 짚신을 삼고 자리를 짜서 부모를 봉양한다든지, 늙마에 아무런 하는 일도 없이 지내는 것보다는 새끼를 꼬고 자리를 짜는 것이 낫다는 이야기가 흔히

보인다. 개인적으로는 《맹자》에 '허행許行은 신을 삼고 자리를 짜는 일을 업으로 삼았다許行梱屨織席爲業'는 구절이 있기 때문일지도 모를 일이라고 생각하지만, 이건 순전히 나의 뜬구름 잡는 상상일 뿐이다.

조선 후기의 관료이자 문인인 서영보徐榮輔(1759~1816)는 〈교민오칙敎民五則〉[29]이란 글에서 백성을 가르치는 다섯 가지 규칙을 정하고 있는데, 첫째는 사친事親, 둘째는 경장敬長, 셋째는 수업修業, 넷째는 지신持身, 다섯째는 치가治家다. '교민敎民'은 '백성을 가르침'이라고 번역이 되지만, 이때의 백성은 상민이란 말이 아니고 양반층을 의미한다. '교민'의 내용은 《소학》에 근거한, 근엄 무비한 것이라서 여기서 굳이 중언부언할 것은 없다. 다만 맨 마지막의 '치가'에 흥미로운 내용이 있다. '치가'는 세 조목으로 되어 있는데, 첫째 조목은 집의 안팎을 깨끗이 청소해 남에게 더러운 모습을 보이지 말라는 것이고, 둘째는 아무리 좁은 집이라 해도 만약 작은 빈 땅이 있으면 뽕나무, 삼 채소를 심고, 닭이나 돼지, 개 등 가축도 때를 잃지 말고 기르라는 것이다. 세 번째 것은 직접 번역해 보자.

한가한 때는 끈이나 새끼를 꼬거나 자리를 짜고 신을 삼는 등의 일이 모두 할 만한 일거리가 될 수 있다. 이런 일을 하게 되면 쓸데없는 잡담도 덜고 나다니는 일도 줄어들며 나날의 씀씀이도 넉넉해지니, 그 이로움이 정말 크다.

양반일지라도 새끼를 꼬거나 자리 짜는 일을 하는 것이 옳다고 말하고 있다.

자리를 짰던 양반이 있으면 한 번 꼽아보자. 이원익李元翼(1547~
1634)이라면 조선시대 재상 중에서 아주 신망이 높은, 훌륭한 재상
으로 알려진 분이다. 이원익은 광해군 때 영의정으로 있다가 인목대
비를 폐하자는 이이첨 일파에 반대하다가 쫓겨난다. 이원익은 정치
가이지 학자가 아니다. 이미 벼슬이 오를 대로 올랐고 책도 읽을 만
큼 읽었다. 귀양살이는 한편으로는 오랜만의 휴가다. 심심하니 할 일
이 없다. 무엇을 하겠는가. 이원익은 무슨 생각에서인지 자리를 짜기
시작한다. 노동이라고는 해보지 않은 사람이었으니, 솜씨랄 것도 없
다. 한심한 작품이 나왔으나 손수 노동한 결과물이라 소중하기 짝이
없다. 아는 사람에게 선물하기 시작했다. 받기는 했지만 그 한심한
물건을 즐거이 사용하는 사람이 없다. 한데, 인조반정이 일어나고 이
원익이 다시 재상이 되자 그가 짰던 한심한 물건은 영의정이 짠 자리
가 되어 보물처럼 여겨진다. 나는 이 이야기를 어떤 분에게 듣고 과
연 그랬을까 했는데, 장현광張顯光(1554~1637)의 문집 《여헌집旅軒集》
에서 "완평完平(이원익)은 여주 호장戶長의 집에서 귀양살이를 하면서
자리를 짜고 있다"[30]는 기록을 보고 허언이 아님을 알았다.

이런 저런 기록을 보면 양반들이 생활고에 몰리면 더러 자리를 짜
기도 했던 것을 알 수 있다. 조선 후기 문인인 김낙행金樂行(1708~
1766)은 〈직석설織席說〉[31]이란 글 한 편을 남기고 있다. 번역하자면,
'자리 짜기의 이로움' 정도의 뜻이 된다. 어느 날 김낙행의 아내는
남편이 그저 밥만 축내고 하는 일이 없다면서 형제간을 돌며 왕골
을 얻어와 자리를 짜란다. 이웃 영감까지 불러 짜는 방법까지 전수

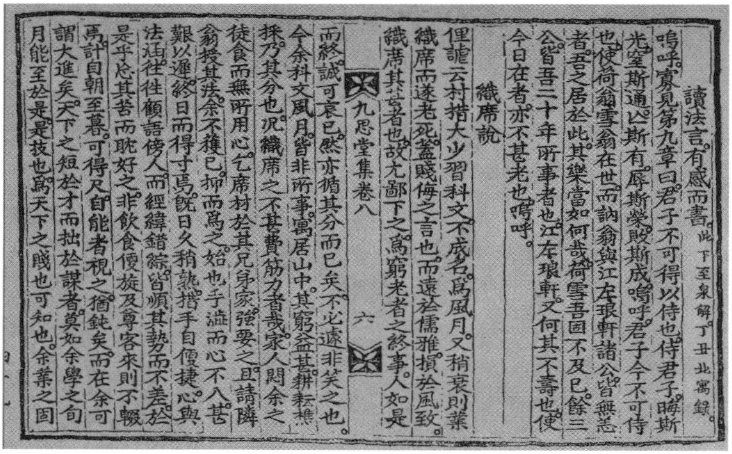

讀法言有感而書 此下至泉解丁丑北寓錄
嗚呼寡見第九章曰君子不可得以侍也侍君子晦斯
光窒斯通亡斯有辱斯榮敗斯成嗚呼君子今不可侍
也使荷翁雪翁在世而訥翁與江左琅軒諸公皆無恙
者吾之居於此其樂當如何哉荷雪吾固不及已餘三
公皆吾二十年所事者也江左琅軒又何其不壽也使
今日在者亦不甚老也嗚呼

織席說

俚諺云村措大少習科文不成名爲風月又稍衰則業
織席而遂老死蓋賤侮之言也而遠於儒雅損於風致
織席其苦者也故尤鄙下之爲窮老者之終事人如是

九思堂集卷八 六

而終誠可哀已然亦循其分而已矣不必遠非笑之也
今余科文風月皆非所事寓居山中其窮益甚耕耘樵
採乃其分也況織席之不甚費筋力者哉家人閔余之
徒食而無所用心乞席材於其兄夢家強要之且請隣
翁授其法余不獲已抑而爲之始也手澁而心不入甚
艱以遲終日而得寸焉旣日久稍熟措手自便捷心與
法涵往往顧語傍人而經緯錯綜皆順其勢而不差於
是乎忘其苦而耽好之非飮食便旋及尊客來則不輟
焉計自朝至暮可得尺自能者視之猶鈍矣而在余可
謂大進矣天下之短於才而拙於謀者莫如余學之旬
月能至於是是技也爲天下之賤也可知也余業之固

其宜哉雖以是終吾身亦不辭焉分所當也爲之有益
於余者五不徒食一也簡閒出入二也盛暑忘蒸汗當
晝不困睡三也心不一於憂愁言不暇於支蔓四也旣
成而精者將以安老母粗者將以藉吾身與妻兒而使
小婢輩亦免於寢土有餘將以分人之如余窮者五也
丁丑夏五月日書

殺蜈蚣說

記曰凡有血氣之類不身翦也明道先生放蝎頌曰殺
之則傷仁放之則傷義與其傷於仁寧傷於義余嘗未
曉其旨竊謂人我之類也其所當仁之也奚啻鳥獸蟲
魚哉而可殺則殺之但其殺之也服念而欽恤哀矜而
勿喜而已若其罪可殺而不問其情一切以不殺爲仁

九思堂集卷八 七

則是亦私意也非仁之全體也於人且如此況鳥獸蟲
魚之爲人害者哉鳥而梟鴟獸而豺狼蟲而蛇虺魚而
鯨鱷皆可殺者也苟可以驅之而遠其跡感之而徙其
居使不得爲害則誠善矣不然則殺之而已矣非害人
者而祭則殺之養則殺之盟則殺之釁鐘則殺之況其
害人者哉君子之於禽獸也見其生不忍見其死聞其
聲不忍食其肉故遠庖廚雖害於人者苟有爲之除之
者豈必自殺之而後爲快哉不然而有逼切於目前者
則不得不手自翦滅之也孔子不綱而已未嘗弃與釣
而廢之不射宿而已未嘗弃與弋而廢之非害人者而

不徒食一也 簡閒出入二也 盛暑忘蒸汗 當晝不困睡三也

心不一於憂愁 言不暇於支蔓四也 旣成而精者 將以安老

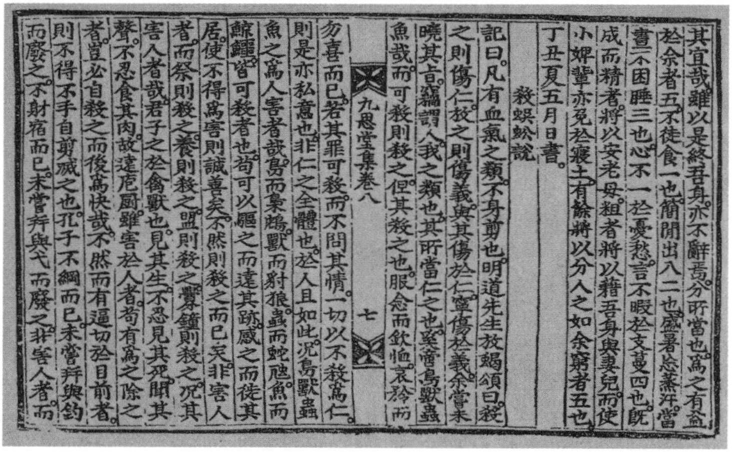

母 粗者將以藉吾身與妻兒 而使小婢輩亦免於寢土 有餘

將以分人之如余窮者五也

직석설 | 김낙행, 《구사당집九思堂集》 권8

시킨다. 아내의 말을 이기는 남편은 드문 법이다. 내키지 않았지만 해본다. 처음에는 서툴렀지만 갈수록 손에 익고 재미가 난다. 이런저런 고민을 아주 잊고, 밥을 먹거나 소피를 보거나 손님이 찾아오는 경우가 아니라면 아침부터 저녁까지 오로지 자리 짜기에 몰두하게 되었다. 김낙행은 드디어 자리 짜기의 찬미자가 되어 자신은 앞으로 죽을 때까지 자리를 짜겠노라 선언한다. 급기야 자리 짜기의 다섯 가지 이로움을 설파한다. 첫째, 자리 짜기란 노동을 하기 때문에 공밥을 먹지 않는다는 것이다. 둘째, 집 밖으로 공연히 나들이하는 일이 줄어든다. 셋째, 무더운 여름날 졸음을 잊을 수 있다. 넷째, 공연한 근심거리에 마음을 쓰지 않고, 쓸데없는 말을 하지 않아도 된다. 다섯째, 잘 짠 자리는 늙으신 어머니께 올려 어머니를 편히 모실 수 있고 좀 거칠게 된 것은 자신과 아내, 아이들이 깔기도하고, 또 어린 계집종에게 주어 흙바닥에서 자는 것을 면하게 해준다. 그러고도 만약 남는 것이 있다면 자신처럼 살림살이가 딱한 사람에게 나누어줄 수도 있으니, 얼마나 좋은가? 자리로 인한 깨달음인데, 아주 괜찮다.

　이야기가 옆으로 샜다. 다시 〈자리 짜기〉 그림으로 돌아가자. 자리를 짜고 있는 남자 위쪽에 아이가 글을 읽고 있다. 큰 책을 펴 놓고 작은 막대기로 글자를 하나하나 짚어가며 읽고 있다. 이제 막 글자 공부에 들어간 꼬맹이인 것이다. 서당에서 혹은 아버지에게서 배운 것을 소리 내어 다시 읽고 있는 것이 틀림없다. 그런데 아이가 아랫도리를 벗고 있다. 아마 가난 때문일 것이다. 자리 짜는 아버지, 아랫도리를 벗은 아이라, 이 그림처럼 조선 후기 양반 사회의 분화를 명료하게 보여주는 그림은 없다. 가난한 양반은 어쩔 수 없이 자리를 짜게 되었다. 하지만 양반으로서의 마지막 자존심을 지키기 위해 여전히 사방관을 쓰고 있다. 벌거벗은 아들의 독서는 아직 양반의 길에 미련이 남았다는 뜻이다. 해방 이후 무서울 정도로 집요했던 한국 사람들의 교육열은 양반으로서의 지위를 잃지 않으려 했던 자리를 짜던 아버지, 길쌈을 하던 어머니의 열망에서 나온 것은 혹 아닌가.

지금 세상은 자리 또는 돗자리라는 것을 쓸 기회가 많지 않지만 조선시대에 자리는 생활필수품이었다. 지금은 맨바닥에 앉아서 일을 하는 경우는 드물다. 집에서도 소파에 앉아서 지낸다. 또 결혼식 등의 의식이 있어도 모두 의자에 앉는다. 하지만 조선시대라면 이야기가 다르다. 모두 바닥에 앉아 생활하고, 의식이 있어도 모두 바닥에서 한다. 앞서 김낙행의 글에서도 보았지만 노비는 흙바닥에서 잠을 자는 일이 예사였으니 자리가 생활필수품인 것은 두말할 나위가 없다. 자리가 가장 많이 필요한 곳 역시 국가와 왕실이었다. 고려와 조선은 장흥고란 관

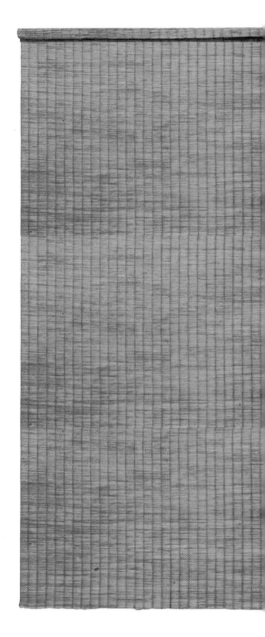

청을 두고 국용, 왕실용 자리를 관장했다. 관장한다는 말은 지방에 공물로 배정한 자리를 받아들여 보관하고 사용할 때 내어주고 한다는 뜻이다.

장흥고 외에도 자리를 받는 관청이 있었다. 제용감濟用監은 중국에 진헌進獻하는 물건, 곧 방물方物로 바치는 물건을 관장하는 곳이다. 진헌하는 물건에는 말, 비단, 돗자리席子, 인삼, 표피, 수달피 등이 있다. 《경국대전》 호전戸典 〈진헌〉조를 보면, 관찰사가 품질을 살피고 봉하는 것을 감독해 연내에 상납을 마쳐야 한다고 되어 있다. 즉 진헌물은 모두 지방에서 만든 것이었던 것이다. 그렇다면 중국에 보내는 자리에는 어떤 것이 있었을까? 《만기요람》 〈재용편財用編〉을 보면 해마다 중국에 보내는 방물 목록이 있는데, 여기에 당연히 돗자리가 포함되어 있다.

동지冬至: 용문염석龍紋簾席 2장 · 황화석黃花席 20장 · 만화석滿花席 20장 · 만화방석滿花方席 20장 · 잡채화석雜彩花席 20장

정조正朝: 용문염석 2장 · 그 외 돗자리는 15장씩.

성절聖節: 용문염석 2장 · 황화석 20장 · 만화방석 20장 · 잡채화석 20장

이것은 모두 황제에게 보내는 것이다. 이 외에도 수량의 차이는 있지만 황태후, 황후, 황태자 등에게도 보낸다. 이런 돗자리들은 화려하기 짝이 없었다. 용문염석이란 용무늬를 넣어 짠 것이고, 그 외 '화花' 자가 들어가는 것은 모두 꽃무늬를 넣어서 짠 것이다.

자리는 공물이었고 지방에서 만들어 올렸다. 조선 전기에는 대체로

백성들에 대한 착취가 그래도 제한이 있었던 것 같다. 《세종실록》 7년 8월 22일조를 보면 호조에서는 경기도 지방의 세금과 공물을 줄여주고 있는데, 거기에 돗자리가 포함되어 있다. 즉 각도에서 장흥고에 1년에 돗자리 5,148장을 바치는데, 현재 6,304장이 있고, 1년에 소비되는 것이 2,216장에 불과하니, 경기도에서 바치는 480장을 감할 것을 요청하여 허락을 받는다.

자리는 모든 지방에서 다 바치는 것이 아니었다. 주로 경상도 안동 일대, 즉 순흥·예천·영천榮川·영천永川·풍기·의성·용궁 일대가 자리의 주 생산지였다. 여기서 매년 2월, 8월에 장흥고와 상의원에 자리를 바쳤다. 장흥고가 일반 자리를 받는 곳이라면, 상의원은 꽃무늬를 넣은 매우 고급스런 자리, 예컨대 용문석이나 만화석 등을 거두는 곳이었다. 그런데 영조 5년의 자료를 보면, 위의 여덟 고을에서 2월과 8월에 장흥고와 상의원에 자리 1,300여 장을 바치는데 아전들이 퇴짜를 놓거나 뇌물로 받는 것이 해마다 곱으로 불어 자리를 짜는 석장席匠들이 땅을 팔고 집을 팔아 열에 여덟, 아홉이 유랑민이

되었다고 한다. 때문에 각 고을에 남아 있는 석장은 큰 고을에는 7, 8
명을 넘지 않고 작은 고을은 5, 6명도 못되기 때문에 자리를 진상할
때가 되면 친족과 이웃에까지 책임을 지운다는 것이다. 이런 까닭에
석장과는 결혼을 기피하는 일까지 있게 되었다.[32] 돗자리에도 이렇
게 슬픈 역사가 어려 있다. 한데 요즘은 중국산 수입 자리 때문에 자
리 짜는 사람도 찾기 어렵다 하니 더 딱한 일이다.

돗자리 짜는 노인(1900)

대장간

대장장이 석탈해 왕이 되기도 했으나……

冶匠

단원의 〈대장간 ①〉은 풍속화를 대표하는 워낙 유명한 그림이
다. 대장간 그림은 이 그림 말고 김득신의 〈대장간 ②〉가 남아
있는데, 아마 단원의 그림을 모본으로 삼은 것이 아닌가 한다. 솜씨로
보자면 나는 역시 단원 쪽에 한 표를 던지겠다. 한데 지금 대장간은
거의 남아 있지 않다. 대장간에서 만들었던 물건들은 대개 농업사회
에서 쓰던 물건들이다. 호미, 낫, 괭이 등의 농기구가 그렇지 않은가.
대장간은 이따금 텔레비전 방송에서나 사라지는 '풍물' 쯤으로 소개
되기도 한다. 그런 프로그램에는 산업화된 사회에서 거의 사라지고
없는 수공업에 대한 호기심과 그 수공업이 갖는 인간적인 친밀감이
짙게 배어 있다.

　　그런데 〈대장간 ①〉이 그려지기 전 1778년 단원은 〈행려풍속도병〉
에 〈길가의 대장간〉을 그린 적이 있다. 이 그림의 대장간은 화첩의 〈대
장간 ①〉과 꼭 같다. 물론 그림의 구성으로 말하자면 인물들이 가로로
확 퍼져 있어, 앞의 〈대장간 ①〉이 좁은 공간에 압축적으로 대장간을
보여주는 것에 비하면 솜씨가 훨씬 떨어진다. 그 밖에 또 단원이 그린
것으로 전해지는 〈대장간 ③〉도 있는데 역시 〈대장간 ①〉과 거의 동일
한 구성이다.

주막과 대장간[酒幕冶鍛] 중에서
김홍도, 〈행려풍속도병〉, 국립중
앙박물관

　　〈대장간 ①〉을 보자. 먼저 그림의 위쪽을
보면, 흙으로 쌓아올린 화로가 있다. 높이가
어른 키보다 높은 것이 흥미로운데, 요즘은
이런 화로를 볼 수 없다. 지금의 대장간에서
도 이런 방식의 화로는 없을 것이다. 화로의
앞쪽에 화구가 있다. 그 속에 쇳덩이를 넣어

118

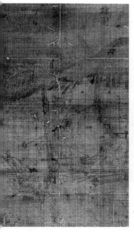

1 대장간 ① 김홍도, 《단원풍속
도첩》, 국립중앙박물관. 대장일
을 위해 대장장이 한 명, 메질꾼
두세 명, 풀무꾼 한 명, 집게잡이
한두 명으로 구성된다. 메질은
보통 두 명이 하지만, 쇠가 크면
세 명이 번갈아 치기도 한다.
2 대장간 ② 김득신, 《긍재전신
첩》, 간송미술관
3 대장간 ③ 전傳 김홍도, 국립
중앙박물관(중박 201005-194)

달군 뒤 꺼내어 두드리는 것이다.

　화로 뒤에 고깔을 쓴 소년이 막대기를 잡고 풀무질을 하고 있다.
풀무는 바람을 불어넣어 불을 지피는 데 사용하는 도구다. 손으로 밀
고 당기고 하는 손풀무가 있고 발로 밟는 발풀무가 있다. 이건 손풀
무다. 소년이 막대를 아래로 당겼다 놓으면 그때 바람이 화로로 들어
간다. 풀무질을 계속해 주어야 화로 속 온도가 쇠를 달굴 정도로 높

아진다.

한 사람이 집게로 달군 쇳덩이를 잡고 있고, 두 사람이 번갈아가면서 메질을 한다. 이렇게 치는 도구를 쇠메, 치는 동작을 메질이라한다. '메'라고 하면 못 알아듣는 사람도 있는데, 찰떡을 만들때 안반에다 찹쌀밥을 해놓고 커다란 나무 몽둥이로 내려친다. 그 나무 몽둥이를 '떡메'라고 한다. 이제 이해들 하시리라. 하지만 대장간에서는 쇠로 만든 쇠메를 사용한다. 다시 그림을보면 쇠메 하나는 벌건 쇳덩이를 막 내려치고 있고, 다른 쇠메는 다시 힘껏 치기 위해 먼 곳에서 힘을 모으고 있는 중이다.

앉아 있는 대장장이는 집게로 벌건 쇳덩이를 꽉 집고 있다. 벌건 쇳덩이를 손으로 집을 수 없으니, 이 집게 역시 대장간의 필수품이다. 쇳덩이는 쇠메를 치는 사람이 원하는 대로 요령껏 돌려야한다. 사내 앞에는 긴 쇠자루가 있는데, 앞이 꼬부라진 것으로 보아화로의 재를 긁어내는 물건일 것이다. 불에 달군 쇳덩이가 놓인 곳은

모루다. 쇳덩이를 메질해야 하니 모루 역시 쇠로 만드는 것은 당연지사다. 이렇게 해서 메질을 한 뒤 다시 물에 집어넣어 급격히 식히는담금질을 한다. 담금질과 메질을 반복하는 과정을 통해 물건의 형태가 잡히는 것이다.

그림의 아래쪽에는 한 젊은이가 숫돌에 낫을 갈고 있다. 뒤에 지게가 있는 것으로 보아 농사꾼이 분명하다. 대장간은 연장을 새로 만들어주기도 하고 이처럼 날이 무뎌진 연장을 벼려주기도 하였다.

〈대장간 ①〉은 대장장이가 메질과 담금질을 하는 장면을 그린 것이고, 정작 쇠를 만드는 곳은 아니다. 쇠를 만드는 곳을 야장冶場이라

하는데, 《경국대전》 공전工典의 〈철장鐵場〉조를 보면, 여러 고을의 철이 나는 곳에는 야장을 설치하고 관리하는 장부를 만들어 공조와 해당 도道와 고을에 비치한 뒤, 농한기에 쇠를 만들어 상납하도록 했다. 국가에서 필요한 쇠를 농민을 동원해 만들어 바치게 한 것이다. 물론 모든 농민이 쇠를 만드는 기술이 있는 것은 아니고, 특별히 쇠를 만드는 기술자가 있다. 이 사람이 수철장水鐵匠이다. 수철은 무쇠다. 처음 야장에서 얻은 쇳덩이를 판장쇠라 하고 이 판장쇠를 여러 가지 방식을 통해 다양한 물건으로 가공하는 것이다.

쇠는 강도에 따라 여러 종류가 있다. 이규경李圭景(1788~?)의 《오주연문장전산고五洲衍文長箋散稿》의 〈연철변증설鍊鐵辨證說〉에 의하면 쇠를 처음 불려 광물을 버리고 부어서 기물을 만드는 것을 생철生鐵, 곧 수철水鐵이라고 했다. 수철은 무쇠라고도 하는데, 이것은 경도가 워낙 높아 녹여서 틀에다 부어 물건을 만든다. 알아듣기 쉽게 말하면 곧 '주물'로 만드는 것이다. 김준근의 〈가마점〉을 보면 용광로에서 한창 쇳물이 흘러나오고, 그 쇳물을 거푸집에 부어 솥을 만들고 있다. 바로 주물로 기물을 만드는 장면이다.

수철을 불리면, 곧 불에 달구어 탄소를 제거하면 숙철熟鐵(시우쇠)이 된다. 이규경은 불린 쇠를 모두 숙철이나 시우쇠로 말하고 있지만, 정확하게 말하면 탄소함량이 0.035~1.7퍼센트인 것은 강철, 0.035퍼센트 이하인 것은 연철(시우쇠, 순철, 단철)이라고 한다. 연철은 너무 물러 사용할 수 없다. 때문에 우리가 아는 호미와 괭이 등의 농기구와 칼, 창 따위의 무기는 모두 강철로 만든다. 〈대장간 ①〉에서 지금 막 달구어 두드리는 것은 강철이다.

발풀무

손풀무

쇠메

집게

1 가마점 김준근, 독일 함부르크 민족학박물관
2 대장간의 연마 작업(20세기 초) 대장장이는 망치로 모루를 치면서 강약을 조절하며, 쇠메를 쥔 장
  정은 이에 보조를 맞춰 메질을 한다. 풀무질을 하는 사람도 대장장이의 말에 귀를 기울여 풀무질의 속
  도를 조절한다.

대장장이는 청동을 사용하면서부터 생겼을 것이다. 청동기를 이어
나온 철기는 인류의 문명을 크게 바꾸어놓았으니, 대장장이는 사회
에서 대단히 중요한 존재였을 것이다. 예컨대 대장장이 출신의 석탈
해가 신라의 네 번째 왕이 되기도 했으니, 대장장이의 위세를 알 만
하지 않은가. 하지만 조선시대로 오면 대장장이는 천한 신세가 되었
다. 그들은 대개 기생이나 무당과 같은 부류로 여겨졌다. 이들은 꼭
필요한 기능을 가지고 있었지만 천하게 여겨졌다. 지배층은 그들의
기능과 노동을 남김 없이 짜냈다. 대장장이를 비롯한 조선시대의 수
공업자는 의무적으로 일정한 일수를 국가를 위해 노동을 해야 했고,
일을 하지 않는 날은 세금을 바쳤다. 예컨대 대장장이는 서울에서는

공조, 상의원, 군기시, 교서관, 선공감, 내수사, 귀후서 등에, 지방에
서는 관찰사영, 병마절도사영, 수군절도사영, 그리고 기타 지방 관청
에 자기 이름을 올리고는 무보수로 일을 해야 했다. 관청에서 일을
하지 않는 날은 자신의 일을 할 수 있었으나 대신 높은 세금을 내어
야만 했으니, 대장장이의 삶이란 고달프기 짝이 없는 것이었다. 그러
던 것이 18세기 후반에 오면 사정이 달라진다. 즉 대장장이를 비롯한
수공업자들은 관청에 모두 이름을 등록하게 되어 있었는데, 이 제도
가 없어진 것이다. 여기에 수공업자들에게서 받는 세금 역시 점차 없
어지기 시작했다. 이런 변화로 대장장이는 국가와 관청의 속박에서
벗어났다. 관청의 손아귀에서 벗어난 대장장이의 삶이 전보다 자유
로워진 것은 사실이겠지만, 벼락부자가 되었던 것은 아니다.

내가 어릴 때 대장장이는 드물지 않았다. 나는 대장간 앞에 쪼그리
고 앉아 풍로의 세찬 바람에 괄하게 타오르는 불길 속에서 쇳덩이를

집어내어 꽝꽝 하고 두드리는 대장장이의 모습을 넋이 빠져라 쳐다
보곤 하였다. 그 쇳덩이는 이내 칼이 되고 호미가 되었다. 단단한 쇳
덩이를 맘대로 주무르는 대장장이가 정말이지 신기하기 짝이 없었
다. 이제 도시에서는 이런 모습을 찾으려야 찾을 수가 없다. 군 소재
지, 읍 소재지에서 무슨 공작소니 철공소니 하는 이름에 겨우 그 흔
적을 남기고 있을 뿐이다.

　대장장이의 힘찬 메질 소리가 사라진 세상이 과연 어떤 세상인가.
대장간에서 만들었던 칼과 호미가 기계로 매끈하게 뽑아낸 칼과 호
미로 바뀐 것처럼, 사람 역시 그렇게 제품화되지 않았을까. 김광규
시인의 〈대장간의 유혹〉을 읽으면 그런 생각이 더욱 간절하다.

　제 손으로 만들지 않고

　한꺼번에 싸게 사서

　마구 쓰다가

　망가지면 내다 버리는

　플라스틱 물건처럼 느껴질 때

　나는 당장 버스에서

　뛰어내리고 싶다.

　현대아파트가 들어서며

　홍은동 사거리에서 사라진

　털보네 대장간을 찾아가고 싶다.

　풀무질로 이글거리는 불 속에

　시우쇠처럼 나를 달구고

모루 위에서 벼리고

숫돌에 갈아

시퍼런 무쇠 낫으로 바꾸고 싶다.

땀 흘리며 두들겨 하나씩 만들어낸

꼬부랑 호미가 되어

소나무자루에서 송진을 흘리면서

대장간 벽에 걸리고 싶다.

지금까지 살아온 인생이

온통 부끄러워지고

직지사 해우소

아득한 나락으로 떨어져 내리는

똥덩이처럼 느껴질 때

나는 가던 길을 멈추고 문득

어딘가 걸려 있고 싶다.

정말 그렇다. 나는 이미 규격화된 상품이 된 것이다. 다시 대장간
을 찾아가 다시 단 한 사람의 나로 단련되고 싶다. 단원의 〈대장간〉
을 보며 문득 드는 생각이다.

편자 박기

말에 신발 신기기

蹄鐵

八 말은 소와 함께 인간이 가축화한 대형 동물이다. 말 하면 먼저 떠오른 것은 전쟁 때 기병騎兵이 타는 군마다. 물론 이 외에도 짐을 나르거나 사람이 타기도 한다. 한데 이상한 점은 서구에서는 중세 때 말이 밭을 갈기도 했지만, 우리의 경우 말이 쟁기를 끄는 일은 없었다는 것이다. 일본에서는 말고기를 먹지만 우리의 경우 제주도를 제외하고는 말을 먹지 않는다. 이유는 알 수 없지만, 쇠고기를 탐식한 것을 떠올린다면 아주 뜻밖이다.

조선시대에는 사복시란 관청을 두어 말을 특별히 관리했다. 하지만 임진왜란을 제외하면 워낙 오랫동안 평화가 지속되어 말은 주로 양반가의 승용마로, 민간의 운송마로 쓰였을 뿐 군마로서의 용도는 많지 않았던 것으로 보인다. 마상재馬上才라고 하여 뛰어난 기마술은 있었지만, 조선에 뛰어난 기마부대가 있었다고는 들어본 적이 없다.

군용이건, 승용이건, 운송용이건 간에 말은 세심한 관리가 필요한 짐승이다. 〈편자 박기 ①〉은 말에 편자를 박는 장면을 그린 것이다. 말의 네 발을 줄로 묶은 뒤 긴 나무 막대기를 사이에 넣어 말이 요동치지 못하게 하고 있다. 왼쪽 위에는 그릇을 올려놓은 상 같은 것이 있는데, 이것이 무슨 용도인지 전혀 알 길이 없다. 말 아래쪽에는 망태기가 하나, 말편자가 하나, 작은 못이 둘이 있다. 그 옆의 길고 편편하게 생긴 물건 역시 무엇에 쓰는 것인지 확실하지 않다. 앞으로 언급하겠지만 말의 발굽을 깎고 다듬는 데 쓰는 도구로 '제로蹄鑪'라는 것이 있는데, 일종의 줄 같은 것이다. 하지만 이것은 제로 같아 보이지도 않는다.

이 중에서 가장 중요한 물건은 편자다. 편자의 이름은 여럿이다. 말

편자, 말굽쇠라고도 하고, 한자어로는 제철蹄鐵, 영어로는 'horseshoe'라고 한다. 나는 말의 편자는 대장간에서 서 있는 말의 발을 들게 하고 박는 줄로 알고 있었다. 그런데 이 그림을 보면 말의 발을 모두 묶어 땅바닥에 자빠뜨리고 편자를 박고 있지 않는가. 이렇게 말을 눕히고 네 발을 모두 한데 모아 묶는 것을 '굽을 싼다'고 말한다. 하지만 이렇게 하면 말이 무척이나 괴롭다. 조영석趙榮祏(1686~1761)의 〈편자 박기 ②〉 역시 말에 편자를 박고 있다. 단원의 그림과 다른 점은 말의 네 발을 묶어서 그 끈을 나무에 묶어두고 있는 것이다. 말은 괴로워서 입을 벌리고 고개를 젓고 있다. 그림의 수준은 한참 떨어지지만, 편자를 박고 있는 그림이 또 한 점 있다. 작자 미상의 〈편자 박기 ③〉이 그것인데, 역시 말의 네 발을 묶어 편자를 박고 있다. 이상 세 그림을 보건대, 조선시대에는 말의 네 발을 묶어 땅바닥에 자빠뜨리고 편자를 박았던 것이 확실하다.

그러면 말을 타는 모든 문화권에서는 이런 식으로 편자를 박는 것인가. 이게 늘 궁금했는데, 이덕무李德懋의 에세이집 《앙엽기》에 실린 편자 박기에 관한 글(〈발굽쇠〉)을 읽고 정확한 사정을 알게 되었다.

우리나라에서는 네 다리를 묶어 하늘을 보게 눕히고, 칼로 발굽의 바닥을 깎아낸 뒤 못을 박는다. 중국에서는 끌로 서 있는 말의 발굽에서 고르지 않은 부분을 깎아낸 뒤 못을 박는다.[33]

중국에서는 말을 세워둔 채 발굽을 갈고 그 뒤에 편자를 박지만, 조선에서는 말 다리를 묶어 하늘을 향하게 하고 박았던 것이다.

편자 박기 ①│김홍도, 《단원풍속도첩》, 국립중앙박물관. 두 사내가 말의 발을 모두 묶어 땅바닥에 자빠뜨리고 말에 편자를 박고 있는데 말은 괴로워서 입을 벌리고 고개를 젓고 있다.

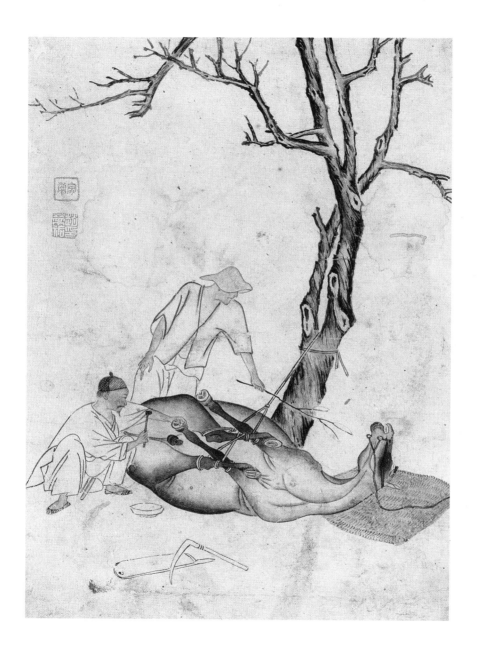

1 편자 박기(말징 박기) ②¹
  조영석, 국립중앙박물관(중박 20
  1005-194)
2 편자 박기(말징 박기) ③¹
  필자 미상, 국립중앙박물관(중박
  201005-194)

말은 발굽이 있는 짐승이다. 발굽은 발가락에 있는 발톱의 한 종류다. 발굽이 있는 짐승은 여럿인데, 말은 발굽 짐승 가운데서도 첫 번째, 다섯 번째 발굽은 퇴화하여 없어지고 세 번째 발굽만 발달한 짐승이다. 당연히 세 번째 발굽에 편자를 박는다. 편자는 발굽이 닳는 것을 막고 몸의 균형을 잡아, 걷거나 뛰는 데 편리하게 하는 장치다.

편자를 박을 때 쓰는 도구가 여럿 있다. 먼저 편자가 있어야 하는 것은 말할 필요조차 없다. 편자를 박기 전에 먼저 발굽을 갈아서 모양을 잡아야 하는데, 이때 쓰는 줄같이 생긴 물건을 제로蹄鑢라고 한다. 발굽을 갈아서 모양을 잡은 뒤에 편자를 대고 고정시키기 위해 못을 친다. 이 못을 '대갈' 또는 '다갈' 이라 하고, '징' 이라고 하기도 한다. 대갈을 쳐서 박으려면 망치가 필요한데, 이 망치는 '대갈마치' 라고 해서 자루까지 쇠로 만든다.

편자는 언제 생긴 것인가. 박학하기로 이름난 이덕무는 앞서 인용했던 〈발굽쇠〉란 글에서 고려의 윤관尹瓘 장군이 또는 조선의 임경업林慶業 장군이 만들었다는 속설이 있지만 신빙성이 없다 하고, 이리저리 고증을 거듭한 끝에 중국 서남 지방 오랑캐들이 만든 것이 중국으로 퍼진 게 아닌가 하고 추정한다. 또 다른 문헌으로 이유원李裕元(1814~1888)의 《임하필기林下筆記》에 편자(대갈)에 대한 그럴싸한 유래가 있다. 이유원에 의하면, "옛날에는 말의 발굽에 쇠편자를 박지 않아 겨울에 얼음이 얼어 미끄러우면 칡으로 발굽을 쌌다"고 한다. 그런데 성종 때 윤필상尹弼商이 여진족을 정벌하러 갔을 때 얼음 언 땅을 말이 달릴 수가 없었으므로 쇠로 발굽 모양의 편자와 편자를 고정시키는 못(대갈)을 고안해 냈다는 것이다. 이 놀라운 기술로 여진족과

말굽을 바꾸는 장면(1907)
〈편자 박기〉의 그림에서와 같이
말을 눕혀 편자를 박는 사진이다.
편자는 가정집에서도 박을 수 있
었지만 전문 장인들이 점포를 열
고 편자를 박아주기도 했다.

편자와 못 제철蹄鐵, 철제鐵蹄
라고도 한다. 편자는 말의 발굽
에 부착하기 쉽게 편자몸통에
못 구멍이 있으며, 못을 이용해
발굽과 결합한다.

의 전투에서 이길 수 있었고, 이후 이 방법을 따라 여름이나 겨울에 말의 발굽에 편자를 붙이고 못을 박았다는 것이다. 또 칡은 한자로 '갈葛'인데, 그것을 대신하게 되었기에 그 못을 대갈代葛이라 불렀다는 것이다.[34]

《성종실록》 10년 윤10월 4일조를 보면 윤필상이 여진족을 정벌하러 떠나기 전에 평안도 관찰사와 절도사에게 전다갈錢多葛 2,000부部를 요구하고 있는 것을 보면 《임하필기》의 주장이 그럴 듯도 하다. 하지만 이보다 훨씬 앞서 《태종실록》 18년(1418) 3월 21일조에 사헌부에서 진주목사 유염이 백성들에게 군량과 가죽, 마제철 등을 징수한 것을 탄핵하는 기사가 있는 것으로 보아 이미 마제철, 곧 편자는 성종 이전에 있었던 것을 알 수 있다. 편자가 있으면 곧 편자를 고정시키는 못이 있어야 한다. 그러니 대갈이 성종 이전에 있었던 것은 두말할 필요가 없다. 하지만 그 기원은 여전히 알 수 없다. 이덕무 쪽도 꼭 옳다고만은 할 수 없으니 오리무중인 셈이다.

편자는 우리나라에만 있는 것인가. 이익은 《성호사설》의 〈마제馬蹄〉라는 글에서 중국 요동은 우리나라와 접해 있어 우리나라 말의 대갈을 분명 보았겠지만, 대갈을 채용하지 않았다고 말하고 있다.[35] 하지만 1832년 청나라에 갔던 김경선金景善은 자신의 여행기인 《연원직지燕轅直指》에서 중국의 말에 튼튼한 쇠로 만든 편자가 있었다고 증언하고 또 편자는 전국시대 조趙나라의 명장인 이목李牧이 고안한 것이라 하였다.[36] 누구 말이 맞는지는 알 수가 없다. 1636년 통신사행의 부사로 일본에 갔던 김세렴金世濂(1593~1646)은 돌아와 《해사록海槎錄》이란 여행기를 남겼던 바, 일본에서는 말에 편자를 박지 않고 짚신을 신긴다고 하였다. 좀더 상세히 읽어보면, 짚신은 잘 닳아 5리나 10리마다 짚신을 갈아 신겨야 하기에 짚신을 짊어진 사람이 따라 다니고, 또 지나는 길 곳곳의 가게에서 짚신을 판다고 하였다.[37]

편자는 말에게 신긴 쇠신발인 셈인데 과연 이게 말에게 좋은 일이었을까? 이익은 말에 대해 관심이 많았던 사람이다. 그는 《성호사설》의 〈마정馬政〉[38]이란 글에서 이렇게 말하고 있다.

대저 좋은 말은 서역西域에서 나니, 월지月氏나 대완大宛 같은 나라를 보면 알 수가 있을 것이다. 옛날부터 고려에서 나는 과하마果下馬는 덩치가 작기로는 천하제일이라 일컬었으니, 땅의 성질 때문에 그런 것이다. 게다가 더욱이 목장에서 키우는 것은 아주 드물고 집에서 키우는 것이 많다. 말을 들판에 풀어놓고 키우면 물과 풀을 편안히 여기고 내달리는 데 익숙하여 전쟁터에서도 쓸 수가 있다. 하지만 집에서 키우는 놈은 갈기를 잘라주고 털을 털어준다. 꼴이며 콩을 배불리 먹이고 추울 때 덮어주고 더울 때 그늘에서 쉬게 하여, 바람과 서리를 모르게 되니 힘줄과 뼈가 무르다. 만약 이런 놈을 하루아침에 거친 들판에 풀어놓으면, 반드시 비쩍 말라 아무런 힘이 없게 될 것이다.

말을 방목하지 않고 조선에서처럼 집에서 기른다면 말이 야성을 잃고 허약해진다는 말이다. 그런데 이익은 이것보다 더 해로운 것이 있다고 말한다. 즉 "발굽에 쇠편자를 박아 한 해 내내 잠시도 쉬지 못하게 하고, 우리 안에 들어오면 감옥에 가두어놓듯 하고, 나가면 무거운 짐을 지우니 말이 어떻게 쉬 늙어 죽지 않으랴"라고 비판하고,

이런 까닭에 처음으로 쇠편자를 만든 자는 '마정馬政의 죄인'이라고 단언한다. 편자가 무슨 죄인가? 이익은 〈마제〉에서 다음과 같이 말하고 있다.

말을 기르는 것과 부리는 것은 같은 일이 아니다. 말을 부리는 일은 그 뜻이 오직 사람을 편하게 하는 데 있기 때문에 기구들을 아름답게 꾸민다. 재갈이며 굴레, 안장, 뱃대끈, 채찍 따위는 옛날부터 있던 물건이고, 우리나라 사람들은 거기다 편자와 대갈까지 더 박는다. 장사꾼들은 "말이 잘 달리는 것은 본래 그런 것이 아니고, 편자의 대갈이 있어 잘 달리는 것이다"고 한다. 말이 길을 잘 가는 것은 편자의 대갈이 그렇게 만들기 때문이라는 것이다.

하지만 말을 기르는 것으로 말하자면, 모름지기 말을 편하게 해주어야만 싹이 트듯 자라나는 본성을 잘 길러줄 수가 있는 법이다. 《장자莊子》에 이르기를 '말에게 해로운 것을 없애야 한다'고 했는데, 말에게 해로운 것으로 말하자면 편자의 대갈보다 더 심한 것이 없다. 만약 말에게 물을 수 있고 말이 대답할 수가 있다면, 반드시 편자의 대갈이 가장 해롭다고 할 것이다.

말이 아무리 튼튼하다 해도 길을 오래 가면 발굽에 구멍이 나고 발굽에 구멍이 나면 쉬어야 하는 법이고, 사람의 힘으로 도와줄 수가 없는 것이다. 대갈이란 물건이 나오고부터는 가깝거나 멀거나, 춥거나 덥거나, 편하거나 험하거나 관계없이 며칠도 편히 쉬지 못하니, 말이 어떻게 지치고 여위며 노쇠하지 않겠는가?

탐라순역도 중에서 | 탐라는 1276년부터 원의 목마장이 되었다. 그림은 조선시대에 그려진 〈탐라순역도〉에서 공마봉진(말을 공물로 바친다는 의미) 장면으로 말들이 발육 상태와 건강 상태를 검사받고 있다.

    사람들은 대갈로 편자를 고정시켰기 때문에 말이 잘 달린다고 하지만, 이익은 그 일반적 상식에 반대한다. 길을 오래 걸으면 말의 발굽은 닳기 마련이다. 발굽이 다 닳으면 살과 땅이 맞닿으니 말은 더이상 걸을 수가 없다. 발굽이 자랄 때까지 기다릴 수밖에 없고 사람은 발굽이 자라나는 그 기간을 기다려야 한다. 말 역시 쉴 수가 있다. 하지만 대갈로 편자를 고정시키면 발굽이 닳을 리가 없다. 말은 길이 멀거나 가깝거나 험하거나 평탄하거나 날이 춥거나 덥거나 길이 편하거나 험하거나 하루도 쉬지 못하고 움직여야 한다. 말이 지치고 여위는 것은 두말할 나위가 없다.

인간은 자신에게 이익이 되면 다른 존재의 고통은 고려하지 않는다. 그리고 결국 대상을 파멸시키고 자신의 이익도 잃고 만다. 말도 마찬가지다. 이익은 "놓아 먹이는 말을 보면 배가 부르면 누워 자는 것이 사람과 다르지 않다. 그런데 말을 몰아 부릴 때면 낮에는 길에서 내달리다가 밤이 되어서야 겨우 여물을 먹으니 편히 쉬며 잠을 잘 틈조차 없다"고 지적한다. 말의 노동력을 이렇게 짜낼 수 있는 것은 모두 편자와 대갈 때문이다. 이익은 또 말이 채 자라지 않아 힘이 여물기도 전에 무거운 짐을 날라야 하는 것 역시 대갈을 쓰기 때문이라고 비판한다. 조선시대 문집에서 말에 관한 이야기, 특히 마정의 개혁을 주장하는 글이 숱하게 나온다. 하지만 말을 생명 차원에서 논한 것은 이익의 글이 거의 유일하다. 짐승을 부리되 고통을 주지 말라는 말은 지금도 여전히 설득력이 있다.

우리가 실학자라고 부르는 분들은 대체로 마정에 대해 깊이 생각했던 것 같다. 《열하일기》를 보면 연암燕巖 박지원朴趾源이 조선의 마정을 신랄하게 비판하는 장면이 나온다.[39] 박지원은 열하에서 머무르던 중 어느 날 거기서 사귄 중국인 왕민호王民皞를 만나고 나오면서 수백 필의 말과 수십 마리의 소가 질서정연하게 지나가는 것을 보고, 그 장면을 씨앗으로 삼아 옛날 자신이 친구 정철조鄭喆祚와 나누었던 대화를 옮겨온다. 내용인즉 앞으로 조선 사람들은 베갯머리의 조그만 담배통을 구유로 삼아 말을 먹이게 될 것이라는 것이다. 이유를 묻는 정철조에게 작은 닭을 계속해서 교배시키면 결국 베갯속에서 우는 꼬마 닭을 얻듯, 조선의 말도 작은 종자를 계속 교배시키고 있으니 그렇게 되지 않겠냐는 것이다. 이어서 박지원은 마정에 대한 장대한 비판과 대안을 늘어놓는다. 박지원은 한때 홍국영洪國榮의 권세를 피해 황해도 연암협燕巖峽으로 몸을 피한 적이 있는데, 자신이 그때 연암으로 들어간 것은 목축에 뜻을 두었기 때문이라고 한다. 그는 거기서 목축에 대해 깊이 생각했다면서 조선의 마정을 조목조목 비판한다.

첫째, 몇 백 년 동안 종자 개량을 하지 않아 말들이 모두 작아졌다. 둘째, 대궐에서 타는 말, 장수들이 타는 말은 모두 요동이나 심양에서 수입한 것이다. 만약 그 수입하는 길이 끊어지면 어떻게 할 것인가. 셋째, 임금이 거둥할 때 백관들이 말을 빌려 타고, 당나귀를 타고 따르니 꼴이 말이 아니다. 넷째, 말을 먹이지 않으니 수레를 이용할 수가 없다. 다섯째, 삼영三營(訓鍊院 · 禁衛營 · 御營廳)의 장교도 말이 없어 한 달 세 번 훈련에 삯말을 타고 참여한다. 삯말을 타고 전쟁을 할 수 있겠는가. 여섯째, 서울 영문의 장교들의 사정이 이런데, 팔도의 기병騎兵이 말이 없는 것은 불문가지다. 일곱째, 말을 부릴 줄 모르고 무겁게 짐을 지워 말이 일찍 죽어 말 값이 뛰게 된다. 여덟째, 수레를 쓰지 않고 말 잔등에 짐을 싣는 것이 결국은 말을 연약하게 만든다.

그러면 어떻게 해야 하는가. 박지원의 주장 몇 가지를 옮겨본다. 말은 익힌 음식을 싫어하니 더운 여물죽에 소금을 섞어 먹이는 방법은 정말 잘못된 것이니 더운 여물죽을 주지 말아야 한다. 말은 체구가 커야 하는 법인데 토산마는 너무나 작다. 중국의 말을 수입해 종자를 개량해야 한다. 관직에 있는 사람이 말을 키우는 것을 천시하지 않아야 한다. 박지원은 재미있는 일화를 든다. 조선의 양반들은 무슨 일이고 직접 몸을 부려서 하려고 들지를 않는다. 한 양반이 여러 사람이 모인 자리에서 종더러 말에게 콩을 좀더 주라고 했더니, 좀스럽다고 하여 뒷날 벼슬길이 막힌 사람도 있을 정도라는 것이다. 이러니 마정이 제대로 될 리가 없다.

말은 어떻게 길러야 하는가. 박지원이 내놓은 해답 중에 한 가지를

골라본다.

무릇 동물의 성질은 사람과 매한가지여서 피로하면 쉴 것을 생각하고,
답답하면 툭 터진 곳을 그리워한다. 또 굽으면 펴고 싶고, 가려우면 긁
고 싶어 한다. 비록 사람의 손을 기다려 먹고 마시지만, 또한 때로는 저

혼자 즐겁고 시원한 것을 찾기도 하는 법이다. 그러므로 반드시 그 굴레와 고삐를 풀고 물가에 놓아주어 그 답답한 기운을 풀어버리게 해주어야 할 것이다. 이것이 동물의 성질에 따라 그 뜻을 맞추어주는 방법인 것이다.

앞에서 성호 이익이 한 말과 기본 정신이 같지 않는가. 말을 너무 구속하지 말라는 것이다. 동물도 자기 본성을 따라 키워야만 제대로 성장하고, 그것이 또 인간에게도 유익한 법이다.

이익과 박지원이 마정에 대해 이렇게 소상하게 비판하고 대안을 제시했지만, 아무도 받아들이지 않았다. 말편자는 그대로 남았고, 말에게 더운 여물죽을 먹이는 것도 변하지 않았다. 한심하여라!

끝으로 말편자에 관한 이야기 한 토막. 백사白沙 이항복李恒福(1556~1618) 선생이 어렸을 때 젊은 대장장이 사내가 살았는데, 어린 눈에도 좀 멍청하게 보인다. 소년 항복은 글방을 다녀올 때 식히느라 늘 어놓은 말편자 위에 앉았다가 편자를 엉덩이에 끼고 나온다. 대장장이는 대갓집 도련님에게 말은 못하고 어느 날 불에서 꺼낸 지 얼마 안 되는 말편자 하나를 던져놓는다. 항복이 모르고 앉았더니 살이 타는 냄새가 난다. 대장장이는 다시는 훔쳐가지 않을 것이라 여겼지만 여전히 편자는 없어진다. 세월이 흘러 대장간이 망하고 말았다. 밥을 굶고 있는데 항복이 찾아와 다시 대장간을 열라며 말편자 한 자루를 내놓는다. 깜짝 놀라 물으니, 그렇게 망할 줄 알고 도와주려고 하나씩 편자를 훔쳐 모아두었다는 것이 아닌가.

나는 어릴 적에 짐을 끄는 조랑말을 졸졸 따라다녔다. 그 말은 우리 동네 대장간에서 편자를 박았다. 단원의 그림을 보고 있노라니 어느새 어린 시절로 돌아가 있었다.

기와 이기

모든 이가 기와집에 살았으며

단원의 〈기와 이기〉를 보자. 이 그림은 아주 재미있다. 그림에 등장하는 여러 사람은, 각각의 맡은 역할이 다른 데다가 인물의 행동이 생동감 있게 그려져 있다. 예컨대 지붕에 앉은 사람이 손을 내밀어 기와를 받으려고 하는 장면을 보라. 기와가 공중에 떠 있지 않은가.

그림의 오른쪽에는 이 기와집의 주인, 좀 거창하게 말해 기와집을 발주한 사람이 막대기를 짚고 기와 이는 모습을 지켜보고 있다. 머리에 사방관을 쓴 것으로 보아 행세하는 양반이 분명하다.

자, 이제 기와 이는 사람들을 보자. 먼저 집. 이 집이 어떤 용도의 집인지 알 길이 없다. 지금 기와를 올리는 지붕과 기둥만 둘이 보일 뿐 벽도 없다. 집의 구조가 무척 단순해 보인다. 앞으로 벽도 치고 방도 넣을 예정일지도 모른다고 말할 수도 있겠지만, 그래도 어떤 집인지는 알 길이 없다. 다만 감독하는 주인 양반이 나와 있고 초가가 아닌 기와집을 사람 여럿을 불러 짓고 있으니, 상것들이 사는 집과는 사뭇 다른 고급한 용도로 쓰일 집인 모양이다.

이 그림의 핵심은 기와를 올리는 것이다. 먼저 마당을 보자. 맨 왼쪽의 좀 엉거주춤한 자세로 서 있는 사내는 기와를 손에 쥐고 지붕 위로 던져 올리려는 참이다. 사내의 앞에는 앞으로 던져 올려야 할 기와가 남아 있다. 그 오른쪽의 사내는 지붕에 올릴 진흙을 뭉쳐서 줄에 매달고 있는 참이다. 그 줄을 지붕 위의 사내가 막 당겨 올리고 있다. 그렇게 해서 올라간 진흙이 지붕 위에 널려 있다. 기와를 덮기 전에 진흙을 먼저 놓고 그 위에 기와를 덮는다. 이제 기와를 덮는 사람이 남았다. 이 사내는 오른손을 뻗어 아래서 던진 기와를 막 잡으

려 한다. 기와는 공중에 떠 있다. 왼손에는 진흙덩이를 다듬을 때 쓰는 나무쪽을 쥐고 있다. 숙련된 솜씨다. 이 사내는 들창코로 그렸는데, 얼굴 생김새가 앞의 단원이 그린 〈타작〉에서 나왔던 시무룩한 표정으로 타작을 하고 있던 그 친구와 흡사하게 생겼다. 타작을 했지만 세금이니 소작료니 하여 다 뜯기고 나서 집 짓는 노동에 나온 것인가.

다시 밑으로 내려오면 기둥 옆에 한 사내가 실을 늘어뜨리고 있는데, 줄에 매달린 시커먼 물건은 먹통이다. 먹통은 원래 줄을 곧게 치는 도구인데 무게가 나가기 때문에 추로 쓰고 있는 것이다. 사내는 오른쪽 눈을 감고 수직의 줄과 기둥을 견주어보고 있는 중이다. 기둥이 비뚤어지면 곤란하지 않겠는가. 이 사내의 아래에는 목수가 있다. 널판을 대패로 반반하게 미는 중이다. 아래에는 곱자, 톱, 자귀 등의 목공에 필요한 물건이 있다. 자귀는 날이 가로로 된 것으로 나무를 찍어서 깎는 데 쓰는 도구다. 옛날에는 그림에 보이는 톱만 톱이라 불렀고, 오늘날 우리가 흔히 쓰는 칼처럼 생긴 톱은 거도鋸刀라고 불렀다. 가장 재미있는 것은 대패다. 그림을 자세히 보면, 사내는 대패 옆에 양쪽으로 나온 나무를 잡고 밀고 있다. 이것을 대패손이라고 하는데, 과거 대패질을 할 때는 대패손을 잡고 밀어서 나무를 깎았다. 오늘날 대패에는 대패손이 없다. 대패를 당겨서 쓰는 것은 일본식 대패다. 일본식 대패가 들어와 대패질을 당겨서 하게 되니, 워낙 편리하여 대패손이 달린 대패가 없어졌던 것이다. 하지만 대패를 밀어 쓰던 역사가 하도 오래되어 지금도 '대패로 밀었다'고 하지 '당겼다'고 말하지 않는다.[40]

기와 이기 | 김홍도, 《단원풍속도첩》, 국립중앙박물관. 밑에서 던진 기와를 맨손으로 받아내고 흙 반죽 덩이를 달아 올리는 모습이라든가 먹줄을 늘어뜨린 목공이 한 눈을 감고 기둥의 쏠림을 점검하고 목수가 대패질하는 모습 등이 생동감 있게 묘사되었다.

먹통 │ 목수나 석공들이 선을 그을 때 사용

당개톱 │ 좁고 긴 쇠판에 날을 일정한 간격으로 내어 톱틀에 끼워 나무를 자르는 데 사용

대패 │ 나무를 밀어 깎는 도구

곡척 │ 목재 등을 마름질하는 데 사용

자귀 │ 나무를 깎아 다듬는 도구

이 그림은 매우 중요한 작품이다. 기와를 이는 장면은 단원이 일상적으로 목도하는 일이었을 터이고, 그래서 별로 주목하지 않는 일이었을 것이다. 우리 역시 일상적으로 보고 듣는 일들은 우리의 의식이 잘 감지하지 않는다. 그런데 어떤가. 기와를 올리는 일상의 풍경, 그것도 가장 사회적으로 지위가 낮은 천한 이들의 노동 현장을 이렇게 꼼꼼하게 옮기다니, 단원의 머리는 달리 작동하는 것이었나 보다. 이 그림은 조선시대에서 건축 노동을 그린 유일한 작품이다.

말이 난 김에 기와집 이야기를 좀 해보자. 기와를 얹으려면 기와를 만드는 사람이 있어야 한다. 《경국대전》이전吏典을 보면 경관직 종6품아문에 와서瓦署란 관청이 있다. 기와와 전塼을 만드는 일을 맡는다. 종6품 관청이고, 또 이런 관청이란 수공업을 지휘감독하기에 별로 끗발이 없는 곳이다.

이 와서에는 와장瓦匠 40명과 잡상장雜象匠 4명이 소속되어 있다. 와장은 기와를 만드는 장인이고, 잡상장은 잡상을 만드는 장인이다. 궁궐 같은 큰 기와집 지붕 끝에 보면 여러 가지 동물 모습을 만들어 올리는 것이 있지 않은가. 이것이 잡상이다. 따라서 잡상장은 일종의 진흙 조각가로 보면 된다. 조선 초기에 와장은 각 지방의 장인匠人과 승려들 중에서 선발했다. 그 뒤 이런저런 변화를 거쳐 정원이 40명으로 정해진 것이다. 와장은 기와를 만드는 사람이지만, 건축할 때 지붕에 기와를 얹는 사람은 또 완전히 다른 사람이다. 이 장인을 개장蓋匠이라 한다. 조선시대 때 토목이나 건물을 짓는 일을 맡은 선공감繕工監이란 관청에는 개장 20명이 소속되어 있다. 재미있는 것은 《경국대전》공전工典 〈잡령雜令〉에 "기와를 법에 정한 대로 만들지 않고 거칠게 만든 자는 중죄로 논한다"란 조항이다. 이것은 와장이 국가 기관에 소속되어 기와를 만들 때는 대충 만들고, 개인적으로 기와를 만들 때는 제대로 만들기 때문에 생긴 법이다. 조선시대의 수공업 장인들은 해마다 일정한 날수를 국가의 여러 기관에 소속되어 일을 해야 했고, 그 외의 날에 대해서는 세금을 바치게 되어 있었다. 그러니 무슨 흥이 나서 관청 일을 하겠는가. 불량 기와를 만들 수밖에.

기와집은 잘 사는 집, 초가집은 가난한 집으로 안다. 사실이다. 가난한 살림에 무슨 기와집을 짓는단 말인가. 옆의 사진은 1904년 호주의 사진작가 조지 로스George Rose가 찍은 서울의 풍경인데(자세히 보면 오른쪽 상단에 남대문이 보일 것이다), 기와집은 몇 되지 않고 거개 초가집이다. 한데 조선시대 내내 초가가 많았던 것은 아니다. 시대마다 적지 않은 변화가 있었다. 태종 초년에 스님 해선海宣이 아이디어를 냈다.

새 서울의 크고 작은 집들이 모두 띠로 지붕을 덮어 중국 사신들이 오고갈 때 보기에 아름답지 않고 또 화재가 날까 두렵습니다. 만약 별요別窯를 설치해 저에게 기와 굽는 일을 맡겨주시어, 사람마다 값을 치르고 기와를 사가게 한다면, 10년이 안되어 성안의 여염집이 모두 기와집이 될 것입니다.[41]

새 도읍인 서울의 모든 집이 초가집이어서 중국 사신이 와서 볼 때 아름답지 못하고, 또 거기에 화재가 두렵다는 것이다. 도시의 미관,

서울의 초가집(1904)[1] 호주 사
진작가 조지 로스가 성벽에서 바
라본 서울 풍경이다. 그의 기록에
따르면 대부분의 집들은 초가지
붕이었지만 조금 형편이 나은 집
은 기와 지붕을 올렸다고 한다.

특히 수도의 미관은 국가의 이미지와 관계된다. 거기에 띳집, 곧 초가집은 불이 나기 쉽다. 해선의 말로 조선이 서울로 수도를 옮긴 후 상당 기간 초가집이 대부분이었음을 알 수 있다.

해선은 자기에게 기와 굽는 기관을 만들어 맡겨준다면, 10년 안에 서울 시내를 모두 기와집으로 만들겠다고 한다. 정부에서는 이 말을 듣고 별와요別瓦窯를 설치한다. 별와요, 곧 별도의 와요라는 것은 원래 동와요東瓦窯, 서와요가 있었기 때문이다. 조정에서는 충청도·강원도에서 각각 중 50명과 와장 6명, 중 80명과 와장 10명, 경기도·풍해도(황해도)에서 각각 승려 30명과 와장 5명, 전라도에서 승려 30명과 와장 8명을 뽑아서 별와요에 소속시킨다.

별와요 사업은 성과가 없지는 않았지만 중간에 중단되었다. 세종 6년 17월 7일 해선은 여전히 기와집이 부족하다면서 다시 아이디어를 낸다. 즉 자신이 면포 3,000필을 내겠으니, 그것으로 '보寶'를 만들자는 것이다. '보'는 요즘으로 치면 재단이다. 해선은 '기와 만들기 재단'을 설립하려 한 것인데, 조정에서 마다할 이유가 없었다. 이 뒤의 기록을 검토해 보면, '기와집 만들기 재단'의 효과가 금방 나타났던 것은 아니었다. 성종 7년(1476) 8월 9일조의 《실록》 기사에 의하면 성종이 별와요의 기와가 권력층에게만 팔린다는 이유로 별와요를 폐지하려고 하지만, 신하들이 법만 제대로 지킨다면 좋은 법이라 주장하며 별와요는 폐지되지 않는다. 성종은 법대로 집행해서 "수년 내에 성안이 모두 기와집이 되게 하라"고 명한다.

이 명령이 어떻게 수행되었는지는 확인할 길이 없다. 다만 간접적으로는 추론이 가능하다. 임진왜란 초기 많은 공을 세웠던 학봉 김성

일金誠一(1538~1593)의 문집인 《학봉집鶴峰集》의 〈풍속고이風俗考異〉[42]
란 글은 《대명일통지大明一統志》란 중국 책이 조선의 문화를 왜곡한 것
을 일일이 따지고 있는데, '조선 사람들의 집은 모두 초가집'이라는
부분에 대해 '도성의 인가는 대개 기와집이고 외방 역시 그러하다.
오직 초야의 사람들만 모두 초가집이다'라고 반박하고 있다. 이것만
으로 충분한 증거가 되기 어렵겠지만, 그래도 조선 전기 사회의 경제
적 능력과 부가 결코 만만치 않음을 알 수 있다. 도리어 임진왜란, 병
자호란을 치른 뒤 경제가 무너져내리고, 건축의 수준도 후퇴한 것이
아닌가 한다.

임진왜란 이후 도시에는 기와집은 많지 않았던 것으로 보인다. 이
명준李命俊(1572~1630)이 광해군 5년(1623) 평양 서윤庶尹으로 있을 때
평양성 안의 민가가 모두 초가집이라 화재가 잦다 하여, 관청 돈을
내어 와장에게 주고 기와를 굽게 한 뒤 백성들에게 판매했더니, 백성
들이 기와를 구매해 지붕을 갈았고 그 결과 시가지가 온통 기와집으
로 바뀌었다고 한다. 그런데 인조 2년(1624) 비변사에서 김신국金藎國
(1572~1657)의 제안에 따라 평양성에다 기와 가마를 크게 만들어 여
염의 초가집을 기와집으로 바꾸어 화재를 예방하자고 청한 기록을
보면, 평양성이 광해군 5년에 완벽하게 기와집으로 바뀌지 않았던
사정을 알 수 있다.

도시가 이럴진대 시골의 경우는 말할 필요조차 없다. 《우서迂書》에
서 유수원柳壽垣(1694~1755)은 이렇게 말한다.

가옥을 두고 말하자면, 우리나라 시골에는 기와집에 사는 사람은 백에 한

둘도 안된다. 이것이 어찌 사람의 본성이 기와집을 싫어하고 초가집을 좋아해서이겠는가? 첫째 풍속이 순박해서이고, 둘째 재목과 기와를 얻기 쉽지 않아서이고, 셋째 재력이 미치지 못해서인 것이다. 왜 순박하다고 하는가? 백성들이 초가집에서 사는 데 익숙하여, 기와집을 지을 형편이 된다 해도 예전에 하던 대로 그냥 초가집에 살면서 기와집으로 바꾸어 짓고자 하지 않기 때문이다.[43]

시골에는 기와집에 사는 사람이 백에 한둘밖에 되지 않는다는 말이다. 유수원은 당연히 집은 모두 기와집이 되어야 할 것이라고 말한다. 하지만 이 주장에 혹자는 이렇게 반박한다. "백성의 습속이 순박하고 검소한 것은 본디 좋은 풍속이다. 초가집에 사는 것을 나무라고 기와집에 사는 사치를 권할 필요가 있겠는가?" 혹자의 말도 말이 되지 않는 것은 아니다. 하지만 그것은 지금처럼 소비가 지구를 파멸시키는 과잉소비시대의 일이지, 빈곤과 굶주림의 시대에 해당하는 말은 아니다. 유수원은 이에 이렇게 답한다. "그것은 순박한 것이 아니고 어리석고 완고한 것이다. 산골에는 재목이 지천이고 기와도 쉽게 구울 수가 있어 한번 기와집을 지어놓으면 길이 전할 수가 있다." 유수원은 기와집에 대해 열변을 토한다. 요컨대 제도를 개선하고 생산력을 자극해 모든 사람이 기와집에서 살 수 있게 하자는 것이 유수원의 생각이다.

조선 후기 민간에 기와집이 몹시 드물었던 까닭에 북경에 간 사신단은 중국의 집, 특히 북경의 가옥들이 모두 기와집이라는데 가장 먼저 놀란다. 1763년 북경을 방문했던 홍대용洪大容(1731~1783)은 북경

의 가옥에 대해 이렇게 말한다.

1 천공개물 중에서 | 명나라 말기 학자 송응성의 산업기술서 《천공개물》에 소개된 기와 만들기 삽화다.

2 고소창문도 중에서(1734) | 18세기 중국의 소주와 그 주변의 가옥과 경관을 묘사한 다색 판화

공사의 건물은 우리나라에 비하면 갑절이나 크고 높다. 황성皇城(北京) 안팎은 순전히 기와집이고, 심양이나 산해관 같은 큰 도시 또한 그러하다. 그 밖의 소소한 시골 가게라 할지라도 기와집과 초가집이 반반이었다. 초가집도 넓고 튼튼하고 단단하고 꼼꼼하게 지어 우리나라의 허술

한 주막과는 결코 같지 않았다.[44]

이처럼 중국에 들어간 조선 사람들에게 다가오는 최초의 충격은, 바로 건물이었다. 벽돌과 기와를 사용한 견고하고 깨끗한 건물, 큰 규모와 합리적 공간 구성은 조선 사신단을 충격에 빠뜨렸던 것이다. 홍대용이 그랬고, 박지원과 같은 실학자들은 모두 벽돌과 기와로 집을 짓자고 주장했다. 박지원은 압록강을 건너 요양遼陽으로 가는 길에 점심을 먹기 위해 중국인 강영태의 집에 들르는데, 점심을 차리려면 아직 멀었다 한다. 그래서 허기를 참고 구경에 나선다. 먼저 강영태의 집을 둘러보고 박지원은 감탄해 마지않는다.

들어올 때 오른쪽의 작은 문으로 들어왔기 때문에 이 집이 이처럼 거창하고 사치스러운 줄 몰랐다. 그런데 이제 앞쪽 문으로 나가 보니, 바깥 뜰이 수십 칸이나 되고 삼사三使가 데리고 온 사람들이 모두 이 집에 들었는데도 어디에 있는지 알 수가 없을 지경이다. 우리 일행이 들어 있는 데만 여유가 있는 것이 아니라, 오고가는 상인과 여행객들도 쉴 새 없이 들락거린다. 또 20대 남짓한 수레가 문을 메우며 들어온다. 수레 하나에 매인 말과 노새가 대여섯 마리나 되었으나 시끌벅적한 소리가 들리지 않고 마치 텅 빈 것처럼 적막하다.[45]

박지원은 강씨의 집을 나서며 "번화하고 부유하고 아름답기로 말하자면 비록 황경皇京(北京)에 가도 이보다 더할 수 없을 것이라 생각한다. 중국이 이처럼 번성할 줄은 정말 생각지도 못했다"고 고백한다. 박지원은 집을 짓는 건축 방식에 찬탄하고 특히 모든 집을 벽돌로 지은 것에 감탄해 마지않는다. 여기서는 기와에 대해 말하고 있으니, 기와에 대한 그의 말을 들어보자.

기와를 이는 방법은 더욱 본받을 만하다. 기와의 생김새는 아주 크고 둥근 대나무를 네 쪽으로 쪼갠 것 같은데, 기와 하나의 크기는 두 손바닥을 나란히 늘어놓은 것만 하다. 민가에서는 원앙와鴛鴦瓦(암키와와 수키와가 짝을 이룬 것)를 쓰지 않고, 서까래 위에는 산자를 얽지 않으며 삿자리를 몇 겹 깐다. 그런 뒤에 기와를 덮는다. 삿자리 위에다 진흙을 깔지 않고 기와 하나는 엎고 하나는 젖혀 서로 암키와와 수키와가 되게 한다. 기와가 맞닿는 곳은 석회를 발라 물고기 비늘처럼 꼭 맞게 포개니, 쥐나 새가 집을 뚫거나 지붕은 무겁고 아래는 허약해지는 일이 절로 없게 된다.

우리나라의 기와 이는 방법은 중국과는 아주 다르다. 지붕 위에 진흙을 두텁게 깔기 때문에 위가 지붕이 무거워지고, 담과 벽을 벽돌로 쌓지 않아 네 기둥이 의지할 데가 없기 때문에 아래가 허약해진다. 기와가 또 지나치게 크기 때문에 지나치게 굽고, 지나치게 굽기 때문에 절로 빈틈이 많이 생긴다. 때문에 그 사이를 진흙으로 메우지 않을 수 없는 것이다. 진흙이 무겁게 누르니 기둥이 휘어지게 되고, 진흙이 마르면 기와 바닥이 저절로 뜬다. 물고기 비늘처럼 기와가 포개진 부분이 미끄러져 물러나면 거기에 틈이 생기는 것이다. 바람이 들고 비가 새는 것은 물론이고, 참새가 뚫고 쥐가 집을 짓고, 뱀이 똬리를 틀고 고양이가 몸을 뒤척이는 것을 걱정하게 되는 것이다.

인용한 글에서 보듯 박지원은 중국의 벽돌과 기와를 조선의 것과 끊임없이 비교한다. 사실 《열하일기》는 중국의 벽돌과 기와에 대한 보고서다. 그만큼 중국의 벽돌과 기와는 박지원을 충격으로 몰아넣었던 것이다. 박지원은 중국을 다녀온 조선 선비들에게 중국의 장관을 물으면 오만 가지 거창한 건물과 풍경을 장관으로 꼽지만, 자신처럼 별 볼일 없는 수준 낮은 선비는 "중국의 장관은 기와 조각에 있고, 똥무더기에 있다"고 말하겠다고 한다. 왜냐? 깨진 기와 조각은 못 쓰는 물건이지만, 담을 쌓을 때 질서 있게 배열하면 아름다움을 뽐내는 다시없는 훌륭한 예술품이 된다는 것이다. 똥은 더럽기 짝이 없는 것이지만 비료로 쓰기 위해 중국인들은 함부로 내버리지 않고, 말똥을 줍는 사람이 삼태기를 따라다닐 정도다. 더욱이 똥을 모으는 데도 반듯하게 쌓아 규모가 있다는 것이다. 그래서 박지원은 이렇게 말한다. "저 기와 조각이나 똥무더기가 모두 장관이다. 성과 궁실, 누대樓臺·시장, 절과 도관道觀, 목장, 광막한 들판, 순식간에 모습을 바꾸는 저 구름 낀 숲이라야 꼭 장관이 되는 것은 아니다."[46] 남들이 돌아보지 않는 저 시시한 물건에서 장관을 찾는 박지원의 시각이 너무나 신선하지 않은가.

유형원은 고을마다 기와를 굽는 와국瓦局을 설치해야 한다고 주장했고, 이익은 기와집은 지을 때 비용이 많이 들지만 튼튼하고 오래가므로 초가집이 쉽게 썩고 무너지는 것에 비하면 훨씬 저렴하다고 말하고 기와집을 지어야 한다고 역설했다. 하지만 이런 주장이 실현된 것은 물론 아니었다. 아무리 좋은 생각이 있어도 실천하지 않으면 소용이 없음을 여기서도 절감한다.

한마디만 더. 중국을 여행한 여행객들이 모두 거대한 중국에 넋을 잃었다면, 박지원은 중국에서 인간의 삶을 개선하는 가장 기초적인 수단을 보았다. 하지만 21세기를 사는 우리가 반드시 박지원식의 눈을 가져야 할까. 지금은 불평등한 세상이고 돌보아야 할 많은 이웃이 있지만, 그래도 자본주의가 만개한 풍요의 시대다. 박지원을 따라서 지금도 풍요로운 물질적 삶의 찬양해야 할까. 아마도 아닐 것이다. 박지원과는 달리 물질문명을 근저에서 비판하는 시각을 갖는 것이야말로 진정한 박지원을 찾는 길이 아닐까?

흙 담을 쌓는 광경(1906)

우물가

두레박이 가다 울리 것은?

〈우물가〉는 단원의 그림 중 너무나 유명한 작품이다. 해설할 필요조차 없을 것 같다. 하지만 과연 그럴까? 먼저 사내를 보자. 양태가 작지 않은 갓을 등 뒤에 매단 것으로 보아 아주 상사람은 아니다. 그런데 웬일인가. 아무리 더워도 그렇지 가슴을 풀어헤치고 물 긷는 젊은 아낙에게 물을 달라니 말이다. 게다가 가슴에는 검은 털이 무성하다. 가슴 털은 성적 기호다. 남성의 떡 벌어진 가슴, 그리고 무성한 털이 성적 기호가 아니라면 무엇이겠는가.

두레박을 건네고 줄을 잡고 있는 젊은 아낙을 보라. 참으로 곱다. 내 생각에는 결혼한 지 얼마 되지 않은 새색시로 보인다. 아낙은 수줍어 얼굴을 돌려 사내의 털북숭이 가슴을 보지 않고 두레박만 건넨다. 젊은 아낙 아래쪽에 머리를 위로 틀어 묶은 중년의 아낙 역시 외면하기는 마찬가지다. 우물 속 두레박만 보고 있을 뿐이다. 단원은 우물가에서 남자와 여자가 은밀하게 성적 기호를 주고받는 장면을 작은 화폭에 담고 있다.

우물가는 이처럼 남자와 여자가 만날 수 있는 공간이었다. 하지만 그것은 동시에 유가의 법도에 어긋나는 일이기도 하다. 조선시대 도덕교과서 《소학》은 여성과 남성은 따로 있어야 한다고 주장한다. '남녀칠세부동석'이란 말 자체가 《소학》에 실려서 유명해진 말이다. 이처럼 《소학》에는 남자와 여자가 분리되어야 함을 끊임없이 설파한다. 예컨대 "남자는 집 안의 일은 말하지 않고, 여자는 집 밖의 일을 말하지 않는 법이다. 제사와 상사喪事가 아닐 경우 그릇을 주고받지 않는다. 그릇을 주고받아야 한다면, 여자는 광주리에다 받아야 한다. 광주리가 없으면 여자, 남자가 모두 앉아 남자가 그릇을 땅에 놓은

162

뒤에 여자가 가져간다." 《예기禮記》 〈내칙內則〉의 글을 《소학》에 옮겨놓은 것이다. 왜 이렇게 하는가. 여자와 남자의 신체 접촉을 금기시하기 때문이다. 이런 판이니 우물은 당연히 함께 사용할 수 없다. 역시 《소학》에 인용된 《예기》 〈내칙〉은 이렇게 말한다. "안과 밖이 우물을 함께 사용하지 않으며, 욕실과 잠자리를 같이 사용하지 않으며, 옷을 서로 바꿔 입지 않는다." 우물가에서 물을 긷다 보면 정분이 나지 않겠는가? 그래서 우물을 함께 사용하지 않는다.

하지만 사람의 삶이 꼭 도덕교과서처럼 되는 것은 아니다. 젊은 아낙이 얼굴을 돌린 데는 도덕의 그림자가 어른거리지만, 남자의 털이 북슬북슬한 가슴은 여전히 성적 기호를 보내고 있는 중이다. 하기야 원래부터 우물은 성적인 공간이다. 거기서 성적 분위기는 애당초 지울 수가 없는 것이다. 물이 솟아오르는 깊고 어두운 곳은 어딘가 '여성'을 떠올리게 하지 않는가. 게다가 우물은 여성들의 공간이다. 우물과 성적인 결합의 연관은 역사적으로 그 유래가 퍽 오래된 것이다. 고려가요 〈쌍화점雙花店〉은 우물과 성의 결합을 노래한다.

> 드레우물에 물을 길러 가고신댄
> 우물 용이 내 손목을 쥐여이다.
> 이 말씀이 이 우물 밖에 나명들명
> 조그마한 두레박아 네 말이라 하리라.
> 그 자리에 나도 자러 가리라.
> 그 잔 데 같이 덤거츠니 없다.

우물가 김홍도, 《단원풍속도첩》, 국립중앙박물관. 사내는 거리낌 없이 가슴을 드러내고 물을 들이키는 반면 두레박을 건넨 젊은 아낙은 수줍어 얼굴을 돌리고 있다.

소학언해 중에서 | 1744년 간행된 《소학언해》 서문에서 영조는 '부부의 도리는 부자나 군신의 도리에 선행하며 남자의 규범을 가르치는 이 책을 언해, 간행하여 부인네들까지도 읽을 수 있게 해 풍교에 이바지함'이라고 그 목적을 밝히고 있다. 또한 인간관계의 핵심이라 할 남녀의 도리를 가르쳐 궁극적으로는 부자와 군신의 도리에 미치고 풍속 순화에 유익할 것이라고 쓰고 있다.

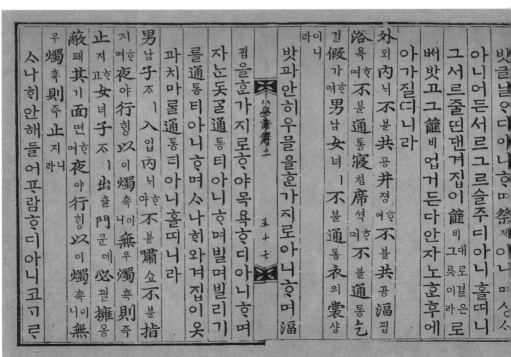

드레우물의 '드레'는 금방 보아서는 무슨 말인지 알 수가 없다. 드레는 '두레박'의 '두레'와 같으니 곧 물을 퍼 올리는 도구다. 드레우물은 두레박으로 푸는 우물이란 뜻이겠다.

여자가 두레박으로 물을 길어 올리는 우물로 갔더니, 우물에 사는 용이 여자의 손목을 쥔다. 이후의 구체적인 과정은 생략하자. 여자는 용과 성관계를 맺었다는 사실이 남에게 알려질까 걱정이다. 본 사람, 아니 본 물건은 두레박밖에 없다. 그래서 하는 말인즉 밖으로 소문이 나면 너 두레박이 한 것이라 말하겠다. 뭐, 이런 뜻이다. 그 뒤의 '덥거츠니'가 무슨 말인지는 알 길이 없다. 아마도 그렇게 난잡한 곳이 없다, 뭐 그런 뜻이 아닐까?

두레박

〈쌍화점〉의 여자가 만난 우물 용은 우물가에 물을 길러 온 남자였을 것이다. 거기서 눈이 맞아서 성관계를 맺게 된 게 분명하다. 한데 이상한 것은 우물에서 용이 자주 나온다는 것이다. 《삼국사기》를 보면, 자비왕 4년(461) 여름 4월에 '용이 금성 우물 속에서 나타났다' 하였고, 소지왕 22(500)년 여름 4월에 '폭풍이 불어 나무를 뽑았으며 용이 금성의 우물에 나타났고, 서울에 누른 빛깔의 안개가 사방에 자욱하게 끼었다' 하였다. 이것은 어떤 자연현상을 두고 용으로 해석한 것으로 보이는데, 그 자연현상을 추리할 수 없으니 답답하기는 매일반이다. 《삼국사기》의 기록이야 1,000년 하고도 500년 이상을 거슬러 올라가는 아주 옛것이지만, 지금과 가까운 조선시대에도 이런 황당한 일이 있었다. 태종 18년(1418) 수군첨절제사 윤하는 경기도 교동현 수영水營의 우물에 황룡이 나타났다고 보고했다. 수영 앞에 우물이 있는데, 수군이 물을 길러 갔더니 허리가 기둥 만한 누런 색 용이 우물에 가득 차 있었다는 것이다. 분명 무엇을 보기는 본 모양인데 그것이 어떤 자연현상인지는 알 길이 없다.

우물 용을 이야기 하다가 말이 옆으로 샜다. 어쨌거나 우물은 용과 관련이 있고, 〈쌍화점〉의 여인은 우물의 용과 성관계를 맺는다. 한데 우물의 용은 아니지만, 용과 다름없는 인간과 관계를 맺는 경우도 있다. 태조 이성계의 이야기다. 이성계는 젊은 시절 사냥을 나갔다가 목이 말랐다. 돌아보니 우물이 있다. 해서 물 길러 온 젊은 아가씨에게 물을 청했더니, 달고 시원한 물을 한 바가지 떠준다. 급한 마음에 입에 쏟아 부으려 하는데, 웬걸 물에 버드나무 잎이 떠 있는 것이 아닌가. 잎사귀를 불면서 마실 수밖에. 목을 축인 다음 물었다. 왜 버드나무 잎을 띄웠느냐고? 답인즉 한창 목이 마를 때 물을 급하게 마시면 체한다고, 그러니 잎사귀를 불면서 천천히 마시라는 뜻이었단다. 얼마나 슬기로운가. 그제야 얼굴을 보니 인물도 곱다. 당연지사 둘은 짝을 지었다. 이 여인이 바로 신덕왕후 강씨康氏다. 이성계는 뒷날 강씨의 소생인 방번芳蕃과 방석芳碩을 사랑해 왕위에 올리려 했지만 그 꼴을 보지 못한 태종 이방원은 두 형제를 죽인다. 하지만 그건 뒷날 이야기고 이성계는 용상에 올랐으니 강씨의 입장에서는 우물가에서 용을 만난 셈이다.

지금도 사람들이 입에 가끔 올리는 대중가요에 〈앵두나무 처녀〉란 노래가 있다. "앵두나무 우물가에 동네 처녀 바람났네"로 시작되는 노래 말이다. 우물가에서 처녀들은 서울에 관한 말만 듣고 모두 물동

1 물 긷기 │ 김준근, 독일 함부르크 민족학박물관
2 마을의 공동 우물(20세기 초) │ 우물 주위의 흙이 붕괴되는 것을 막고 사람이나
   가축이 빠지지 않게 사진에서처럼 우물에 방틀을 만들었다.

이와 호미자루를 던지고 서울로 달아난다. 2절은 그 이후의 이야기다. 동네 총각 역시 신붓감이 달아난 서울로 달아나버린다는 것이다. 이래저래 우물가는 남성과 여성의 성적 신호가 오가는 곳이다. 우물이 사라진 지금 그럴 일은 없어졌지만 말이다.

이 그림을 제외하고 조선시대 풍속화에서 우물 그림은 정말 드물다. 조선 후기 백성들의 삶을 그린 그림에 정작 우물이 등장하는 경우는 거의 찾기 어렵다. 필자가 본 바로는 김준근의 작품 〈물 긷기〉가 거의 유일한 게 아닌가 한다. 단원의 우물은 둥근 우물이지만, 이 그림의 것은 네모나다. 우물 '정#' 자를 떠올리면 될 것이다. 두 여성은 이제 물을 담은 항아리를 머리에 이고 집으로 돌아가는 중이고, 한 여성은 두레박으로 막 물을 퍼 올리고 있는 중이다. 어린 소녀는 머리에 똬리를 얹고서 물을 머리에 이려는 참이다.

물을 긷는 사람이 반드시 여자인 것만은 아니다. 역시 김준근의 작품인 〈물장수〉는 물을 지게에 지고 배달해 주는 물장수를 그린 것이다. 서울은 시내에 좋은 우물이 부족했기 때문에 물을 파는 사람이 많았다. 김동환의 시 〈북청 물장수〉의 물장수가 '북청' 물장수인 것

1 물장수 | 김준근, 기산 김준근 조선풍속도-스왈른 수집본, 숭실대학교 한국기독교박물관
2 북청 물장수(20세기 초) | 당시 물장수 중에는 유난히 함경도 북청北靑 출신들이 많아 '북청 물장수'
라는 신조어가 생기기도 했다.

| 1 | 2 |

169

은, 서울 시내 물장수를 하는 사람 중에는 북청 출신들이 많았기 때문이다.

말이 난 김에 우물 이야기를 좀더 해보자. 인간이 주거지를 결정할 때 가장 먼저 꼽는 조건은 물을 쉽게 구할 수 있느냐 하는 것이다. 우물은 무엇보다 중요한 조건이 된다. 어느 장소에서 어떻게 좋은 우물을 팔 수 있을 것인가? 조선시대 생활 백과사전인 홍만선洪萬選 (1643~1715)의 《산림경제山林經濟》는 당연히 우물을 중요하게 다루고 있다. 거기에는 우물에 관한 이런저런 이야기를 잔뜩 모아놓았다. 번호를 매겨서 짤막한 몇 가지를 인용해 본다.

① 당堂의 앞과 뒤, 방 앞, 청廳 안에는 모두 우물을 파서는 안 된다.
② 부엌 옆에 우물을 파면 몸과 마음이 해마다 허약해진다.
③ 우물과 부엌이 마주 보고 있으면 남녀가 문란해진다.
④ 납 10여 근을 우물에 넣어두면 물이 맑고 달다.
⑤ 세상 사람들은 청명일에 우물을 쳐서 우물을 신선하게 만든다.
⑥ 옛 우물은 메우지 말아야 한다. 메우면 사람의 눈을 멀게 하고 귀를 먹게 만든다.
⑦ 우물이 끓어오르는 것을 멈추게 하려면, 우물 동쪽 360걸음 안에서 푸른 돌 하나를 찾아 술에 삶아서 우물에 넣어두면 즉시 그친다.
⑧ 우물가에서 발돋움을 해서는 안 된다. 예나 지금이나 가장 꺼리는 것이다.[47]

여러 문헌에서 인용한 것들인데, 귀담아 들을 만한 것도 있다. ①과

②는 사람의 거처 가까운 곳에 우물을 파면 습기가 찰 것이니, 그래서는 안 된다는 것으로 보인다. ③은 《소학》 유의 도덕주의에 근거한 것일 터이고, ⑤와 ⑥은 우물을 정해진 날짜에 쳐야 한다는 것과 옛날 우물이라도 보존해서 뒷날 물이 없을 때 파보라는 의미일 터이다. ⑦은 도무지 이해할 수가 없다. ④의 경우는 납중독을 일으킬 수 있는 끔찍한 방법이니, 따라서는 안 될 일이다. ⑧은 발돋움을 하면 우물에 빠질 가능성이 있기 때문에 하는 말일 것이다.

여기서 빠진 것이 좋은 우물을 찾는 법이다. 사실 《산림경제》는 좋은 우물을 찾는 법을 소개하고 있는데, 같은 내용이 김창협金昌協(1651~1708)의 《농암잡지農巖雜識》에 실려 있다.

"옛날 법에 우물을 파려는 사람은 먼저 물을 채운 동이 수십 개를 파려는 땅에 두고, 밤중에 뭇 별들과는 다른 큰 별이 보이는 동이가 있는 곳에서 반드시 감천甘泉을 얻는다"는 말이 송나라 방작方勺의 《박택편泊宅篇》에 보인다. 또 근래 신무愼懋라는 사람이 자못 지술地術을 알았는데 그가 말하기를, "우물을 파려면, 먼저 구리 동이 몇 개를 땅 위에 덮고 하룻밤을 지낸 뒤 살펴보되 그 안에 이슬이 많이 맺힌 곳을 파면, 우물을 얻을 것이다" 하였다. 이 말도 역시 이치가 있다. 내 집은 농암農巖에 있는데 우물이 없는 것이 괴롭다. 항상 계곡수를 길어다 마시고 있으니, 마땅히 이 두 방법을 시험해 보아야겠다.[48]

《박택편》이란 책에 실린 방법은 도무지 이해하지 못하겠고 두 번째 신무라는 사람이 말하는 방법은 습기가 있는 땅에서 우물을 쉽게 찾을 수 있다는 것이니 그냥저냥 믿을 만하다.

　서울 도성 안에는 의외로 좋은 우물이 드물었다. 건국대학교 국문과에 계시던 이훈종 선생의 말씀에 의하면, 서울 사람이 자신을 뽐내는 말에 '나도 삼각산 짠물 먹고 자란 놈이다' 라는 말이 있었다는데, 원래 서울 도성 안에 좋은 우물이 적어 찝찔한 물을 먹고 자란 탓에 이런 말이 나왔다고 한다. 또 서울 사람들이 거피한 팥을 넣어서 팥밥을 해 먹는 것도 짠물에 밥을 하면 밥이 붉게 물드는 것을 가리기 위해서라는 것이다. 그래도 임금이 먹는 물만큼은 좋은 물을 썼다. 이수광李睟光(1563~1628)의 《지봉유설芝峯類說》에 의하면, 서울 도성에서 어의동의 의성위宜城尉 집의 우물물이 으뜸이었으므로 성종이 그 우물을 봉封하고 그 물을 가져다 사용했다고 한다.[49]

　우물이 없는 도시도 있다. 평양이 그런 곳인데 풍수지리설에서 평양성은 배처럼 생겼기 때문에 우물 파는 것을 절대 금하고(배에 구멍을 뚫으면 배가 가라앉기 때문이다), 도성 사람들은 모두 대동강 물을 길어다 먹는다고 한다. 역시 《지봉유설》의 같은 자료에 의하면, 1591년 평양 감사 권징權徵이 몇 길이나 땅을 팠지만 물이 나오지 않고 큰 반석盤石이 있어 그 반석을 뚫자 물이 나왔고, 또 그 물에서 붕어와 연밥이 나왔다고 한다. 한데 감여가堪輿家가 평양성이 배처럼 생겨 우물을 파면 화가 생긴다고 했는데, 그 이듬해에 임진왜란이 일어났다고 한다. 우물물도 써서 사람들이 먹지 않았다고 한다.

　어릴 적에 우물에서 여자들이 두레박으로 물을 푸는 모습이 늘 안쓰러웠다. 나 역시 우물물을 이따금 길어봤기 때문이다. 펌프야 돈이 없어서 설치하지 않는다 해도 도르래는 달 수 있는 것이 아닌가. 하지만 도르래를 단 우물은 아주 드물었다. 후에 《열하일기》를 읽다가 박지원 역시 조선의 우물은 모두 도르래가 없는 두레박우물이라고 말하는 장면을 보게 되었다. 어디 조금 소개해 보자. 박지원은 압록강을 건너 책문에 들어서서 변방이기는 하지만 비로소 중국을 대면

천공개물 중에서 | 녹로를 묘사한 삽화다. 우물에 지지대를 세우고 그 위에 도르래를 걸친다. 여기에 줄을 감고 두레박을 달면 축을 돌리면서 물을 퍼 올릴 수 있는 장치가 된다.

하게 된다. 그런데 그 변방을 보고도 박지원은 충격을 받는다. 곧 중국인 집의 내부를 보고 모든 것이 깔끔하게 정리 정돈되어 있고 하다 못해 외양간과 돼지우리, 거름더미까지도 반듯하게 정리되어 있는 것을 보고는 저 유명한 이용후생설利用厚生說을 토한다. "아아, 이렇게 한 뒤에야 이용利用이라 할 수 있다. 이용한 뒤에야 비로소 후생厚生할 수 있고, 후생한 뒤에야 마음을 바로 잡을 수 있는 법이다. 이용할 수가 없는데도 후생하는 경우란 거의 없다. 자기 삶이 넉넉하지 않다면, 어떻게 자기 마음을 바로 잡을 수 있겠는가?"[50] 중국의 변방을 보고 이렇게 충격을 받았으니 매사가 배울 만한 대상이 된다. 박지원은 그곳에서 잠시 쉬다가 곁에 있는 우물을 보고 또 감탄한다. 우물은 벽돌로 쌓았고, 두레박만 드나들 공간을 남기고 넓은 돌로 막아서 사람이 빠지거나 먼지가 날아 들어가는 것을 막고 있다. 또 이렇게 햇볕을 막으면 물이 살아 있는 물이 된다. 그리고 우물 뚜껑 위에 녹로轆轤, 곧 도르래에 둥근 그릇을 달았는데, 한쪽을 당기면 한쪽이 내려가 사람이 전혀 힘을 들이지 않고 물을 길어낼 수가 있다. 또 길어낸 물은 긴 나무로 자루를 만들어 양쪽에 물통을 걸어서 어깨로 메고 운반한다. 우리나라에서도 이 방법을 쓰기는 하지만 등에 지고 다니기 때문에 좁은 골목을 다니는 데는 몹시 불편하다는 것이다. 박지원은 도르래가 없는 조선의 우물을 이렇게 한탄하지만, 정말 도르래가 하나도 없었을까? 《고려도경高麗圖經》을 보면 고려에서는 우물을 파서 물을 긷는데 시냇물 가까운 곳에 많이 만든다고 하고, 또 우물 위에 도르래를 만들어上作鹿盧 물통에 물을 퍼붓는다고 했다.[51] 고려 때 있던 도르래는 어떤 이유로 조선조에 들어와서 사라진 것인가.

자못 궁금하다.

　이야기가 너무 길었다. 이제 끝을 맺자. 우물은 너무나 익숙한 말이다. 한데 이상한 일이다. 우물을 본 지 무척 오래되었다. 직립한 아파트가 숲을 이루고 있는 도시, 그리고 한 뼘의 땅도 남기지 않고 콘크리트와 아스팔트로 도배된 도시에 어디 우물이 들어설 공간이 있겠는가. 우물이란 말은 점차 그 힘을 잃어가고 약수터란 말이 세를 얻게 되었다. 더욱 재미있는 것은 약수터란 말은 있지만 약수란 말은 또한 사라지고 있는 중이다. 약수도 약수가 아니다. 약수란 원래 약처럼 효험을 갖는 물이었지만, 이제 땅에서 솟아나는 물이면 모두 약수가 된 세상이다. 그리고는 어느 틈엔가 물은 수돗물과 생수와 약수로 구분되었고, 음용수는 생수가 평정하게 되었다. 나에게 사 먹는 물, 생수는 아직도 너무나 낯설게 들린다.

우물가의 사람들(20세기 초)

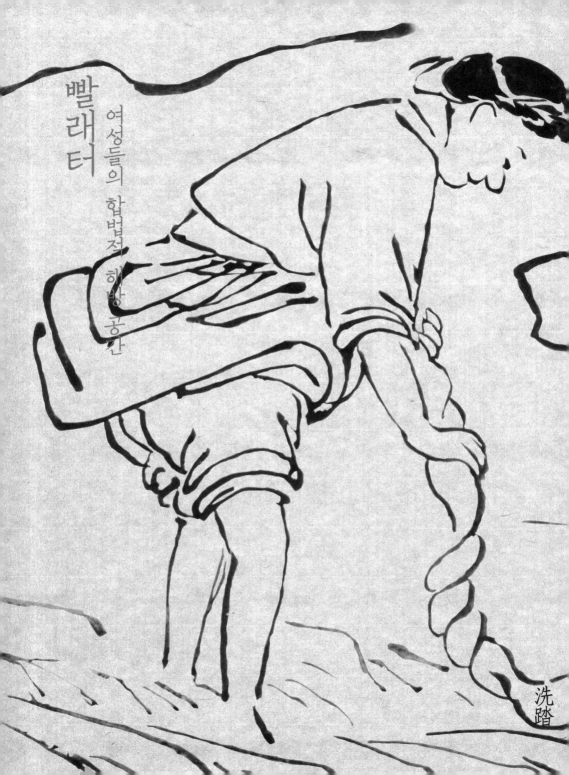

빨래터

여성들의 합법적 해방공간

洗踏

十一 단원의 〈빨래터〉다. 아낙네 몇이 개울가에서 빨래를 하고 있다. 그림 왼쪽의 어린아이가 딸린 여성은 머리를 풀어헤쳐 감은 뒤 다시 땋고 있다. 앞에는 빗이 놓여 있다. 재미있는 것은 어린아이다. 아랫도리를 홀랑 벗고 있는데 이놈은 심심한 것인지 배가 고픈 것인지 엄마 젖을 만지고 있다.

그 아래의 여성은 긴 빨래를 비틀어 짜면서 건져내고 있다. 그 오른쪽에 방망이질하는 여성 둘이 무슨 이야기인지 한참 이야기를 나누고 있다. 빨래터는 본디 온갖 수다가 난무하는 곳이 아닌가. 시누이 험담인가, 동서 험담인가, 아들 자랑인가, 건너마을의 아무개 남편의 이야기인가. 우물과 빨래터는 여성들 고유의 일터이자 수다판이었다.

김준근의 〈빨래 ①〉은 시냇가에서 여자 셋이 빨래하는 장면을 그린 것이다. 둘은 빨랫방망이로 빨래를 두드리고 있고, 하나는 손으로 주무르고 있다. 빨랫방망이를 휘두르는 여자를 클로즈업하면 역시 김준근의 그림인 〈빨래 ②〉가 된다. 서로 모여 수다를 떨거나, 아니면 혼자 힘차게 방망이질하는 그 순간 시집살이의 스트레스가 날아갔을 것이다. 이런 수다를 동반한 노동은 정신 건강에 무척이나 이로운 것이다.

이제 빨래하는 여인을 그린 〈빨래 길〉을 감상해 보자. 이 그림은 국립중앙박물관 소장품인데, 박물관 측에서는 필자 미상으로,[52] 진준현 선생은 단원의 작품으로 소개하고 있다. 곧 진준현 선생은 이 작품을 단원 풍속화의 초기작인 〈산수풍속도병〉의 하나 곧 〈산곡연군 山谷練裙〉으로 본다.[53] 어쨌거나 좋다. 의견이 갈릴 때는 결정적인 증

거가 없으면 미상으로 처리하는 것이 좋을 것이다. 국립중앙박물관
에서 낸 도록(《조선시대 풍속화》)에서는 이 그림에 〈행려부녀자行旅婦女
子〉란 제목을 붙이고 있다. 여자들이 길을 가고 있으니 반드시 틀린
제목은 아니겠지만, 구체성이 확연히 떨어진다. 진준현 선생의 〈산
곡연군〉(산골짜기에서 빨래를 하다)란 어려운 한자말보다는 〈빨래 길〉
이라는 쉬운 말로 바꾸는 것이 어떻겠는가?

이 그림에는 다음과 같은 화제가 있다.

솜 빨래를 하는 곳에는

손 트지 않게 하는 약은 물을 필요조차 없지.

여기에서 만약 양가羊家의 계집종 만난다면

흰 비단 치마를 얼마나 빨았는지 물어보리라.[54]

'손이 트지 않는 약'에는 다음과 같은 고사가 있다. 세탁기가 있는 지금 손빨래하는 사람도 드물고, 빨래로 인해 손이 트는 사람도 없다. 하지만 불과 2, 30년 전만 해도 겨울에 손빨래를 하면 손이 얼어 터진다. 춘추시대 송나라에 빨래를 업으로 하는 사람이 있었다. 이 사람이 고민 끝에 손이 트지 않는 약을 발명한다. 어떤 사람이 그 기술을 백금白金을 주고 사려고 한다. 발명가는 가족을 부른다. "내가 아무리 빨래를 해보아야, 푼돈밖에 벌지를 못한다. 이제 큰돈을 주겠다는 사람이 있으니, 이 기술을 파는 게 어떻겠는가?" 드디어 기술을 팔았다. 기술을 산 사람은 오나라 왕을 찾아가 그 기술을 써보라고 권유한다. 그때 마침 월나라에서 쳐들어왔다. 수전水戰을 벌여서 월나라 군대를 크게 패배시킨다. 수전을 하는데 월나라 군대는 손이 터서 제대로 싸울 수가 없었고, 오나라 군대는 손이 트지 않는 기술을 사용해 전투를 무

난히 치를 수 있었기 때문이다. 그 기술을 올린 사내는 오나라 왕에게서 땅을 받아 영주가 된다. 《장자莊子》의 첫머리 〈소요유逍遙遊〉에 나오는 이야기다. 장자는 하찮은 것도 어떤 국면에서는 엄청난 가치를 지니게 된다는, 즉 절대적 가치를 지닌 것은 없다는 말을 하고 있지만 그 계기가 빨래할 때 손이 트지 않게 하는 약에서 나왔다는 게 흥미롭다. 그것은 결국 전쟁의 승부까지도 결정지었던 것이다.

'양가의 계집종'의 원문 '양가적각羊家赤脚'에서 '적각赤脚'은 맨발이란 뜻이지만 한편으로는 맨발의 계집종 혹은 계집종이란 뜻으로도 쓰인다. 그렇다면 왜 양씨 집안의 계집종인가. 양씨는 중국 남송南宋의 양흔羊欣이다. 명필로 유명한 왕헌지王獻之는 양흔을 몹시 귀여워해, 어느 날 양흔의 아버지를 찾아갔다가 잠이 든 그를 보고 비단 치마(바지일 것이다)에다 글씨를 써놓고 왔다. 양흔은 원래 글씨를 잘 썼는데, 왕헌지의 글을 보고 더욱 글씨가 좋아졌다고 한다. 양가의 계집종이 얼마나 치마를 세탁했는지 물어보겠다는 것은 지금 이 그림에 만약 양흔 집안의 빨래를 맡은 계집종이 있다면, 혹 양흔의 비단치마를 얼마나 세탁해 보았냐고 물어보고 싶다는 뜻이다.

각설하고 다시 〈빨래 길〉을 보자. 그림의 중간에는 큰 보퉁이를 인 여자가 길을 가고 있고, 그 뒤에도 줄로 묶은 큰 보퉁이가 보인다. 그런데 이 보퉁이에는 사람의 모습이 보이지 않는다. 보퉁이 아래쪽을 보면 사람의 하반신으로 보이는 부분이 있는데 아마도 어떤 사람이 지고 가는 것이 아닌가 한다. 그림의 아래쪽에는 네 명의 여

빨래 길行旅婦女子 필자 미상, 〈행려풍속도병〉, 국립중앙박물관 (중박 201005-188)

서울 교외의 빨래터(20세기 초) 동네 아낙들이 주로 찾는 빨래터에는 적당한 빨랫돌이 놓여 있고 빨래 솥을 걸 만한 받침돌도 놓여 있다.

자가 길을 가고 있는데 두 여자는 위쪽의 여자처럼 커다란 보퉁이를 지고 있고 중간의 여자는 머리에 대야를 이고 있다. 맨 뒤의 늙은 할미는 오른쪽에 가벼운 보퉁이를 끼고 있다. 이 그림에 나오는 보퉁이는 말할 것도 없이 빨래 보퉁이다. 대야 역시 빨래를 담는 것이다. 그림의 오른쪽과 왼쪽에 커다란 바위 절벽이 있는 것으로 보아 계곡이 있을 터이고, 그 계곡에서 여자들은 빨래를 하러 가는 중이거나 혹은 빨래를 마치고 돌아오고 있는 중이다. 빨래야 어디서든 못하겠는가마는, 그래도 빨래터는 대개 정해져 있다. 서울의 경우, 남산 아래 이태원의 들판에 물이 좋아 도성의 부녀자들이 빨래를 위해 많이 찾는 곳이었다. 《신증동국여지승람》을 보면, 경기도 장단의 영통동靈通洞의 계곡은 대대로 빨래를 업으로 하는 사람들이 살고 있다고 했다.

이제 빨래하는 여성을 그린 정약용의 한시 한 수를 감상해 보자. 〈초가을에 읊조린 여덟 수新秋八詠〉의 하나로 〈석계완의石溪浣衣〉,[55] 곧 시냇가에서 빨래를 한다는 뜻이다.

옥빛 하늘 맑디맑고 해는 아직 남았는데
집집이 빨래하러 한꺼번에 몰렸구나.
열 자락 푸른 옷은 너럭바위를 뒤덮겠고
빨랫방망이 소리 높아 시냇물도 바수겠네.
맨 종아리로 다니는 이는, 가난한 선비집 계집종이요
쪽진 검은 머리 늘어뜨린 이는, 장사꾼의 아내로다.
해 저물녘 흰 빨래 이고 늦게야 돌아오니

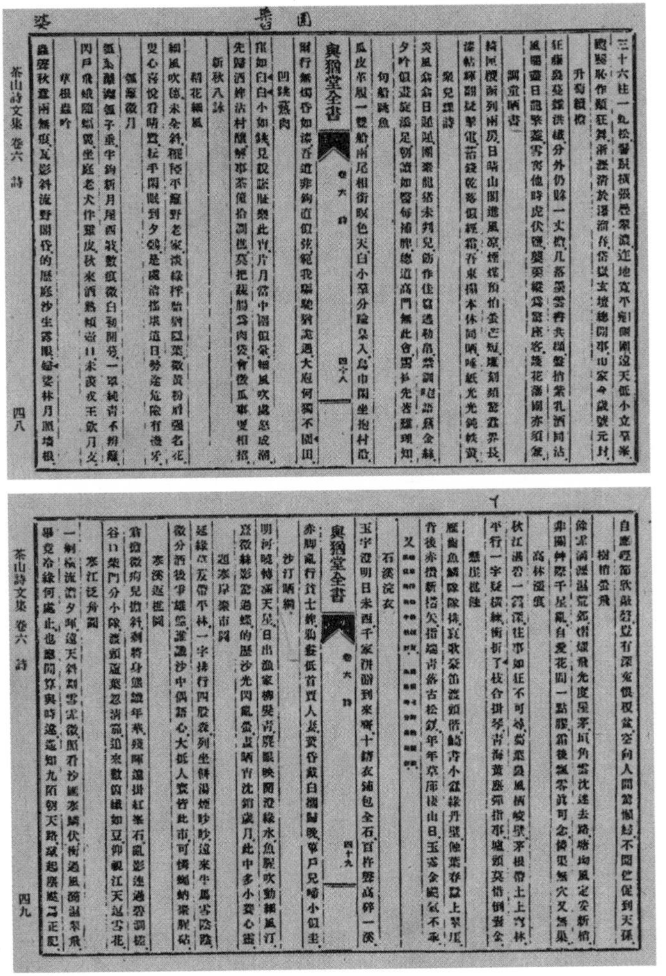

玉宇澄明日未西　千家湃澼到來齊

十緉衣鋪包全石　百杵聲高碎一溪

赤脚亂行貧士婢　鴉鬟低首賈人妻

黃昏戴白携歸腕　華戶兒啼小似圭

초가을에 읊조린 여덟 수 정
약용, 《다산시문집茶山詩文集》 6권

삽짝문 너머 좁은 방에서 아이가 울고 있네.

빨래터에 선비집 계집종, 장사꾼의 아내 등 수많은 사람이 나와 빨래를 한다. 이처럼 빨래는 밥 짓기와 함께 여성 노동에 속한다. 아니, 속하는 것이 아니라 빨래와 밥 짓기는 여성을 여성으로 규정하는, 좀 더 어렵게 말해 여성성을 규정하는 본질적 노동이다. 그것은 곧 여성을 상징하는 말이기도 하다.

밥 짓기와 빨래가 언제부터 여성 노동으로 규정되었는지는 알 수 없다. 아마 가부장제 사회가 성립하면서부터 아니었을까. 1123년 고려에 왔던 송나라 사신 서긍徐兢은 《고려도경》에서 이렇게 말한다.

옷을 빨고 비단이나 베를 희게 말리는 것은 모두 부녀자의 일이다. 비록 밤낮으로 부지런히 일해도 감히 힘들다고 말하지 않는다.[56]

빨래는 오래 전부터 여성의 노동이었다. 이것은 고려나 조선이나 다를 게 없다. 다만 그것을 여성의 고유한 의무적 노동으로 못 박은 담론은 조선시대부터 통용되기 시작했다. 조선시대의 도덕교과서 《소학》은 이렇게 말한다.

여자는 열 살이 되면 집밖을 나가지 않는다. 여스승은 말을 순하게 하고 표정을 부드럽게 하여 시키는 바를 듣고 순종하는 것을 가르치고, 삼과 모시, 누에고치에서 실을 뽑아, 천을 짜는 등 여자의 일을 배워 의복을 마련하는 것을 가르친다.[57]

의복에 관련된 모든 노동은 여성의 임무다. 열다섯 살이 되면 비녀를 꽂고 스무 살에 결혼식을 올린다. 결혼해서도 그 노동은 변하지 않는다.

고려의 여성도 조리와 직조를 담당했다. 하지만 고려조의 여성은, 남편의 승진과 출세를 도모하기 위해 엽관운동을 하러 남편의 상관을 찾아가는 일도 가능했고 굿을 하기 위해 신당을 찾거나, 불공을 올리기 위해 절을 찾을 수도 있었다. 그것도 아니라면 구경거리가 생겼을 때도 당연히 떳떳하게 외출할 수 있었다. 하지만 《소학》은 여성에게 조리와 직조만을 강요했고, 여성의 외출 자체를 부도덕한 일이라 주장했다. 그렇다고 해서 여성의 외출이 완전히 봉쇄된 것은 아니었지만 금지의 원칙이 존재한다는 것 자체가 활동의 의지를 축소시켰던 것은 두말할 나위가 없다.

남아 있는 여성의 합법적 탈출구, 곧 해방구는 우물과 빨래터였다. 그것은 힘든 노동의 공간이었으나 한편으로는 동네 소식을 주고받고 은밀한 험담을 할 수도 있는 곳이었다. 그리고 더 중요하게는 그곳은 성적 담화가 가능한 해방 공간이었다. 단원의 그림 오른쪽 위의 갓을 쓰고 쥘부채로 얼굴을 가리고 있는 양반, 이 양반의 자세는 분명 성적 신호를 보내고 있다. 부채 넘어 보내는 눈길의 속내는 곧 남성의 성욕인 것이다.

고려가요 〈제위보濟危寶〉를 들어 빨래터에서의 성적 접촉의 실례를 확인해 보자. 〈제위보〉는 국문 가사는 없어지고 이제현李齊賢이 한시로 번역한 것만 《고려사》에 남아 있다. 읽어보자.

어떤 아낙이 죄를 지어 제위보에서 노역 살이를 하던 중 남자에게 손을
잡혔는데, 씻을 방도가 없어 노래를 지어 자신을 원망했다. 이제현이
한시로 그 노래를 풀어 옮겼다.

빨래터 시냇가 수양버들 아래서
손잡고 속마음 털어놓던 흰 말 탄 그 사람.
처마에 석 달 비가 내린다 해도
손끝에 남은 향기 어찌 차마 씻어내리.[58]

아낙이 지은 죄의 구체적 내용이야 알 길이 없지만, 아마도 애정에
관계된 게 아니었을까? 아낙은 제위보에서 죗값을 치르느라고 노동
을 한다. 여자의 노동이면 빨래이기 쉽다. 빨래를 하던 중 자신과 사
랑을 나누었던 그 사내가 찾아와 여자의 손을 잡고 속마음을 털어놓
는다. 사랑한다는 말이었을 것이다. 남자는 오래 머물 수 없어 떠나
고 여자는 남자를 따라갈 수 없는 자신의 신세가 원망스럽다. 손끝에
는 남자의 체취가 남아 있고, 여자는 그것을 잊지 못한다. 비가 비록
석 달을 쏟아진다 해도 그 체취는 사라지지 않을 것이다. 상상해 보
건대, 빨래터는 남자와 여자의 성적 신호가 오가는 그런 공간이었던
것이다.

이처럼 빨래터는 로맨스의 공간이었다. 중국 역사상 가장 유명한
미인인 서시西施는 원래 약야계若耶溪란 시내에서 비단 빨래를 하였
다. 이곳은 또 연꽃으로 유명해 서시는 연꽃을 따기도 하였다. 미인
은 소문이 금방 나는 법이고, 또 그 미인은 권력자가 차지하는 법이

빨래터 │ 필자 미상, 《풍속화첩》,
국립중앙박물관

다. 서시는 곧 월越나라 임금 구천句踐의 여자가 되었다. 이백이 〈자야오가子夜吳歌〉에서 "경호鏡湖 삼백 리 물을, 연꽃이 뒤덮었네. 오월이라 서시가 연밥을 뜯자, 서시 보러 나온 사람들 약야계에 끓어 넘치네. 달 뜨기도 기다리지 않고, 서시는 월나라 왕에게로 갔네"[59]라고 한 것은 바로 서시가 월왕의 애첩이 된 데에 대한 상상력이다.

여기에 와신상담의 고사가 끼어든다. 오나라 왕 부차夫差에게 패배한 구천은 범여范蠡의 계책을 듣고 서시를 부차에게 바치고 목숨을 애걸한다. 미인을 선물로 받은 부차는 고소산姑蘇山 꼭대기에 대臺를 짓고 날마다 잔치를 벌이고 쾌락에 빠져든다. 결과가 어떻게 되었냐고? 이렇게 해 성공한 왕이 있었던가. 당연히 구천의 계략에 말려들어 망하고 만다. 그러면 서시는 어떻게 되었던가? 범려와 함께 서호西湖에 배를 띄우고 살았다는 말도 있고, 일설에는 월나라 사람들이 강물에 빠뜨려 죽였다는 말도 있다.

〈제위보〉는 남자를 따라가지 못한 여성의 아쉬운 이별을 노래한 것이지만 빨래터에서 사랑이 이루어지는 경우도 있다. 17세기 초 이덕형李德馨(1561~1613)이 쓴 《송도기이松都記異》란 책은 개성에 관계된 여러 이야기를 담고 있는데, 거기에 황진이가 태어난 내력을 밝힌 부분이 있다. 황진이의 어머니는 이름이 현금玄琴인데, 열여덟 살에 병부교兵部橋 밑에서 빨래를 하고 있었다. 그런데 웬 훤칠한 대장부 하나가 다리 위에서 나타나 현금을 보고 웃기도 하고 손으로 가리키기도 하는 것이 아닌가. 잘생긴 사내라, 현금의 마음도 적잖이 쏠렸다. 그러다가 사내는 갑자기 사라졌고, 빨래하던 아낙들도 모두 흩어졌다. 인적이 끊어지자 그 사내가 다시 나타나 기둥에 기대어 노래를 한 곡 뽑는다. 노래가 끝나자 사내는 현금에게 물을 한 잔 달랜다. 현금이 냉큼 물을 떠 주었더니, 반쯤 마시고 돌려주면서 마셔보라고 하였다. 현금이 마시자 물이 아닌 술이었다. 말하자면 마술을 동원한 '작업'이었던 바, 현금은 거기에 넘어가 사랑에 빠졌던 것이다. 황진이는 빨래터에서 만난 두 남녀의 작품이었다.

우물가에서 만나 왕비가 되는 이야기는 빨래터에도 있다. 고려 태조 왕건은 빨래터에서 만난 여성과 관계해 아들을 낳았고, 그 아들은 고려의 두 번째 왕이 된다. 왕건은 태봉泰封 궁예의 장수로서 903년 수군을 이끌고 후백제 땅인 나주를 공격한다. 목포에 배를 정박시키고 있는데 멀리 오색구름이 서린 동네가 보인다. 찾아가 보니 한 처녀가 빨래를 하고 있다. 즉시 '신원조회'를 해 보니, 처녀의 할아버지는 부돈富佗, 아버지는 다련군多憐君이란 사람이었다. 다련군이 사간沙干 벼슬을 지낸 연위連位란 사람의 딸 덕교德交와 결혼해 낳은 딸이 바로 이 처녀다. 이렇게 말해 보아야 감이 잡히지 않기는 마찬가지다. 요약하자면, 처녀는 그 지방 호족의 딸이었다. 자세히 보니, 인물이 괜찮다. 무슨 수작을 걸었는지는 알 수 없지만 그 여자와 하룻밤을 지내게 되었다. 시집 안 간 처녀를 건드려놓고 왕건은 여자의 출신 성분이 낮다며 임신을 원하지 않았다. 해서 돗자리에다 사정을 한다. 그런데 이 처녀의 행동이 놀랍다. 여자는 전날 밤 용이 자신의 뱃속으로 들어오는 꿈을 꾸었다. 용은 곧 왕이 아닌가. 여자는 이불에 흘린 정액을 쓸어넣었다. 일종의 인공수정인 셈인데, 어쨌거나 임신해 아들을 낳았으니 그가 바로 혜종惠宗이다. 혜종의 어머니는 바

로 장화왕후莊和王后 오씨吳氏다.

혜종은 특이하게도 얼굴에 돗자리 무늬가 있었다. 원래 왕건이 사
정한 곳이 돗자리였으니 말이 된다. 그래서 세상 사람들은 혜종을
'돗자리 대왕'이란 이름으로 불렀다 한다. 그 빨래터는 용흥사龍興寺
란 절이 되었다. 용흥은 용이 나타났다는 뜻이다. 《고려사》는 혜종이
용의 아들답게 늘 물을 잠자리에 뿌리고, 큰 병에 물을 담아 팔꿈치
를 씻었다고 전한다.

이런 사연을 볼 때 빨래터는 빨래만 하는 공간이 아니다. 남녀의
사랑이 싹트는 공간이었던 것이다. 하지만 이제 천변川邊의 빨래터는

사라진 지 오래다. 집집마다 세탁기가 있는 세상에 무슨 빨래터란 말
인가? 여인네들을 훔쳐보았던 사내들도 가뭇없이 사라지고, 빨래터
에서 맺은 사랑도 이야기 속에서만 남아 있는 것이다.

길쌈

과거 보러 가신 낭군 기다리니 길쌈이나 서천야색

織造

단원의 〈길쌈 ①〉은 너무나 유명한 작품이고 또 길쌈하는 그림인 줄은 누구나 다 안다. 〈길쌈 ②〉는 유운홍劉運弘(1797~1859)이 그렸다고 전해지는 작품인데, 단원의 그림과 내용상 별 차이가 없다. 부녀자의 길쌈하는 그림은 제법 많이 전하고 있다. 조선 사회가 옷감을 생산하는 길쌈과 식량을 생산하는 농사일 위에 건설된 사회였기 때문일 것이다. 다만 이제 길쌈이란 말 자체가 거의 사어死語가 된 형편이다. 예순이 넘은 분들만이 이 그림을 별다른 설명 없이 이해할 수 있을 것이고, 그 이하의 연배나 도시에서 나고 자란 사람들은 길쌈의 과정을 알 수 없을 것이다. 그러니 모르는 분들을 위해 무명 짜는 과정을 간단히 언급한다.

봄에 목화를 심어 가을에 목화꽃을 거둔다. 목화꽃이 곧 목화솜이다. 목화솜에는 씨앗이 들어 있어서 그냥 실을 뽑을 수 없다. 씨아를 이용해 씨를 빼내고 활로 솜을 탄다. 탄다는 말은 활줄로 퉁겨서 솜을 부품하게 부풀린다는 뜻이다. 그 다음 넓은 판때기 위에 목화를 올리고 수수깡 같은 것을 30센티미터쯤 잘라 심으로 삼아 손으로 밀면 기름한 솜덩이가 된다. 이것을 물레에 걸어 실을 뽑는다. 이 실을 곧바로 베틀에 올리는 것은 아니다. 〈길쌈 ①〉의 위쪽을 보면, 실을 길게 메고는 여자가 쪼그려 앉아 무언가 바르고 있다. 풀이다. 실이 엉키지 않게 풀을 먹이는 것이다. 여자의 오른손 아래쪽에 있는 것은 숯불이다. 풀을 말리는 데 사용한다. 이렇게 풀을 먹이는 것을 베매기라 한다.

베매기를 한 실이 날줄이 된다. 이 날줄을 도투마리(베틀 가장 왼쪽에 실을 묶은 부분)에 맨다. 이제 씨줄을 만들 차례다. 날줄을 둘로 나

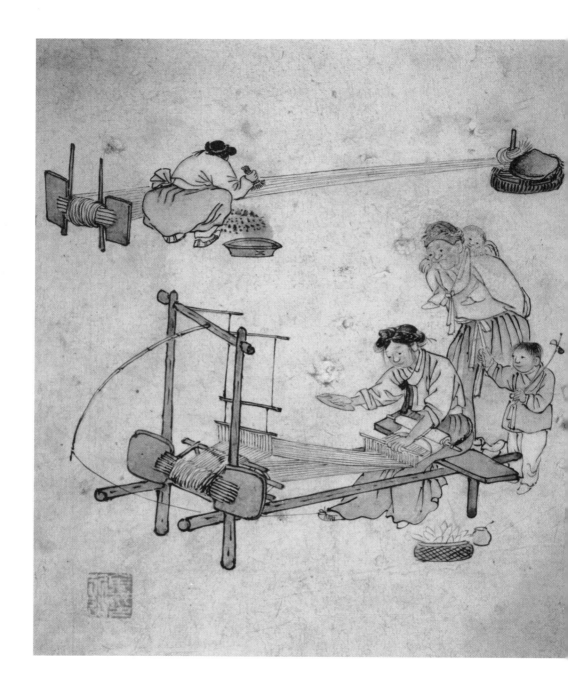

누어 엇건 뒤에 그 사이의 공간으로 씨줄을 통
과시키면 천이 되는데, 이 엇걸은 공간으로 넣
는 것이 곧 북이다. 북에 들어갈 씨줄은 따로
감아둔다. 북을 날줄 사이로 통과시키며 씨줄
을 넣는 것이다. 씨줄이 들어가면 바디를 내려
쳐서 천을 단단히 짠다.

　조선시대의 피륙에는 비단, 삼베, 모시, 무명
이 있었다. 무명은 알다시피 고려 말에 문익점
이 중국에서 가져온 것이다. 무명은 농사짓기
가 쉽고 피륙을 짜기도 수월하며, 또 보온성이
뛰어나 이내 삼베나 모시, 비단을 물리치고 가
장 많이 생산하는 피륙이 되었다. 단원이 무명
짜는 그림을 그린 것도 무명이 가장 일반적인
옷감이었기 때문이다. 삼베나 모시, 비단은 실
을 얻는 과정이 다를 뿐 짜는 원리는 동일하다.

　〈길쌈 ①〉과 〈길쌈 ②〉에 등장하는 길쌈하는
사람은 모두 여성이다. 조선시대 《소학》은 아

예 여성을 조리와 직조織造하는 존재로 규정했고, 특별히 귀한 가문의
여성을 제외하고 거의 모든 여성은 두 가지 노동에서 평생 벗어날 수
없었다. 《소학》이 아니라 해도 여성이 조리와 직조를 맡았던 역사는
아마도 인류 역사의 시초로 거슬러 올라갈 것이다. 다만 한국의 역사
에서는 《삼국사기》 신라본기 유리왕儒理王 9년조에 그 기원의 흔적이
슬쩍 보인다. 유리왕은 나라의 여자들을 두 패로 나누고 자신의 딸을
각 패의 우두머리로 삼게 한다. 그리고 7월 16일부터 매일 아침 가장
큰 고을의 뜰에 모여 밤 10시경까지 길쌈을 하게 한다. 8월 15일에 그

성적을 따져 진 패가 이긴 패에게 술과 음식을 대접하게 한다. 이때
노래를 부르고 춤을 추고 온갖 놀이를 벌인다. 이를 '가배'라고 한다.
진 패의 여자는 일어나 '회소回蘇' 하고 노래를 부르는데, 그 소리가
아름답고 구슬퍼 사람들이 그 소리를 따라 〈회소곡〉이란 노래를 지어
불렀다. 이 '가배'가 뒷날 '가위' 곧 '한가위'가 되었다고 한다. 어쨌
거나 추석의 유래가 직조와 관련이 있었고, 여성 직조는 역사의 기원
까지 소급함을 알 수 있다.

조선시대 옷감을 짜는 일은, 심상한 행위가 아니었다. 인간의 삶은

씨아
베매기솔
베틀
도투마리
베틀바디
베틀북

입을 것, 먹을 것, 비바람을 피하고 잠을 잘 공간을 마련하는 것이 그 대부분을 차지한다. 한데 집이야 한번 지어놓으면 그만이지만, 먹을 것과 입을 것은 그야말로 끊임없이 소모된다. 다시 보충해야만 하는 것이다. 따라서 먹을 것만큼은 아니지만, 입을 것의 무게란 중세 경제에서 엄청나게 무거운 의미를 지녔다. 지금처럼 값싼 옷이 지천인 세상에서 입을 것이 갖는 의미와는 완전히 다른 것이다.

옷감은 다양하게 사용되었다. 무엇보다 가족의 옷이 되었고, 나라에 바치는 세금이 되었으며, 집에서 만들지 못하는 물건을 사들이는 화폐 구실을 했다. 그리고 먼 길을 떠날 때면 노잣돈이 되었으니, 한 필 무명이야말로 지금의 현금카드와 같은 구실을 했던 것이다.

옷감을 짜는 과정은 고되고 지루하였다. 그 노동의 고통을 여성들은 노래를 부르며 잊었다. 수많은 길쌈노래, 물레노래, 베틀노래가 그 증거다. 어디 베틀노래 하나를 들어보자. 경상북도 의성 지방에 전하는 노래다.

시집 갔던 사흘 만에 과거 빈다 소문 듣고
과거 보러 가신 낭군 밤낮으로 기다리니
밤도 길어 해도 길어 길쌈이나 시작하세.

남편은 과거 보러 떠났다. 아내는 기다리기 지루해 길쌈을 하면서 기다리는 지루함을 잊으려 한다.

송이송이 따 모아서 참나무 쐐기에 앗아내어

대나무 활로 타다 놓고 수수회기로 비벼내어

정데정이 치은 가락 버드나무 물레에 미여 넣고

당태실 같이 뽑아내어 파람파람 뽑다가

앞마당에 날아다가 뒷마당에 매어다가 베틀이나 차려보세.

목화송이를 따서 활질을 하고 실을 뽑는 과정을 그대로 서술한 것이다. 그 다음은 베틀을 차리는 과정을 길게 늘어놓고 그 다음 베 짜는 과정을 늘어놓는다.

바디집 치는 양은 광한루 높은 정자

신선들이 모여 앉아 장기바둑 두는 듯다.

북이라고 노는 양은

청학이 알을 품고 들락날락하는 듯다.

잉애라고 바란 양은

모시국이 실묵시를 놋전반에 받친 듯고.

이렇게 해서 짠 것을 이제 씻어 간직한다. "앞 냇물에 씻어다가/줄어 너니 줄때 묻고/손에 드니 손때 묻어/고이고이 말라내어/은실경에 얹어 얹고" 남편을 기다린다. "과거 선비 오실까봐/동창문을 열어 놓고/날이 날로 기다려도/한양 선비 자취 없네." 아무리 기다려도 한양에 간 남편은 오지 않는다. 그래서 지나가는 선비에게 물어본다. "말 묻기 어려우나 말 한마디 물읍시다. 한양서 오시며는 우리 선비 안 옵디까?" 어렵게 말을 꺼냈으나 돌아오는 대답은 엉뚱하다. "오기

사 오드마는 칠성판에 얹혀 와요." 아내는 절망한다. "아이고 답답 내 일이야/암행어사 하실까봐/고대고대 바랐드니/칠성판이 웬일인 고." 남편은 과거를 치러 가서 무슨 사건으로 해서 죽어 시신이 되어 칠성판에 얹혀서 돌아왔던 것이다. 여성들은 자신들의 노동과 가혹 한 운명을 이 노래를 부르면서 털고 씻고 잊었다.

여성들이 짜낸 무명은 그야말로 한과 눈물의 응집물이었다. 가혹 한 노동의 결과물이기 때문인 것만은 아니다. 무명이 '군포'란 말로 바뀌는 순간, 그것은 조선 후기 사회가 앓아야 했던 거대한 모순이 되고 만다. 군포는 군역을 지는 대신 내는 무명이다. 조선은 원래 16 세에서 60세까지의 장정은 모두 군역을 지게 되어 있었다. 모든 사람 은 오위五衛라고 하는 다섯 군대 중 한 곳에 소속되었고, 일정한 기간 정해진 곳에서 복무해야만 했다. 만약 복무하는 동안 농사를 짓지 못 한다면, 그 농사를 대신 지어줄 보인을 배정해 주었다. 워낙 간단하 지만, 이것이 조선 전기 군사제도의 원리다. 하지만 군대 가고 싶은 사람 아무도 없다. 임진왜란이 일어나서 군사를 모아보니, 노약자를 빼고는 아무도 없다. 다 빠져버린 것이다. 그래서 훈련도감 설치를 시작으로, 다시 어영청·금위영·총융청·수어청 등 오군영을 만들 었다. 군인들은 모두 직업군인이었다. 이들을 먹여 살린다는 구실로 군대 안가는 백성(남자) 한 명당 군포 두 필을 거두었는데, 이게 꽤나 쏠쏠한 세원이 된다. 그래서 군포가 일반 재정으로 옮겨간다. 이것이 백성들에게 엄청난 재앙이 되었다. 양반들은 내느냐고? 군포를 내면 어찌 양반이겠는가? 당연히 안 낸다.

조선은 대가족제도의 사회였다. 따라서 한 집안에 남자 장정이 여

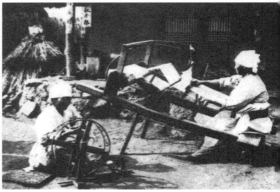

섯 명이면 열두 필을 내어야 한다. 그뿐인가. 죽은 사람에게도 물리
는 백골징포, 어린아이에게도 받는 황구첨정이 있다. 군포를 못 내고
달아나면 그 동네 사람에게 받거나[족징洞徵], 친척들에게 받아낸다
[동징族徵]. 군포의 징수가 얼마나 가혹했던지 자살하는 사람, 달아나
는 사람, 별별 사람이 다 있었고, 급기야 마을 하나가 송두리째 없어
지기도 했다. 군포로 인해 농촌 자체가 황폐해지자 영조 26년(1750)
에 와서 하염없이 긴 토론 끝에 군포를 한 필로 줄여주었다. 하지만
이것으로 문제가 끝난 게 아니었다. 양반은 여전히 군포를 내지 않았
기에 군포를 내는 백성들의 수가 늘어난 것이다. 곧 예전에 군포를
내지 않아도 되었던 사람에게 모조리 군포를 내게 한 것이다. 정약용
은 이에 대해 영조의 개혁 이후로 백성들이 내는 군포가 줄어들기는
커녕 네 배로 늘었다고 하였다. 백골징포, 황구첨정, 동징, 족징 등도
여전했다.

1 길쌈의 풀 먹이기(20세기 초)
무명실에 풀칠을 하여 말리면서
도투마리에 감는 베매기 작업을
하고 있다.
2 베틀(20세기 초) 한 여인은 솜
고치를 물레로 돌려 실을 뽑아
내고 있고 옆에서는 베틀 위에
서 베를 짜고 있다.

가혹한 군포의 징수는 별별 비극을 다 만들어냈다. 널리 알려진 정약용의 〈애절양哀絕陽〉이 제재로 삼고 있는 사건은 비극 중의 비극이라 할 것이다. 작품을 읽어보자.[60]

갈밭머리 젊은 여인 울음도 서러워라.

현문縣門 향해 울부짖다 하늘 보고 호소하네.

군인 남편 못 돌아옴은 있을 법도 한 일이나

예부터 남절양男絕陽은 들어보지 못했노라.

시아버지 죽어서 이미 상복 입었고

갓난아인 배냇물도 안 말랐는데

삼대三代의 이름이 군적에 실리다니.

달려가서 억울함을 호소하려도

범 같은 문지기 버티어 있고

이정里正이 호통하여 단벌 소만 끌려갔네.

남편 문득 칼을 갈아 방안으로 뛰어들자

붉은 피 자리에 낭자하구나.

스스로 한탄하네 "아이 낳은 죄로구나."

잠실궁형蠶室宮刑이 또한 지나친 형벌이고

민閩 땅 자식 거세함도 가엾은 일이거든

자식 낳고 사는 건 하늘이 내린 이치

하늘 땅 어울려서 아들 되고 딸 되는 것

말·돼지 거세함도 가엾다 이르는데

하물며 뒤를 잇는 사람에 있어서랴.

부자들은 한평생 풍악이나 즐기면서
한 알 쌀, 한 치 베도 바치는 일 없으니
다 같은 백성인데 이다지 불공한고
객창에서 거듭거듭 시구편尸鳩篇을 읊노라.

　모르는 구절이 있지만 여기서 굳이 밝힐 겨를이 없다. 몰라도 시를
이해하는 데 전혀 지장이 없다. 제목 〈애절양〉은 '양을 자른 것을 슬
퍼한다'는 뜻이다. 물론 '양陽'은 남자의 성기를 말한다. 죽은 아버
지와 갓 낳은 아들의 군포를 모두 내어놓으라 하자, 관청에 달려가
억울함을 하소연해 본다. 하지만 소용 없고 이정이란 놈은 한 마리
남아 있는 소를 대신 끌고 간다. 아이를 낳은 것이 죄다. 남자는 방안
으로 뛰어들어 '이것이 죄의 근원'이라면서 자신의 성기를 잘라 버
린다. 이것은 정약용이 상상한 것이 아니다. 실제 자신이 직접 강진
에서 귀양살이를 할 때 듣고 지은 것이다. 정약용은 이렇게 말한다.

　이것은 가경嘉慶 계해년(1803) 가을 내가 강진에 있으면서 지은 시이다.
노전蘆田에 사는 한 백성이 아이를 낳은 지 사흘 만에 군보軍保에 등록
되고 이정이 소를 빼앗아가니 그 사람이 칼을 뽑아 자기의 생식기를 스
스로 베면서 하는 말이 '내가 이것 때문에 곤액을 당한다' 하였다. 그
아내가 생식기를 관가에 가지고 가니 피가 아직 뚝뚝 떨어지는데 울며
하소연하였으나 문지기가 막아버렸다. 내가 듣고 이 시를 지었다.[61]

　여름이 지나 가을이 될 때쯤이면 조정에서는 서울의 각 군영을 통

해 각 도에 공문을 보내고, 각 도의 순영과 병영에서는 각 고을에 다시 공문을 보내어 도망자, 늙어서 군역에서 제외된 자, 죽은 자를 군역에서 제외하라고 단단히 당부한다. 공문은 매우 엄한 어조로 되어 있다. 얼른 수령은 그 엄한 어조에 겁을 먹고, 좌수와 아전에게 어떻게 하면 좋겠느냐고 의논을 한다. 좌수와 아전은 미리 입을 맞추어 놓고 있다가 이번 기회에 느슨했던 군정을 바로잡아 억울하게 피해를 보는 친족과 이웃이 없도록 하자고 말한다. 수령은 그렇다 하면서 누락자를 찾아내라고 엄명을 내리고, 이제 곡소리가 나는 것이다. 조정의 선의가 졸지에 악의로 바뀌는 순간이다. 정약용은 이렇게 말한다. "수령은 개연히 스스로 군정을 닦기로 결심하니, 마을마다 집집마다 벌써 죽은 혼백의 울음소리가 구슬프게 되었다."[62]

군포는 대원군이 정권을 잡을 때까지 결코 개혁되지 않았다. 흔히 우리가 듣는 삼정의 문란이란 전정田政과 환정還政과 군정軍政, 곧 군포에 관한 것이었다. 대원군은 권력을 잡자 군포를 가구단위[戶]에 부과하고 양민과 양반이 모두 호포를 내게 하였다. 이것이 군포에 관한 가장 강력한 개혁이었다.

이렇게 말하면 너무 슬프기만 하다. 하지만 여성들은 군포만을 짜지는 않았다. 부지런한 여성들은 바쳐야 할 수량보다 더 많은 면포를 짜서, 가족들에게 옷을 해 입히고 시장에 내다 팔아 돈을 마련했다. 그렇게 해서 헐벗지 않고 살았으니 여성의 손끝에서 온 나라 사람의 입성이 마련된 것이었다. 위대하다, 여성이여.

담배 써는 가게

담배를 빼다면 산들 무슨 재미가 있으리오

切草廛

十三 석사 과정에 다닐 때 일이다. 미술사를 전공하는 동료가 있었는데, 이 친구 풍속화를 연구한다며 한동안 조선시대 그림에 미쳐 있었다. 어느 날 작자가 밝혀져 있지 않은 풍속화 한 점을 가져와 하는 말인즉, 그림을 그린 기법으로 보아 강희안姜希顔(1417~1464)의 작품으로 보인다는 것이다. 강희안이라면 세종 때 사람이 아닌가. 이 친구는 자신이 새로 밝힌 사실을 근거로 조선 전기에 이미 풍속화가 출현했다는 학설을 발표할 참이었다. 그런데 옆에서 그림을 한참 보고 있던 선배 한 분이 "야, 임마, 세종 때 무슨 담배가 있노" 했다. 그림 속 인물이 곰방대를 물고 담배를 피우고 있었던 것이다. 담배는 임진왜란 이후에 들어온 기호품이 아닌가. 이렇게 해서 경천동지할 미술사학계의 학설은 쥐구멍을 찾고 말았다.

단원의 〈담배 써는 가게〉를 보면, 젊은 날의 해프닝이 떠올라 혼자 웃는다.

〈담배 써는 가게〉에는 남자 넷이 등장하는데 각각 하는 일이 다르다. 먼저 아래쪽을 보자. 아래의 오른쪽에 있는 남자는 넓은 잎사귀를 펼쳐서 다루고 있다. 그 아래에 차곡차곡 쌓인 것은 담뱃잎이다. 나는 담배 농사를 지어본 적이 없어 구체적인 것은 알 수 없지만, 그림이 담뱃잎을 가공하고 있는 것만은 두말할 필요가 없다.

그림의 위쪽을 보자. 왼편의 사내는 작두로 장방형으로 생긴 물건을 가늘게 썰고 있다. 오른편의 사내는 작두질을 물끄러미 보고 있다. 이 사내가 오른팔을 기대고 있는 커다란 나무 상자는 돈궤로 보인다. 물론 돈 이외의 다른 것을 넣기도 할 것이다. 작두 앞에는 둥근 물건과 삼각형 물건이 있는데 무엇인지 모르겠다. 작두로 썰고 있는

물건도 무엇인지 확실하지 않다. 다만 왼손으로 꽉 누르고 있는 것으로 보아 흔들리면 안 되는 물건이다. 추측컨대 그림 아래쪽의 웃통을 벗은 사내가 차곡차곡 쌓은 담배를 작두로 썰고 있는 것은 아닐까. 아래쪽 왼편에 있는 탕건을 쓴 사내는 부채질을 하면서 책을 읽고 있다. 아마 소설 따위의 가벼운 책일 것이다.

이 담배 가게는 어떤 곳인가. 이덕무의 〈은애전恩愛傳〉에 참고할 만한 이야기가 있다. 강진현의 처녀 은애는 자신이 정조를 잃었다고 헛소문을 낸 노파를 죽인다. 이 사건을 보고받은 정조는 은애를 정녀貞女라고 하면서 살려주고 이덕무에게 〈은애전〉을 짓게 한다. 여기서 중요한 것은 은애가 아니라 정조의 말이다.

옛날 어떤 사내가 종로 거리의 담배 가게에서 패사稗史를 읽는 것을 듣고 있다가 이야기가 영웅이 실의하는 곳에 이르자, 홀연 눈초리가 찢어지도록 눈을 크게 뜨고 입에서 거품을 내뿜다가 담배 써는 칼을 집어 들고 패사를 읽는 사람을 찔러 그 자리에서 죽이고 말았다.[63]

1 담배 써는 가게(담배 썰기)¹
김홍도, 《단원풍속도첩》, 국립
중앙박물관. 넓은 담뱃잎을 다
듬어 작두판에 눌러서 썰어내
고 있다.
2 잎담배(20세기 초)¹ 시장에서
작두로 잎담배를 즉석에서 썰
어 판매하고 있다.

패사는 곧 영웅소설이다. 영웅인 주인공이 좌절하는 대목에 이르러 소설에 빠진 사내가 흥분한 나머지 자신도 모르게 칼을 들어 소설을 읽어주는 사람을 찔러 죽이고 만 것이다. 정조는 아마도 이 사건을 심리했거나 아니면 관계되는 문서를 읽었기에 이렇게 말할 수 있었을 것이다.

당연히 여기서 눈길을 끄는 것은 담배 가게에서 소설을 읽었다는 것이다. 조선 후기 서울의 담배 가게는 약국과 함께 사람들이 많이 모이는 곳이었다. 마치 서양의 카페 같다고나 할까. 여기서 고담古談을 하기도 하고 또 소설책을 읽기도 했다. 그림 위쪽의 돈궤에 기대어 있는 사내나 책을 읽고 있는 사내는 아마도 놀러 온 사람일 터이다.

담배를 썰어서 파는 곳을 절초전切草廛이라 한다. 조선 후기에 와서 담배가 널리 퍼지자, 조정에서는 담배 판매의 독점권을 갖는 엽초전의 개설을 허락했다. 그 뒤 담뱃잎을 그냥 팔거나 큼직하게 잘라 파는 엽초전에서 담뱃잎을 사다가 피우기 좋도록 가늘게 썰어서 파는 사람들이 나타났다. 이는 엽초전의 이익을 침해하는 것이었기 때문에 18세기 이래 엽초전과 절초전 사이에 상권을 둘러싼 분쟁이 시작되었고, 마침내 절초전도 국역國役을 담당하기로 하고 절초의 독점 판매권을 얻었다. 하지만 뒤에 절초전의 절초 독점 판매권은 더 영세한 상인들이 절초 파는 것을 막는다는 문제를 야기해 1742년에 폐지된다. 그러다 1791년 육의전六矣廛 이외의 모든 시전에게 금난전권禁亂廛權을 없앤 신해통공으로 다시 담배를 썰어 파는 가게가 등장하게 된다. 단원의 그림은 아마도 신해통공 이후의 사정을 반영한 것일 터이다.

담배는 17세기 초에 들어온 것이다. 《인조실록》 16년(1638) 8월 4일조를 보면, 조선 사람이 몰래 담배를 심양에 보냈다가 청나라 장수에게 발각되어 크게 힐책을 당했다는 기록이 있다. 여기에 담배에 대한 최초의 소상한 기록이 나온다.

남령초南靈草는 일본에서 나는 풀이다. 큰 잎은 7, 8촌寸쯤 된다. 가늘게 썰어 대나무통이나, 은통, 주석통에 담아 불을 붙여 빨아들이는데, 맛은 쓰고 맵다. 가래를 다스리고 소화를 돕는다. 하지만 오래 피우면 왕왕 간

담배 시장(1915)ᆞ 서울의 한 연초 시장이다.

의 기운을 상하게 하고 눈을 어둡게 만든다.

이 풀은 병진년(1616) · 정사년(1617) 어림부터 바다를 건너왔고 피우는 사람이 그리 많지 않았는데, 신유년(1621) · 임술년(1622) 이래로 피우지 않는 사람이 없다. 손님이 오면 늘 차와 술 대신 내놓고는 연다煙茶 혹은 연주煙酒라 하였고, 씨앗을 받아 서로 바꾸기까지 하였다. 오래 피운 사람은 해만 있고 이로움이 없는 것을 알고 끊으려 하지만 끝내 끊지 못하여 세상에서 요망한 풀이라 불렀다. 심양으로 전해지자 심양 사람들도 역시 매우 즐기게 되었는데, 오랑캐 한汗이 자기네 땅에서 나는 것이 아닌데다 재물을 허비한다고 하여 명령을 내려 크게 금지했다고 한다.

이때는 병자호란(1636)으로부터 불과 2년 뒤이고, 소현세자를 비롯한 많은 조선 사람들이 심양에 억류되어 있을 때였다. 당시 심양의 청나라 사람도 담배를 좋아해 뇌물로 가져갔던 것인데, 청 태종이 담배의 중독성을 알고 금지했으므로 담배를 가지고 간 것이 문제가 된 것이다.

앞의 기록에 보듯 담배는 1616년에서 1617년 사이에 처음 전래되었고, 불과 5년 뒤에는 피우지 않는 사람이 없을 정도로 널리 퍼졌던 것이다. 《인조실록》 6년(1628) 8월 19일조에 실린 광주廣州의 선비 이오李晤는, 정묘호란 이후 청나라의 공격에 대비책은 세우지 않고 신하들이 비변사에 모여 농담이나 지껄이고 담배만 피우고 있다면서 조정의 관료들을 비판하고 있으니, 1628년이면 이미 담배가 조정의 관료들 사이에도 널리 유행했음을 알 수 있다.

담배가 빠른 시간에 널리 유행했던 것은 니코틴 중독 때문이었다. 니코틴에 중독된 사람은 혈액 속에 일정한 양의 니코틴이 항상 있어야 한다. 따라서 니코틴이 부족하면 담배를 다시 찾게 된다. 그 중독성으로 인해 담배는 쉽게 끊을 수가 없다. 한치윤韓致齋(1765~1814)은 조정의 높은 벼슬아치부터 부녀자, 어린아이, 종들까지 담배 피우기를 좋아한다고[64] 했고, 임금인 순조도 "근래에는 담배 피우는 습관이 고질이 되어 남녀노소를 막론하고 담배를 즐기지 않는 사람이 없고, 어린애 티를 벗기만 하면 으레 담뱃대를 문다. 세상에서 하는 말인즉 '팔진미는 안 먹어도 담배만은 끊을 수가 없다'고 한다"[65] 하였으니, 그 유행을 알 만하다.

많은 사람이 즐기는 것은 돈이 된다. 당연히 담배는 금방 환금작물

換金作物이 되었다. "농가에서 밭이랑마다 모두 담배를 심는데, 곡식보다 이문이 갑절이나 난다. 이 때문에 좋은 밭에는 모두 담배를 심는다"[66]는 말이 나올 정도로 담배는 경작지를 잠식했다. 특히 평안도와 황해도의 담배를 서초西草라고 하는데, 그 품질이 월등해 값이 보통 담배보다 몇 배나 되었던 까닭에[67] 서도의 좋은 경작지들이 거지반 담배를 심는 데 들어갔다고 할 정도였다.[68] 이런 까닭에 담배 경작을 금지해야 한다는 주장이 종종 나온 것도 당연한 일이다. 1732년 7월 21일조 《실록》을 보면 영조는 삼남, 즉 경상·충청·전라도 관찰사에게 양전에 담배 심기를 금하라는 명령을 내린다. 2년 뒤인 영조 10년에 장령 윤지원尹志遠이 담배의 해독은 술보다 더 심하므로 법을 세워 시골에서는 심지 못하게 하고 가게에서 팔지 못하게 해야 한다고 주장하는 것을[69] 보면 이런 금령이 소용이 없었음을 알 수 있다.

이렇게 해서 담배는 산업이 되었다. 정조 시대 서울의 풍속을 다룬 유득공柳得恭의 《경도잡지京都雜誌》에 담배에 관한 조목이 있어서 흥미롭다. 읽어보자.

담뱃합

담뱃대걸이

연초갑

조정의 벼슬아치들은 반드시 담뱃갑이 있다. 쇠로 만든 것인데, 은으로 매화나 대나무를 새겨 넣기도 한다. 자색의 녹비鹿皮로 끈을 달고 담뱃대와 함께 말 뒤에 달고 다닌다.

담뱃갑, 담뱃대 등 담배를 피우는 도구가 발명되고 이에 따라 흡연도구를 전문적으로 파는 가게까지 시전에 생긴다. 《동국여지비고東國輿地備攷》란 책을 보면, 군기시와 약현의 연죽전煙竹廛에서 여러 가지 색으로 물들인 담뱃대와 담배통을 팔았고, 종로의 도자전刀子廛에서도 장도·은비녀·부인네의 패물·금은 가락지와 함께 담배통을 팔았다고 한다.

이런 판이니 담배를 금지하자는 말은 이제 나올 수가 없다. 1797년 정조는 사복시 제조 이병모李秉模와 이런 대화를 나눈다.

"담배를 심은 땅에 모두 곡식을 심게 한다면 몇 만 섬의 곡식을 얻을 수 있을 것이다."

"기름진 땅에는 죄다 담배를 심습니다. 서로西路가 더욱 심하니 이것이 가장 애석합니다."

"아주 금지할 수는 없겠는가?"

"담배를 금지하는 것은, 술을 금하는 것과 다릅니다. 만일 금하려 한다면 어려울 것은 없을 듯하나, 신의 생각으로는 기수氣數와 관계될 것 같습니다. 우리나라에서 돌아간 청나라 사람들이 담배를 피우는 것을 보고, 처음에는 금했으나 군사의 마음이 변함을 보고는 그 명령을 거두어들였다고 합니다. 그래서 지금은 천하 사람들이 모두 담배를 피우고 있습니다. 이 어찌 기수가 그렇게 만든 것이 아니겠습니까?"

"그렇다. 담배가 바다 건너 남쪽 나라에서 건너온 것이나, 실은 서양에서 온 것이다. 대개 서양의 학문이 중국에 점차 퍼지고 있으니, 또한 서방의 풍기가 늦게 열려 그런 것인가?"[70]

정조와 이병모의 말에는 담배의 유행을 기수氣數, 즉 인간이 어떻게 할 수 없는 세상의 운수로 인한 것이니 막을 수 없다는 생각이 깔려 있다. 물론 담배의 유행은 담배가 중독성 물질인 데서 연유한 것이다. 담배의 유행이 기수 때문이라고 생각한 정조는 담배를 금하지 않았다.

이 대화가 있고나서 1년 뒤, 즉 1798년 11월 30일 정조는 농사를 권하고 농서農書를 구하는 윤음을 내렸다. 내용이야 뻔하다. 농사가 무엇보다 중요한 일이라는 것, 또 농사는 제대로 합리적으로 지어야 하는 것이니 농법이나 농사에 대한 아이디어가 있으면 제출하라는 것이다. 그런데 여기에 담배에 관한 내용이 있었다. "기름진 땅은 모두 다 담배와 차를 심는 밭이 되고 말아서 농사가 형편없게 되었다"는 것이다. 기름진 땅이 담배와 차를 심는 밭이 되었다는 것은 그만큼 소득이 높았다는 것이지만, 실상은 담배와 차가 곡식을 생산할 토지를 잠식한 것이다. 정조의 구언 윤음에 상소를 올린 사람이 27명, 농서를 올린 사람은 40명이었다. 당연히 담배의 경작을 엄금하자는 요청이 있었다. 정조는 어떤 답을 내렸던 것인가? "담배 농사를 금하는 문제는 금지하는 것은 어렵지 않겠지만, 생각하건대 여러 가지 곤란한 점이 있을 것 같다." "담배와 차 농사를 금하는 것은 이로움과 해로움이 반반이다. 비유컨대 술 빚기를 금하는 것과 같으니, 가볍게 의논해서는 안 될 것이다. 신풍新豊 장공張公의 말이 족히 근거가 될 만하다." 담배의 경작을 금지하는 데는 여러 가지 고려할 사항이 많기 때문에 일괄적으로 금지할 수가 없다는 말이다. 그런데 정조가 '신풍 장공'의 말을 근거로 삼고 있다는 게 흥미롭다. 신풍 장공이란 신풍부원군新豊府院君 장유張維다. 장유는 조선 최초의 골초였다. 그는 담배를 엄청나게 피워댔고 담배가 가래를 없애주는 등 건강에 도움이 된다고 주장한 흡연예찬론자였다. 한데 그의 장인 김상용金尙容은 임금에게 담배를 금지해야 한다는 주장을 한 금연론자였다. 김상용은 병자호란 때 강화도에서 폭약을 터뜨려 자살하는데 그때 폭약에 불을 댕긴 것은 담뱃불이었으니, 참 희한한 일이 아닐 수 없다. 담배의 경작을 조정에서 금지할 수가 없었던 것은 임금부터 조정의 고관들까지 골초가 많았기 때문이 아닌가 한다.

담배에 관한 견해는 대개 두 가지로 갈린다. 유해론과 유익론이다. 담배가 유해하다는 것은 지금 새삼 말할 필요가 없다. 니코틴의 강력한 중독성 그리고 타르 등 화학물질은 건강을 해친다. 앞에서 청나라에서 흡연을 강력하게 금했다고 했지만 흡연자들은 여전히 담배를 요구하고 있었다. 조선 조정에서 청나라와 외교적 마찰이 일어날까 염려해 사신들이 담배를 가지고 가는 것을 막았지만 소용이 없었다. 그래서 인조 18년에는 담배 한 근 이상은 참수형을, 한 근 미만은 의주에 가두어 경중을 두어 처벌했지만, 그 역시 별무소용이었다.[71] 유해한 것이 확실하지만, 일단 니코틴에 중독되면, 흡연은 국법으로도 막을 수 없었던 것이다.

조선시대 사람들의 담배에 관해 의견 역시 갈린다. 대동법을 만들었던 유명한 재상 김육金堉, 산문 작가로 이름이 있었던 이식李植, 그리고 노론의 정신적 스승 송시열宋時烈은 모두 담배를 싫어한 혐연론자嫌煙論者였다. 이식과 이름을 나란히 한 산문작가 장유, 조선시대 최고의 학자 군주인 정조正祖, 그리고 정조를 능가하는 학문의 태두 정약용은 모두 흡연유익론吸煙有益論者이자 골초였다. 어디 이들의 대립하는 주장을 들어보자.

앞에서 잠시 말했다시피 장유는 골초였다. 그는 자신의 수필집 《계곡만필》에서, 담배의 원산지는 남양南洋의 제국諸國이고 일본에서는 담배를 담박괴淡泊塊라 부르며, 조선의 담배는 일본에서 들어온 것이라며 그 유래를 밝히고 있다. 장유는 담배가 건강에 나쁘다는 것, 특히

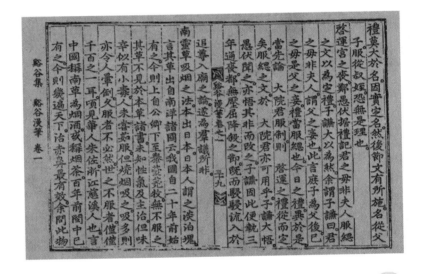

계곡만필 중에서 | 장유, 〈남령초 흡연南靈草吸煙〉, 《계곡집》 2권

담배가 폐를 해친다는 것을 알고 있었다. 하지만 담배는 적비赤鼻(주독 오른 코)를 고치고 체한 기운을 풀어주는 효과가 있다고 주장한다. 장유는 해로움과 이로움을 종합해 담배를 '신령한 약'으로 믿었다.

정약용 역시 골초였다. 1798년 정조가 농사를 권하고 농서를 구하는 윤음을 내렸을 적에 우리의 정약용 선생께서도 답안지를 올린다. 그는 농업의 침체는 담배 경작이 많아졌기 때문이라는 주장에는 동의하지만, 담배의 경작을 완전히 금지해야 한다는 주장에는 반대한다. 그 근거는 가래를 다스리는 등의 담배가 갖는 약효 때문이다. 정약용은 평지의 좋은 땅에는 담배 경작을 금해야 하지만 놀고 있는 산지에는 심어서 백성들에게 기호품을 계속 공급하고 소득 증대에도 이바지해야 한다고 주장한다. 합리주의자다운 발상이다. 정약용이 담배를 이렇게 옹호하는 것은 그가 골초였기 때문이다. 그는 귀양살이를 하면서 담배를 더욱더 찬양하게 된다. 정약용은 〈담배〉란 시에서 담배야말로 귀양살이를 하는 사람에게는 차보다 술보다 더 좋은 것이라고 예찬한다.[72]

정조는 기우제를 지낼 때 하급 관리들에게 금연시키는 것이 효과가 없다면서, 흡연하도록 내버려 두라고 할 정도로 담배에 관대한 사람이었다. 이 역시 그가 골초였기 때문이다. 정조가 골초가 된 것 역시 귀양객 정약용처럼 가슴 답답한 마음의 병을 앓고 있었기 때문이다. 정조의 담배 예찬은 하염없이 길다. 담배는 무더운 날 더위를 가시게 하고 추울 때는 추위를 막아주며, 식후에는 소화를 돕고 변을 볼 때는 악취를 막아준다. 불면에 시달릴 때 피우면 잠이 온다. 시와 문장을 지을 때, 남과 대화할 때, 고요히 앉아 있을 때 담배는 예외없이 유익하다. 이렇게 유익한 담배를 더욱 유익하게 만드는 방법은, 담배를 피울 때 침을 삼키는 것이라고 정조는 말한다. 니코틴과 각종 발암물질이 가득 찬 침을 삼키라는 말인데, 그러기 위해서는 침을 뱉는 타구를 없애버리는 것이 상책이라는 것이다.[73] 아, 이 대책 없는 골초 임금이여! 정조는 급기야 초계문신抄啓文臣의 시험에 담배를 주제로 한 문제까지 출제한다. '남령초南靈草'란[74] 문제가 그것이다. 이 문제에서 정조는 자신의 광적인 독서벽讀書癖과 즉위 이래의 과도한 정무로 인한 답답증을 치료하기 위해 백방으로 약을 찾아 먹었으나 아무 소용이 없었고, 오직 담배만이 효과가 있었다고 말하면서 세상 사람들의 담배 해독론에 대해 검토해 보라고 말한다. 이쯤 되면 골초도 보통 골초가 아니다.

담배 옹호론자가 있으면 당연히 흡연 유해론자도 있다. 대표적인 인물이 성호星湖 이익李瀷이다. 성호는 담배야말로 금해야 함에도 금하지 않아 100여 년 만에 온 나라에 퍼졌다고 지적하고[75] 귀한 사람, 천한 사람, 남자, 여자, 늙거나 젊거나를 가리지 않고 모두 하루 종일 담배 연기를 들이마시니, 담배의 해로움은 술보다도 더 심하다고 비판한다.[76] 물론 이익이 담배가 일관되게 해롭다고 주장하는 것은 아니다. 그는 가래가 끓고, 소화가 안 되고, 신물이 올라올 때, 추위를 막을 때에 이롭다고 한다.[77] 하지만 전체적으로 담배는 해로움이 많다는 것이다. "안으로는 정신을 해치고 밖으로 듣고 보는 것을 해친다. 머리가 담배의 해독을 받게 되면 하얗게 세고, 얼굴이 담배의 해독을 받으면 쭈글거리게 되고, 이가 담배의 해독을 받으면 일찍 빠지게 되고, 살이 담배의 해독을 받으면 여위어 보이게 된다. 담배란 사

람을 늙게 만드는 것이다." 요는 건강을 해친다는 말이다. 이것이 담
배 유해론의 골자다.

　이익은 세상에 중요한 일이 많은데 사람들은 담배를 구하는 데 시
간과 돈을 허비하고 있다고 한다. 담배에 들이는 정력을 학문에 쏟아
라. 그러면 현인이 될 수 있고, 문장가가 될 수 있고, 부자가 될 수 있
다! 과연 실학자 성호다운 주문이다.

　담배 유해론자의 계보는 여러 사람에게로 이어지지만 가장 빼어난
유해론자는 역시 이덕무다. 이덕무는 자신은 능한 것이 하나도 없는
사람이지만, 그중에서도 더욱 할 줄 모르는 것이 넷이 있으니 바둑·
소설·여색·흡연이라고 한다.[78] 자신을 철저히 단속했던 이덕무는
흡연은 완강한 어조로 비판한다. 흡연이야말로 '왕자의 정치에서는
금해야 할 일'이라는 것이다. 간혹 자식에게 흡연을 가르치는 부모
가 있는데 그것은 무식한 부모요, 부모가 금하는데도 몰래 담배를 피
우는 자식은 불초한 자식이라고 한다. 흡연자는 '가래를 없앤다'는
것을 흡연의 구실로 내세우지만, 자신은 담이 들려 고생하는 흡연자
를 보았다고 어깃장을 놓는다. 이덕무는 또 흡연은 인간의 신기神氣
를 해치는 일이고, 대현大賢·군자君子로서 담배 피우는 사람이 없었
다면서 집 안에서의 흡연을 절대 금해야 한다고 주장한다.[79] 특히 이
덕무는 부녀자들이 담배 피우는 것을 극단적으로 싫어했고, 골수를
마취시키고 혈기를 말리는 것이라면서 어린아이의 흡연을 극력 반대
했다.[80] 이렇게 흡연을 싫어한 이덕무였지만, 친구인 유득공과 서이
수徐理修에게 담뱃대 하나와 담배 한 근을 보낸 적이 있었다. 특히 유
득공에게는 "이 담뱃대로 담배를 마음대로 피워보라"고 했으니, 그

는 이해심 있는 담배 유해론자였다.

담배를 피우는 사람들도 대개 담배가 유해하다는 사실을 안다. 담배를 입에 물고 담배를 끊어야겠다고 생각한다. 담배를 피우면서 담배의 해독을 말하는 담배 유해론자도 있는 것이다. 아니, 흡연자 대부분이 그럴 것이다. 《임하필기》의 작자 이유원李裕元은 〈담배의 시말煙草始末〉이란 글에서 이렇게 말하고 있다,

원래 담배는 다른 나라에서 전해진 것이지만, 지금은 우리나라 담배의 품질이 천하의 으뜸이 되었다. 하지만 담배의 폐해로 말하자면, 좋은 땅이 담배 심는 데 허비되고, 옥과 금 등의 보배가 흡연하는 도구로 소모되고 있다. 담배의 쓰임이란 뭇 사람들이 심심함을 때우는 데 지나지 않으니, 무익한 물건으로 말하자면 담배보다 더한 것이 없을 정도다. 하지만 흡연하는 습속이 고질이 되어 급기야 없애기가 어렵게 되었다.[81]

담배가 백해무익한 것이라고 이유원은 조목조목 지적한다. 하지만 그는 문장을 이상하게 끝맺는다. "나 역시 담배를 좋아하는 사람이다. 지금 담배를 입에 물고 이런 말을 하는 것이다"라고 하였으니, 담배를 피우면서 흡연을 비판했던 것이다. 그는 또 잠자리에서 일어났을 때, 막 식사를 끝냈을 때, 근심할 때, 심심할 때, 냄새가 날 때, 생각에 잠길 때, 비 올 때, 놀 때가 담배 피우기 가장 좋을 때며 이때의 담배가 여덟 가지 맛이 난다고 그 맛을 미세하게 분류할 정도로 골초였다.[82]

담배의 해로움이 널리 알려지고 또 이따금 조정에서 담배 금지령을 내리기는 했지만, 17세기 이후 담배는 없앨 수 없는 기호품이 되었다.

담배는 일상에서 '손님을 접대하는 도구'가 되었다.[83] 이덕무는 《사소절》에서 선비들의 에티켓을 열거하면서 "자신은 비록 담배를 피우지 않는다 해도 모름지기 연구煙具를 갖추어두고 손님이 오면 꼭 담배를 권하여야 한다. 높은 손님이 오면 꼭 직접 담배를 담아 불을 붙여 올려야 한다"라고 말하고 있다.[84] 또 어린아이에게는 "어른이 담배를 피우려 하면 반드시 먼저 담배를 담아 불을 붙여 올려야 한다"고 가르치고 있다.[85] 담배를 피우는 에티켓에 대해서도 소상히 말한다.

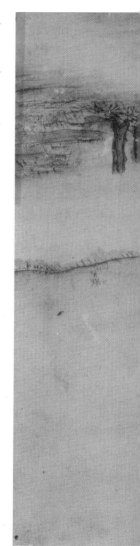

담배를 등잔에서 불을 댕기다가 재가 기름에 떨어지게 해서는 안 된다. 대통에 담배를 너무 많이 담아 화로에 떨어져 연기가 확 하고 나게 해서는 안 된다. 반만 태우고 요강에 던져 넣어서도 안 되고, 담배 침을 벽이나 화로로 뱉어서도 안 된다. 이불 속에서, 그리고 서책이나 음식이 있는 곳에서 담뱃대를 물어서는 안 된다. 병자가 있는 방에서는 문을 닫고 연기가 꽉 차도록 피워서는 안 된다.[86]

이것은 지금의 흡연자들도 새겨들어야 할 말이 아닌가 한다.

담배 이야기를 하자면 끝이 없을 것 같다. 마지막으로 그림 한 점을 더 보고 끝을 내자. 이교익李教翼(1807~?)의 〈쉴 때 피우는 담배 한 모금〉에서처럼 심심하면 손이 가는 게 담배다. 담배 역시 일종의 중독성 마약인 것이다. 담배의 중독성을 이덕무는 〈한죽당섭필寒竹堂涉筆〉에서 아주 흥미롭게 그리고 있다.

우연히 여러 사람과 각각 좋아하는 것을 말하였다. 한 사람이 말했다.

쉴 때 피우는 담배 한 모금(휴식) | 이교익, 국립중앙박물관(중박 201005-194)

1 지게꾼과 행상 여인(20세기 초)¹ 두 지게 꾼이 고달픈 노정 뒤에 담배를 피우며 달콤한 휴식을 취하고 있다.

2 담배 농사 권장 전단(1968) ¹ 담배 농사는 농민에게 어떠한 이득을 주나' 라는 제목으로 전매청에서 발행한 연초 경작 장려 전단지다.

"제가 좋아하는 것은 담배·술·고기 셋이지요."

내가 물었다.

"만약 다 갖추지 못한다면 어떤 것을 빼겠는가?"

"먼저 술을 빼고 다음에 고기를 뺄 겁니다."

내가 그 다음 뺄 것을 묻자 그는 눈을 동그랗게 뜨고 말했다.

"담배를 뺀다면 산들 무슨 재미가 있으리오?"

담배가 없다면 살아 있어도 재미가 없다는 말은, 사실 흡연이 쾌락을 유발하는 수단이며 동시에 담배의 중독에서 벗어나기가 어렵다는 사실을 말해준다.

나는 건강상 문제로 담배를 끊었지만, 몇 년 전까지는 골초 중의 골초였다. 아침 6시부터 10시까지 한 갑, 10시부터 오후 6시까지 한 갑, 그리고 오후 6시부터 잠들 때까지 한 갑, 이렇게 하루에 세 갑을 피웠다. 집에도, 연구실에도, 들고 다니는 가방에도 여러 종류의 담배가 늘 구비(?)되어 있었다. 조선시대의 문헌을 읽다가도 담배에 관한 기록이 나오면 모아두었다. 만약 건강이 허락된다면 다시 그 향기를 맡아보고 싶다.

十四 단원의 〈씨름 ①〉을 모르는 사람은 아무도 없을 것이다. 두 사내가 맞붙은 장면이다. 앞쪽 사내는 뒤쪽의 사내를 들배지기로 메다꽂으려고 한창 용을 쓰고 있다. 사내는 광대뼈가 툭 튀어나왔고 입을 앙다물고 있다. 들린 사내는 어떻게든 더 이상 들리지 않으려고 미간을 잔뜩 찌푸리며 힘을 주고 있다. 승부는 곧 결정되고, 두 사내는 왼쪽에 벗어놓은 신발을 신고 씨름장을 벗어날 것이다.

흥미진진한 씨름을 보는 관중은 여럿이다. 그림의 왼쪽 위를 보면, 갓을 벗은 양반들이 여럿 보인다. 무릎을 세운 양반과 그 뒤의 양반은 친구가 분명하다. 갓을 벗어 포개놓고 신발까지 벗은 채다. 그 아래의 사내 역시 양반인데, 워낙 흥분한 나머지 소리를 지르며 오른손으로 무언가 손짓을 하고 있다. 다시 그림의 오른쪽 위를 보면, 상한常漢 하나는 벙거지를 벗어 앞에 두고 아주 팔을 관자노리에 괴고 반쯤 엎드려 있고, 그 옆의 양반은 신발을 벗고 두 손을 땅바닥에 대고 입을 벌려 탄성을 발하고 있다.

오른쪽 아래의 두 사람 중 하나는 어른이고 하나는 더펄머리 소년인데, 둘 다 입을 벌리고 탄성을 지른다. 왼팔을 뒤로 내밀어 땅에 대고 몸을 지탱하고 있는 사내는 오른손과 왼손이 반대로 그려져 있다. 오주석 선생은 이를 두고 단원이 일부러 보는 사람들 재미있으라고 장난을 친 것이라고 하지만, 그렇게까지 말할 것은 없을 것 같다. 아무래도 단원의 실수로 보아야 하지 않을까. 단원을 워낙 좋아하고 높이 평가하다 보니, 실수까지 화가의 의도로 본 것이 아닌가 한다.

각설하고, 이 그림의 씨름은 요즘 씨름과는 달리 모두 샅바를 매지 않고 있다. 자세히 보면 앞쪽의 사내는 오른손 팔뚝에 바(삼베로 만든

다)를 감고 상대의 왼쪽 허벅다리에 감고 있을 뿐이고, 허리에는 바를 매지 않고 있다. 이런 식으로 하는 씨름을 바씨름이라 한다. 이 그림에서 보듯 씨름도 여러 종류가 있다. 오른씨름, 왼씨름, 띠씨름, 바씨름이 그것이다. 요즘 하는 씨름이 왼씨름이다(대한씨름협회에서 모든 씨름을 왼씨름 하나로 통일했다). 오른씨름은 그 반대의 자세를 취하는 씨름이다. 바씨름은 이미 설명했고, 띠씨름은 허리에 띠를 두세 번 두른 뒤 그것을 잡고 하는 씨름이다. 김준근의 〈씨름 ②〉는, 오른쪽 어깨를 서로 대고 있는 것으로 보아 왼씨름인데, 문제는 허리샅바가 없다는 것이다(왼씨름이면 허리샅바가 있어야 한다). 혹 가려서 보이지 않는 것인지도 모르겠다. 아시는 분이 있으면 좀 알려주셨으면 한다.

또 다른 씨름 그림은 신윤복의 〈행려풍속도병行旅風俗圖屏〉에 실린 〈씨름 ③〉이다. 그런데 이 그림은 원래 단원의 〈산수풍속도병〉 중 하나인 〈송음각저松陰脚抵〉(소나무 그늘 아래서의 씨름)를 임모한 것이라 한다. 국립중앙박물관에 소장된 단원의 〈산수풍속도병〉을 보지 못해서 하는 수 없이 신윤복이 임모한 이 그림을 인용하는 것이다. 그림을 보자. 큰 소나무 아래서 씨름판이 벌어지고 있다. 더운 여름날인지 씨름하는 사람이나 구경하는 사람이나, 모두 저고리를 벗고 웃통을 다 드러내고 있다. 이 그림에는 오직 소나무와 산만 있고 다른 정보가 전혀 없기 때문에 어떤 곳에서 어떤 상황에서 씨름이 벌어지고 있는지 전혀 알 수 없다. 또 단원의 〈씨름 ①〉은 사람들이 꽤나 모인 곳

1 씨름 ①¹ 김홍도, 《단원풍속도첩》, 국립중앙박물관. 서로 맞붙어 힘을 겨루는 두 씨름꾼의 다리에는 샅바가 없다.
2 씨름脚戲 ②¹ 김준근, 기산 김준근 조선풍속도-매산 김양선 수집본, 숭실대학교 한국기독교박물관

에서 씨름이 벌어지고 있어 이것이 단옷날의 광경임을 짐작할 수 있지만, 신윤복의 이 그림은 전혀 그런 정보가 없다. 농사를 짓던 사내들이 쉬면서 씨름판을 벌였다고 보는 편이 훨씬 자연스러울 것이다. 그런데 이 그림에는 상당한 문제가 있다. 왼쪽은 씨름하는 부분을 확대한 것인데, 얼굴이 보이는 사내는 오른손으로 다리샅바를 잡고 왼손으로 상대방의 허리샅바를 잡고 있다. 이것만 보면 이것은 오른씨름이다. 하지만 얼굴이 보이지 않는 사내는 오른손으로 상대방의 허리샅바를 잡고 왼손으로 상대방의 허리샅바를 잡고 있다. 한마디로 말해 앞의 사람은 오른쪽 다리에, 건너 사람은 왼쪽 다리에 샅바를 메고 있으니 이게 이상하다는 것이다. 신윤복의 실수가 아닌가 한다.

씨름 그림은 몇 점 더 볼 수 있다. 〈씨름 ④〉와 〈씨름 ⑤〉는 모두 김준근의 그림인데, 〈씨름 ④〉는 샅바를 잡고 이제 막 힘을 겨루기 시작한 장면이다. 전체적으로 단원의 〈씨름 ①〉과 별 차이가 없다. 좀더 역동적인 장면은 〈씨름 ⑤〉에 나온다. 한 사내가 상대방을 반쯤 들어 올리고 있는 참이다. 더 들면 땅에 꽂을 판이다. 들린 사내는 더 들리지 않으려고 왼발을 상대의 사타구니 쪽에 바싹 대고 있다. 이따금 텔레비전의 씨름 중계에서 보는 장면이기도 하다.

1 씨름相撲 ③' 신윤복, 〈행려풍속도병〉, 국립중앙박물관
2 씨름(단오에 씨름하고) ④' 김준근, 독일 함부르크 민족학박물관
3 씨름(씨름하는 모양) ⑤' 김준근, 독일 함부르크 민족학박물관

씨름에 대해 한마디 더 해보자. 19세기 문헌인 홍석모洪錫謨의 《동국세시기東國歲時記》〈단오〉조에 다음과 같은 기록이 있다.

젊은 장정들은 남산의 왜장倭場과 북산의 신무문 뒤에 모여 씨름을 하여 승부를 겨룬다. 그 법은 두 사람이 마주 꿇어앉아 각각 오른손으로 상대방의 허리를 잡고 또 각각 왼손으로 상대방의 오른쪽 다리를 잡고 동시에 일어서서 서로 들어서 팽개친다. 쓰러진 사람이 진다. 배지기·등지기·딴족거리 등의 여러 기술이 있다. 그중 힘이 세고 손이 빨라여러 차례 승부에서 이기는 사람을 '판막음'이라 부른다. 단옷날 이 놀이가 가장 성행하고 서울이나 지방이나 많이 한다.

씨름은 단옷날 가장 성행하고, 또 서울과 지방 구분 없이 널리 유행하던 구경거리였던 것이다. 단옷날 씨름을 보다 구체적으로 언급한 자료가 있다. 18세기 말의 문인 이옥李鈺의 〈호상관각력기湖上觀角力記〉가 그것이다. 이 글에 따르면, 매년 5월 단오 때면 호상인湖上人과 반인泮人이 마포 북쪽 도화동 앞에서 씨름을 하는 것이 관례였다고 한다. '호상인'은 호수가의 사람이란 뜻이 아니다. 옛날 한강을 '호湖'라고 불렀다. 예컨대 마포 쪽 한강을 '서호西湖'(또는 西江)라고 불렀다. 동호대교는 그 다리가 놓인 곳을 동호東湖라고 불렀기 때문에 붙인 이름이다. 이옥이 말한 '호상'은 아마도 마포 쪽 서호를 말하는 것으로 보인다. 마포는 서울로 들어오는 물자를 부리는 곳이었기에 수레를 끄는 차부車夫(짐을 나르는 짐꾼)가 많이 살았다. 그러니 힘깨나 쓰지 않았겠는가?

반인은 성균관에서 일하는 노복들을 말한다. 성균관을 반궁泮宮이라 하고, 성균관 부근 동네를 반촌泮村이라 하고, 반촌에 대대로 사는 사람들은 반인이라 한다. 이들은 고려 말 안향이 성균관에 기증한 노비들의 후손이라고 하는데, 쓰는 말도 서울 말씨가 아니라 개성 말씨였다고 한다. 이들은 성균관에서 노복으로 살면서 동시에 서울 시내 쇠고기 판매업을 독점했다. 소의 도살과 육류 판매란 원래 백정이 하는 일이라, 이들은 사회적으로 천시되었고 그 때문에 내부적으로 굉장히 단결력이 강했고 또 폭력적인 성향도 있었다.

호상인들의 스타는 김흑이란 사내다. 이 사내 하나 때문에 반인은 호상인을 이기지 못한다. 단오를 이틀 남겨놓은 날 김흑이 새벽부터 묘시까지 124마리의 말에 짐을 실었다는 말을 듣고, 반인들은 그가 지쳐 떨어졌을 것이라 짐작하고는 그날 당장 씨름 시합을 벌이자 한다. 김흑은 "소 잡는 놈들이야 수백 명도 넘어뜨릴 수 있다"고 호언한다. 반인이 시합할 선수 열 명을 뽑으라 하자, 김흑은 자기 혼자 감당하겠단다. 결과는 김흑의 10전 10승이었다. 당시 힘이 세기로 유명한 종친 능창군 이난李襴이 그 광경을 보고는 "정말 장사로다" 하고, 자신이 차고 있던 부채와 향주머니를 끌러 주었다 한다.

씨름판에는 스타가 있기 마련이다. 프로 씨름이 처음 생겼을 때 스타는 단연 이만기 장사였다. 김흑도 아마 이만기 장사에 버금가는 스타였던가 보다. 김흑은 처음 듣는 이름이지만 우리가 익히 아는 사람도 있다. 김덕령金德齡(1567~1596)은 임진왜란 때 의병장으로 혁혁한 공을 세웠지만, 이몽학李夢鶴(?~1596)과 내통해서 역모를 꾸몄다는 무고를 받고 모진 고문 끝에 죽은 인물이다.

송시열宋時烈의 문집 《송자대전宋子大全》을 보면, 김덕령의 용력에 관한 이야기가 나온다. 그가 전하는 김덕령이 씨름으로 출세한 이야기는 이렇다.[87] 이정귀李廷龜의 아버지 이계李啓는 장성현감으로 있을 때 단옷날 인근 수령들을 불러 예전부터 하던 대로 관아 마당에서 씨름판을 연다. 그날 어떤 장사가 판막음을 한 뒤 큰 소리를 쳤다. "나와 겨룰 사람이 없느냐?" 이때 김덕령은 관아로 막 들어오던 참이었다. 수령들이 술과 안주를 먹이고 싸우라 권했다. "자네가 저 사람을 이긴다면 정말 통쾌할걸세." "저는 본디 글 읽는 선비로 몸이 허약한데, 어떻게 저 장사를 이긴단 말입니까?" 사양에도 불구하고 여러 사람이 강권해 김덕령은 그 장사와 붙게 되었다. 김덕령의 작은 체구를 보고 그 장사가 놀리자, 김덕령은 "그대는 잔말을 말라. 힘만 겨루면 그만 아닌가" 하고 되받아친다. 장사가 김덕령을 잡아 돌리다 땅에 팽개쳤으나 그는 쓰러지지 않았고, 다시 맞붙어 되레 장사를 휘둘러 쓰러뜨렸다. 장사가 다시 겨루려 들자, 김덕령은 범처럼 눈에 불을 켜고 소리를 질러 장사를 죽이려 했고, 좌우에서 겨우 말려 떼어놓을 수 있었다. 김덕령의 이름은 이 일로 세상에 알려졌고 이계의 추천으로 벼슬길에 나갈 수 있었다. 씨름 한 판으로 출세를 했던 것이다.

씨름판은 늘 시끄러웠고 사건을 일으켰다. 《세종실록》 12년(1430) 12월 26일조를 보면 안음현(지금의 경상남도 함양군 안의면) 사람 박영봉은 김부개와 씨름을 하다가 그를 죽인다. 율은 교형에 해당했으나, 임금은 1등을 감하여 장사를 치를 돈[埋葬錢]을 받아주라고 한다. 역시 같은 해 윤12월 17일조에도 중 상총尙聰과 양복산梁卜山이 씨름을 하던 중 양복산이 죽게 된 사건에 대한 판결로 교형을 1등 감하고 장

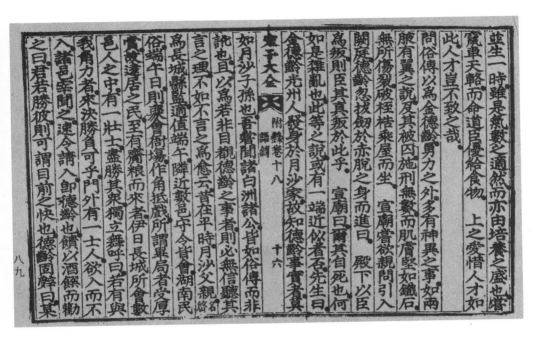

金德齡 光州人 發身於月沙家 故知德齡事實者 莫

如月沙子孫也 吾嘗聞諸白洲諸公 皆如俗傳而非訛

也 且以爲若非目覩德齡之事者 則必無信聽其言之

理 不如不言之爲愈云……

송자대전 중에서 | 송시열, 어록語錄 5. 송시열의 문집 《송자대
전》에는 씨름 한 판으로 벼슬길에 오른 김덕령의 일화가 전한다.

사치를 돈을 받아 주라고 명한다.

이처럼 씨름은 때로 사람의 목숨을 앗아가기도 했다. 싸움도 흔하다. 명종 15년 5월 단오에 일어난 사건을 보자. 동궁전東宮殿 별감 박천환은 세자빈객世子賓客 원계검의 집에 동궁전의 하사품을 전하고 돌아오던 중 단옷날 벌어진 씨름판을 보고 구경하느라 넋을 잃는다. 늦게 돌아온 박천환은 시강원에다 유생들이 자기에게 억지로 씨름을 시켰고, 거부하자 옷과 갓을 찢고 원계검이 쓴 감사문까지 찢었다고 호소했다. 시강원에서는 유생들을 조사해 처벌하라고 명종에게 요청한다. 명종은 엄격한 조사 이후 씨름, 도박, 답교踏橋를 금지하라고 명한다. 같은 달 28일 사간원에서는 박천환을 처벌하라고 요청한다. 박천환이 심부름을 갔다가 지체 없이 돌아오지 않고 길에서 씨름을 구경하다가 유생 윤명과 시비가 벌어져 그를 구타하고는 도리어 자기 옷과 사례문을 찢고는 윤명에게 뒤집어 씌웠다는 것이다. 사간원의 보고를 들은 명종은 둘 다 꼭 같이 처벌하라고 판결을 내린다.

이처럼 씨름판은 종종 싸움판으로 바뀌고 때로는 사람이 죽기까지 했으므로 조정에서는 자주 씨름을 금했다. 《영조실록》 47년(1771) 11월 18일조를 보면, 영조는 경기관찰사가 보고한 살인 사건을 계기로 다음과 같이 지시한다. "이후로 시장에서 씨름을 하거나 아니면 싸움을 하는 것은, 살인 여부에 관계없이 해당 관청에서 곤장 100대를 엄하게 치도록 하라. …… 서울에서 단오에 벌이는 씨름과 보름에 벌이는 석전을 포도청에서 금지시키도록 하고, 만약 하는 자가 있으면 엄중히 곤장을 치도록 하라." 씨름을 하면 곤장 100대를 맞는다니 정말 가혹한 처벌이다. 하지만 이 금지 조치는 별로 효과가 없었다. 지금도 씨름을 하고 있으니 말이다.

예전 이만기 선수가 나올 때 씨름은 여간 재미있는 것이 아니었다. 체구가 작은 선수가 큰 선수를 기술로 제압하는 광경은 정말 볼 만했다. 요즘은 금강급 태백급이 다 없어져 버리고 너무 큰 선수만 나온다. 이따금 TV에서 씨름을 보지만 기술 아닌 힘으로만 밀어붙이는 것 같아 서운할 때가 있다. 예전처럼 씨름에 관중이 많이 몰리지도 않는 것 같다. 일본의 스모는 제법 널리 알려져 있고 관중들이 도시락도 싸 와 먹으며 하루 종일 구경을 하던데, 수천 년 역사의 한국인 유일의 전통 스포츠가 이렇게 밀려나다니 정말 섭섭한 일이다.

무동

삼현육각과 춤추는 아이

舞童

十五　일반인들에게 단원의 〈무동〉은 사뭇 낯선 내용이다. 국악을 연구하는 전문가들이야 잘 알겠지만 말이다. 이 그림은 삼현육각을 잡히고 있는 그림이다. 삼현육각은 좌고 1, 장구 1, 피리 2, 대금 1, 해금 1로 편성한다. 그림의 왼쪽 위를 보면 벙거지를 쓴 사내가 매달아 놓은 북을 치고 있다. 좌고를 치는 중이다. 그 오른쪽의 갓 쓴 사내는 장구를 치고 있고, 또 그 오른쪽의 사내 둘은 피리를 불고 있다. 푸른 저고리를 입은 사내는 뺨이 볼록 나왔으니, 소리를 내느라 한창 기운을 쓰고 있는 참이다. 그 아래 사내는 대금을 불고 있고, 그 아래 사내는 해금을 켜고 있다. 이것이 곧 삼현육각의 편성이다.

|1|2|

　삼현육각은 조선 후기 풍속화에서 더러 보인다. 신윤복의 유명한 〈검무劍舞〉에도 보이고, 김준근의 〈기생 검무〉에도 보인다. 역시 김준근의 그림인 〈오음육률五音六律〉에도 삼현육각이 등장한다. 악공을 세어 보면, 틀림없이 좌고 1, 장구 1, 피리 2, 대금 1, 해금 1로 되어 있을 것이다.

삼현육각에 관해서는 국악계의 많은 논문이 있다. 하지만 그 복잡한 사정을 여기서 말할 필요는 없을 것이다. 최남선의 《조선상식문답속편》에 알기 쉬운 설명이 있다.

《오례의五禮儀》《악학궤범樂學軌範》 이하의 음악책에 보이는 악기와 악공은 국가 의례상에 쓰는 정식의 것이거니와 그것 한판을 갖춤은 거추장스럽기도 하고 또 꼭 그래야만 할 필요도 없어서 언제부터인지 약식의 악반樂班이 성립하여 어지간한 경우에는 이것만으로 수용需用에 충당하고, 더욱 민간에서의 주악은 이 정도로 만족하는 신 기준이 성립하니 이것이 삼현육각, 줄여서 삼현 혹 육각이라는 것이요, 근세에 보통으로 풍악을 잡힌다 하면 이것을 가리킵니다.[88]

즉 원래 《오례의》나 《악학궤범》에서 정한 정식 악반이 아니라, 악기와 악공을 대폭 줄인 약식 악반이 삼현육각이다. 더 읽어 보자.

삼현육각은 북·장구·해금·피리(한 쌍)·대금을 이르니, 삼현육각의 말뜻은 진실로 명백치 아니하되, 대개 삼현은 해금을 따로 친 것이요, 육각은 악기의 총수를 말한 것인 모양입니다(무악巫樂은 위에 든 5종 외에 제금이 들어가 여섯이 됩니다). 삼현육각 대신 '육잡이'란 별칭도 있습니다. 여하간 북·장구·해금·피리 한 쌍·대금 여섯 가지 합주는 근세 조선에 성립한 악반 조직입니다.

삼현육각은 언제 생겼는지는 분명하지 않으나 대체로 조선 후기에

1 무동 김홍도, 《단원풍속도첩》, 국립중앙박물관. 음악과 춤이 어우러진 흥겨운 장면이다. 삼현육각의 장단에 맞춰 춤을 추는 무동의 춤사위와 휘날리는 옷자락에서 신명이 느껴진다.
2 오음육률 김준근, 기산 김준근 조선풍속도-스왈른 수집본, 숭실대학교 한국기독교박물관

장구 대금

해금 피리

좌고

널리 유행한 음악이다. 삼현육각은 잔치
의 흥을 돋울 때 많이 사용되었다. 또는 무용
의 반주로, 벼슬아치의 나들이에 위세용 행진곡으로 쓰이기도 했다.
물론 삼현육각이 늘 다 갖추어지는 것은 아니었고, 지방에 따라 연주
하는 레퍼토리도 약간씩 차이가 있었다. 삼현육각은 조선 후기 유흥
공간에서는 가장 인기 있는 밴드 구성이었던 것이다.

삼현육각이 이렇게 풍속화의 소재가 될 정도로 유명하게 된 것은,

조선 후기에 와서 민간의 음악 수요가 늘어났기 때문이었다. 여기에는 조금 엉뚱한 이유가 있다. 영조는 무려 52년 동안 왕위에 있었던 인물이다. 52년간 그가 가장 강력하게 추진한 정책이 금주정책이었다. 백성이 먹을 곡식도 부족한데 술이 웬 말이냐는 게 영조의 논리였다. 궁중의 잔치, 제사에도 술을 사용하지 않았고 자신도 마시지 않았으니, 민간에서는 정말 술을 구경조차 할 수 없었다.

민간에서 부모가 환갑을 맞이하면 잔치를 벌인다. 하지만 술을 쓸 수 없으니 흥이 안 난다. 그래서 풍악을 크게 잡혀 잔치를 흥겹게 하고 남에게 과시도 한다. 여기서 음악에 대한 수요가 발생한다. 삼현육각에 동원되는 연주자들은 대개 장악원 소속의 악공들이다. 장악원 악사들은 세종에서 성종에 이르는 동안은 제법 대우를 받았으나, 임진왜란 이후부터 국가는 이들의 생계를 책임질 능력이 없었다. 악공들은 여러 차례 조정에 하소연했으나, 하소연을 들어줄 조정이 아니다. 결국 밖에서 해결책을 찾는 수밖에. 악공들은 기생, 가객歌客, 금객琴客 등과 어울려 일종의 밴드를 결성해 민간의 요청에 응하고 연주료를 받았다. 또 장악원 외에도 악공들이 소속된 곳이 있었다. 군대다. 성대중成大中(1732~1809)이 남긴 〈개수丐帥〉[89]라는 한문 단편을 보면, 오군영의 하나인 용호영龍虎營 악대의 풍악이 서울에서 으뜸인데 그 악대를 이끄는 사람이 이패두李牌頭(패두는 패의 우두머리라는 뜻)이고 서울 기생이 모두 그를 따랐다고 한다. 앞에서 말한 바와 같이 영조의 강력한 금주령으로 민간의 잔치에서는 술을 못 쓰고 대신 기악妓樂을 불러다 잡혔는데, 용호영의 악대를 부르는 것을 으뜸으로 쳤다고 한다. 즉 용호영과 같은 군영에서도 악공과 기생들이 어

1 기로세련계도 김홍도, 개인 소장
2 기로세련계도 중에서 조선시대에는 장수하는 노인을 경하하고 우대하는 뜻으로 기로소에서 기영·기로회를 주관했다. 이 그림은 개성 지방의 64명이 송악산의 만월대에 모여 큰 잔치를 받는 계연도다.

울린 밴드가 있었던 것이다. 위의 그림에 나오는 삼현육각 역시 그런 밴드일 것이다.

이제 춤추는 사람을 보자. 어린 아이다. 옷자락이 나부끼고 표정도 흥겹다. 추는 춤은 무슨 춤인지 모른다. 국악을 하는 이에게 물어보았더니, 삼현육각 반주에는 궁중무용은 아니고 민속춤을 추는데 승무나 검무를 춘다고 한다. 검무를 추는 것은 신윤복의 그림에 나오니 확인이 된다. 한데 위의 춤은 승무인지 아닌지 알 길이 없다. 혹 아시는 분은 일러주시기 바란다.

춤추는 아이를 무동이라고 한다. 단원의 〈기로세련계도耆老世聯禊圖〉는 노인들이 잔치를 벌이고 난 뒤 기념으로 그린 것인데, 중앙의 춤을 추는 두 사람을 자세히 보면 역시 무동이다. 무동의 출현은 기생과 관련이 있다. 원래 기녀제도는 한국만의 독특한 것이다. 물론 중국에도 기녀는 있다. 하지만 중국은 기녀를 국가가 관리하지 않는다. 이

것은 우리나라만의 습속이다.

조선은 알다시피 성리학을 국가 이데올로기로 삼았다. 성리학은 말하자면 윤리학이다. 인간의 내면에 있는 물질적, 육체적 욕망의 절제를 요구한다. 성리학을 내면화한 사람이 곧 사대부이고, 사대부가 정치권력을 잡아야 한다는 것이 성리학이 주장하는 바다. 그렇다면 사대부들은 보다 윤리적인 인간이 되어야 한다.

기녀제도는 조선 사회의 지배자인 사대부들의 윤리화와 충돌하였다. 조선은 성리학을 진리로 표방했지만, 불교 사회인 고려의 많은 부분을 그대로 계승하고 있었다. 기녀제도도 그중 하나였다.

기녀는 관청의 노비였다. 즉 서울과 지방 관청에 소속된 노비 중에서 일부를 뽑아 기녀로 만들었다. 더욱이 3년에 한 번 지방의 기녀를 서울로 뽑아 올려 장악원에 소속시켰다. 그곳에서 춤과 노래를 가르치고 궁중의 각종 잔치와 사대부의 잔치에 동원했던 것이다. 아무도 여기에 이의를 달지 않았다. 그런데 세종 12년 7월 28일 김종서가 기녀를 없애자고, 즉 기녀제도를 없애자고 요청한다. 그의 말을 직접 들어보자.

예와 음악은 나라를 다스리는 큰 근본입니다. …… 우리나라의 예와 음악은 중국과도 견줄 만한 것이므로, 옛날에 중국 사신 육옹·단목지·주탁 등이 사명을 받들고 왔다가 예와 음악이 갖추어져 있음을 보고는 또한 모두 아름다움을 칭찬하였으나, 다만 여악女樂(기녀)이 섞여 있는 것을 혐의쩍게 여겼습니다.[90]

중국 사신들은 조선에 와서 연회에 참석해 기녀의 춤과 노래를 보았던 것이다. 중국 조정에는 공식적으로 기녀를 동원하는 일이 없었으니, 이들이 보고 충격을 받았던 것은 어찌 보면 당연한 일일지도 모른다. 세종은 김종서의 말에 망설인다. 이런저런 논란 끝에 기녀 대신 무동을 동원하자고 결정했다. 세종 15년 1월 1일 회례연에서 아악이 초연될 때 무동과 가동歌童을 씀으로써 국가의 공식 연회에서 기녀가 제거되었던 것이다. 하지만 이것으로 기녀제도 자체가 없어지진 않았다. 기녀제도는 여전히 있었다.

　무동도 문제가 되었다. 무동은 보통 10대 초반의 노비의 자녀를 뽑아서 쓰는데, 이들이 금방 성장해 어른이 되었기 때문이다. 그래서 무동을 세종 25년에 또 폐지한다. 다시 기녀를 쓰는 수밖에 없다. 그래서 세종부터 성종에 이르기까지 관료들은 중국 사신의 접대에 기녀를 쓰지 말자고 줄기차게 청하지만 모두 실패한다. 연산군 때는 기녀를 엄청나게 증원했으니 폐지란 말은 꺼내지도 못했다. 기녀제도가 폐지된 것은 중종 때 조광조가 이끄는 기묘사림己卯士林에 의해서다. 기묘사림은 연산군의 황음을 경험했던 터라, 기녀를 없애자고 주장하여 기녀제도가 혁파되었다. 하지만 기묘사화로 조광조 일파가 쫓겨난 뒤 기녀제도는 복구되었다. 이후로는 영원히 기녀를 없애자는 말이 나오지 않았다. 그렇다면 무동은? 무동 역시 그대로 두었다. 이런 연고로 무동은 조선 후기까지 남아 있었다. 그림 속의 무동도 이런 역사를 갖고 있는 것이다. 아마도 기생과 악공이 한 팀이 되는 밴드에는 무동도 끼어 있을 것이다.

　중국 사신이 올 때 연향을 베풀면 으레 무동의 춤이 있었고, 궁중

삼현육각의 공연은 지방관아의 공식 행사에서부터 사가의 혼례, 연회 등에까지 폭넓게 행해졌다. 하지만 20세기에 이르러 삼현육각의 전통은 단절된다. 이를 담당하는 신분 및 삼현육각패의 해체 등과 같은 사회적 변화로 전문가가 없어진 것이 중요 원인이다.

의 잔치인 진연에도 무동이 절차에 따라 춤을 추었다. 무동은 지방관아에도 있었다. 지방관아에도 기생과 악공이 있었으니, 당연한 일이다. 허봉許篈(1551~1588)이 1574년 중국에 사신으로 갈 때 평양에 들르자 평양감사가 잔치를 열어준다. 잔치를 열면 당연히 음악이 있는 법이다.

감사가 잔치를 베풀었다. 흰색 과녁을 능라도에 걸고, 군관에게 짝을 지어 활을 쏘게 하였다. 찬을 갖추어 상을 올렸다. 포구락抛球樂·향발饗鈸·무동舞童·무고舞鼓의 재주는 요란스럽기가 어제보다 훨씬 심했다. 우리나라 음악은 가곡이 음란하고 외설스러우며, 소리가 애잔하여

사람의 마음을 슬픔에 젖게 하고, 춤사위는 경박하고 촉급해서 똑바로 볼 수가 없다. 세상 사람들이 요사이 이런 음악과 춤을 보고 듣는 것을 큰 기쁨으로 알아 낮을 다 보내고 밤을 꼬박 새워도 싫어하지 않으니, 또한 한심한 일이 아니랴.[91]

허봉은 제법 율기律己하는 사람이라, 세상 사람들이 좋아하는 세속적 음악과 춤에 퍽 불만이 많았던 모양이다. 하지만 그것 역시 편견일 뿐이다. 어쨌거나 평양감사가 베푼 잔치에 무동이 끼어 있었던 것은 이 자료를 통해서도 알 수가 있다. 다만 이 자료는 무동이 어떤 춤을 추었는지는 밝히고 있지 않고 있는데, 정약용이 남긴 자료를 보면 약

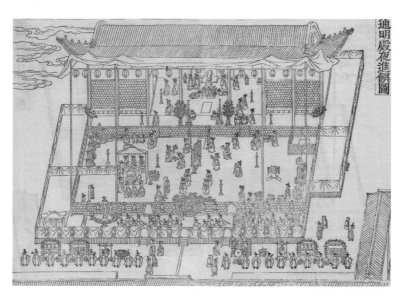

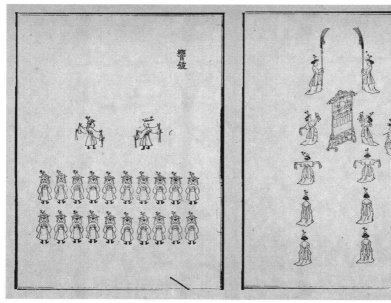

1 진찬의궤進饌儀軌 1848년(헌종 14)에 대왕대비 순원왕후純元王后의 환갑을 축하하기 위해 창경궁 통명전에서 베푼 진찬의식을 정리한 기록이다.

2 조선시대의 궁중무용 조선시대는 궁중무용의 전성기였다. 아래는 의궤에 기록된 궁중무용 중 왼쪽부터 차례대로 향발무, 포구락, 무고, 검기무, 처용무다.

3 진연의궤進宴儀軌 고종황제의 오순五旬을 송축하기 위해 1901년에 궁중에서 벌인 진연의식의 절차와 내용을 적은 의궤다.

간의 흔적은 찾을 수 있다. 1799년 청나라 건륭제가 죽자 그해 1월 청나라는 조선에 그 사실을 알리는 칙사를 보냈고, 정약용은 칙사 일행을 맞이하는 영위사迎慰使가 되어 황해도 황주黃州로 가서 50일을 머문다. 어느 달 밝은 밤 무료하게 있는데, 황주목사 조영경趙榮慶이 정약용을 위해 기녀를 부르고 술자리를 베푼다. 거기다 안악군수 박재순朴載淳이 또 무동 넷을 보내어 황창무黃昌舞를 추게 한다.[92] 황창무는 신라 때 황창이 만들었다는 검무다. 무동의 다른 춤은 알 수 없지만, 적어도 황창무를 추었다는 것은 짐작할 수 있는 일이다.

민간의 잔치에서도 무동의 춤이 있었다. 《영조실록》15년 10월 15일 기사를 보자. 예조판서 윤혜교尹惠敎는, 성유열成有烈과 이종성李宗城이 분수에 넘게 아악을 썼다고 탄핵한 것에 대해 이렇게 변명한다.

장악원의 음악 연습에 관한 규정에 의하면, 혹은 아악을 시험 삼아 연주하기도 하고 속악을 시험 삼아 연주하기도 하는데, 연습 때면 바깥사람들도 으레 와서 볼 수가 있습니다. 이종성의 아비 이태좌李台佐는 마침 장악원이 음악을 연습하는 날 여러 기로耆老와 함께 와서 참관하며 즐겼고, 신 또한 제거提擧로서 잠시 모임에 나아갔을 뿐입니다. 그러나 단지 무동舞童·처용處容 같은 속악만 연주했을 뿐이고, 아악은 애당초 연습을 시키지 않았습니다. 수많은 사람들이 눈으로 본 것인데 어떻게 속일 수가 있겠습니까?

아악은 국가와 궁중의 의식에 사용하던 음악이고[고려 예종 11년 (1116)에 송나라에서 들여왔다], 속악은 아악과 같은 중국계 음악에 대한 우리 고유의 음악이다. 여기서는 주로 궁중에서 사용되는 전통음악을 말한다. 장악원에서 음악을 연습할 때면 아악을 연습하기도 하고 속악을 연습하기도 하는데, 이때면 외부인도 와서 볼 수가 있다. 보충하자면 이육도일二六度日이라 하여, 매달마다 2와 6일이 드는 날에는 장악원이 연습을 하고, 연습은 누구나 볼 수가 있다. 이종성의 아버지 이태좌 역시 그런 관례를 따라 구경했을 뿐이다. 또 그날은 무동·처용무와 같은 속악을 연습했을 뿐이라는 것이다. 이 기사에 사신의 평이 딸려 있는데 사신은 "장악원에서 음악을 연습할 때 외부인이 와서 보는 것이 본디 관례다. 또 본래부터 속악과 아악의 구별이 없다. 사연私宴에서 무동·처용을 쓰는 경우도 또한 허다히 있다"고 한다. 이종성이 억울한 일을 당했던 것은 여기서 알 바 아니다. 사연, 즉 민간의 개인적 연회에서도 무동의 춤과 처용무를 많이 썼던 것이다. 단원의 〈기로세련계도〉에 등장하는 무동 역시 이때 동원된 무동으로 짐작된다.

나라에서도 개인에게 축하할 일이 있으면 무동을 보내기도 했다. 구체적인 것은 정약용의 글에 나와 있는데 그는 알성시의 합격자 명단을 발표하고 무동을 새 합격자에게 내리는 일을 하지 말아야 한다고 왕에게 요청하면서 이렇게 말한다.

알성시의 합격자를 발표할 때면 늘 한 쌍의 무동에게 황의黃衣를 입혀 합격자에게 내리시고 흥겹게 놀라고 하십니다. 신의 어리석은 생각으로는 이것은 폐지해야 마땅할 듯합니다.[93]

무동춤추고

| 1 | 2 | | |

1 무동 춤추고 김준근, 기산 김
준근 조선풍속도–스왈른 수집
본, 숭실대학교 한국기독교박
물관
2 무동 타기(20세기 초) 사당패
를 따라다니며 춤을 추거나 노
래하는 무동들이 무동 타기를
한 모습이다.

254

역시 진지한 정약용답다. 하지만 그 역시 황주에서 무동의 춤을 보지 않았던가.

사족. 이상에서 말한 무동과 다른 무동도 있는데 사당패, 굿중패 등의 유랑연예인을 따라다니며, 춤과 곡예를 하는 아이를 무동이라 한다. 김준근의 〈무동 춤추고〉에서, 사내의 어깨 위에 올라서 있는 어린아이를 볼 수 있을 것이다. 이들을 무동이라 불렀다. 구한말 사진에도 무동은 여럿 보인다. 〈무동 타기〉를 보라. 유랑연예인을 따라다니는 무동은 단원의 그림에 등장하는 무동과는 별 상관이 없다.

그림 감상

춥고 배고픈 ~~~~ ~~~ 상관이랴

好古

十六 전쟁은 파괴를 의미한다. 문화재와 예술품은 전쟁을 통해 소실되는 경우가 허다하다. 조선 전기의 문화재나 예술품이 거의 남아 있지 않은 것은, 임진왜란과 병자호란이란 참혹한 전쟁 때문이다. 사람의 목숨이 낙엽처럼 떨어지는 판이니, 문화재와 예술품을 돌아볼 겨를이 있었겠는가.

하지만 전쟁의 상처가 씻기고 사회가 안정을 찾으면 문화와 예술에 대한 수요가 늘어난다. 18세기가 되면 사람들은 다시 그림과 글씨를 감상하고 품평하기 시작한다. 중국도 안정되어 북경에서 예술품이 전해진다. 단원의 〈그림 감상〉은 그래서 나온 그림이다. 어디 그림 속을 훑어보자.

유건을 쓴 유생들이 둘러서서 그림을 감상하고 있다. 워낙 단순한 그림이라 그림 자체에 대해서는 달리 설명할 것이 없다. 필자 미상의 〈후원아집도後園雅集圖〉는 연못까지 있는 부유한 양반가의 후원을 그린 것이다. 왼쪽에는 바둑이 한창이다. 그 오른쪽 소나무에 기댄 두 사람을 보기 바란다. 두루마리를 펴서 감상하는 장면이다. 아마도 그림이나 글씨를 보고 비평하는 중일 것이다.

이처럼 서화를 감상은 오래 전부터 있던 일이다. 하지만 그 농도는 다르다. 이 부분을 약간 검토해 보자. 세조 때 인물인 신숙주申叔舟 (1417~1475)의 〈화기畵記〉란 글은 안평대군의 어마어마한 서화 소장품에 대한 기록이다. 〈화기〉를 통해 조선 전기에 서화 수집과 감상 풍조가 유행했음을 알 수 있는 것이다. 그런데 이 서화들은 남아 있지 않다. 고려와 조선 전기 서화가의 작품도 전해지는 것은 몇 안된다. 서두에서 언급했듯이 사정이 이렇게 된 것은 전쟁 때문이다. 임

1 그림 감상 김홍도, 《단원풍속도첩》, 국립중앙박물관. 유생들이 장지를 잡고 둘러서서 서화를 감상하고 있다. 구경하는 인물들의 표정이 매우 진지하다.
2 후원아집도 필자 미상, 국립중앙박물관(중박 201005–188)

진왜란 때 경복궁이 불타면서 궁중에 소장된 책과 서화, 골동품 등이 모두 소실되었다. 민간에서도 서화를 챙길 여유가 없었다.

　서화에 대한 관심이 본격적으로 나타난 것은 임진왜란 병자호란이 끝나고 한참이 지나서다. 이 문제를 조금 살펴보자. 박지원의 글 중에 〈필세설筆洗說〉이란 글이 있다. 어떤 사람이 시커멓고 우묵하게 생긴 돌덩이 하나를 골동품이라고 하며 팔러 다니는데, 그게 무슨 골동품이냐며 아무도 돌아보지 않는다. 그런데 박지원의 친구 중 서상수徐常修란 사람이 그 물건을 보더니, 단박에 "이것은 필세筆洗(붓 씻는 그릇)다" 하고는 그 재질과 생산지를 따지더니, 보물이라면서 거금을 던지고 소유해 버린다. 박지원은 이 글에서 남들이 알아보지 못한 골동품의 가치를 단박에 알아낸 서상수의 높은 감식안을 칭찬한다. 그러면서 하는 말인즉, 서화 골동에 대한 취미는 상고당尙古堂 김광수金光遂(1696~?)가 처음 열었고, 그는 그런 점에서 높이 평가받아야겠지만 투철한 감상안을 가지고 있는 것은 아니었다고 말한다.

박지원의 말이 맞는지 아닌지는 알 수 없다. 하지만 김광수부터 골동품과 서화의 감상이 본격적으로 시작된 것만은 틀림없다. 김광수는 김동필金東弼(1678~1737)의 아들인데, 김동필은 소론 온건파로서 영조의 탕평책에 협조하고 이인좌李麟佐의 난을 평정한 공으로 이조판서에 이른 인물이다. 김광수는 "감식안이 신묘하여 한 물건이라도 마음에 들면 가산을 기울여 후한 값을 치렀다"고 한다. 여기서 중요한 것은 그의 소장품 대부분이 중국 수입품이란 것이다. 19세기의 서화가 조희룡趙熙龍(1789~1866)은 김광수를 두고 "사람됨이 소탈하고 우아하여 집 재산을 기울여서 멀리 연경에서 고서·명화·벼루·먹·골동품 등을 많이 사들여 종일토록 그 사이에서 읊조리고 감상하였다"라고 했으니, 그는 서화와 예술품, 골동품을 수집하고 감상하는 일을 자기 인생의 유일한 즐거움으로 알았던 사람이었다.

김광수는 1696년 출생이고 사망한 해는 모른다. 대체로 영조 일대를 살았을 것이고, 좀 오래 살았다면 정조의 치세도 경험했을 것이다. 김광수가 서화 골동을 소장하고 또 애호하는 취미의 선구자라면, 조선 후기 사회의 서화 골동 취미는 대체로 18세기 이후의 산물인 것이다. 김광수에게서 특별히 흥미로운 것은 그가 북경에서 서화와 골동품을 수입해 왔다는 사실이다. 이 점에 주목해 보자. 조선은 병자호란 이래 청을 섬기게 되어 여전히 북경에 사신단使臣團을 파견했다. 청은 조선을 의심하여 조선 사신단을 숙소에 묶어놓고 밖으로 나가지 못하게 했다. 그러다가 18세기 중반 청의 대륙 지배가 안정기에 접어들자 조선의 사신들은 비로소 서적과 서화, 골동의 거대한 시장이 형성된 유리창 거리에 자유롭게 출입할 수 있었다. 이때부터 거창한 규모의 서화와 골동품이 서울로 쏟아져 들어왔다. 그 최초의 대량 구입자가 바로 김광수였다. 이 수입 서화와 골동품은 국내 생산을 자극했다. 도화서와 선비 화가들의 작품이 쏟아져나와 감상과 품평의 대상이 되고, 예술품 수집가들의 소장 대상이 되었다. 급기야 그 풍조를 비판하는 소리까지 나왔다. 18세기의 문인 이정섭李廷燮은 이런 풍조를 두고 "요즘 사람들은 고서화를 많이 소장하는 것을 청아한 취미로 삼아 남에게 비단 한 조각이라도 있다는 소리를 들으면 떳떳치 못한 온갖 수단으로 기필코 구해 농짝을 가득 채우고 진귀한 보배인 양 자랑을 한다"라고 비판했다.

이제 서화와 골동품을 수집하고 그것에 대해 지식을 쌓아 그림이나 글씨 혹은 골동품을 보면, 그것의 진위를 가리고 비평하는 것이 양반들의 독특한 문화가 되었다. 서유구徐有榘(1764~1845)가 남긴 방대한 저작 《임원십육지林園十六志》의 《이운지怡雲志》 제5, 6권은 〈예원감상藝苑鑑賞〉 상하로 이루어져 있는데 상은 골동품, 하는 서화를 다루고 있다. 이 글에서 서유구는 골동품과 서화의 수장收藏, 감상에 따르는 거의 모든 사항을 꼼꼼히 다루고 있다. 대충 소개하자면, 감상의 대상이 되는 물건을 청동기, 옥기玉器, 도자기, 법서法書(비석의 탁본과 서첩書帖), 회화 등으로 구분하고, 작품의 진위 판별, 제조법, 제조처, 재질, 제작 연대, 소장 방법, 감상 포인트 등을 자세하게 다루고 있다. 그리고 끝으로는 널리 알려진 명품들을 해설하고 있다. 이런 방대한 배경 지식이 있어야 골동과 서화를 품평하고 감상할 수 있는 것이다. 추사 김정희가 19세기 서화계를 실질적으로 지배했던 최고의 비평가이자 창작자일 수 있었던 것은, 그가 이런 감상지학을 꿰뚫고 있었기 때문이다. 추사는 경화세족 가문에서 태어나 집안의 수많은 소장품을 직접 볼 수 있었고, 또 중국에 들어가 완원阮元과 옹방강翁方綱 등 당대 중국 최고의 예술품 수장가의 집에서 진품들을 숱하게 볼 수 있었기 때문에 최고의 감식안을 가지게 된 것이다.

　18, 19세기 내로라하는 사대부들은 골동과 서화를 품평, 감상하는 삶을 이상적으로 생각했다. 서화 수집가이자 비평가인 남공철南公轍(1760~1840)은 자신의 삶을 이렇게 멋있게 포장했다.

　정자를 용산과 광릉 사이에 지어두고 매화, 국화, 소나무, 대나무를 많이 심어 간소한 차림으로 나가서 한가롭게 거닐었다. 손님이 찾아오면 향을 사르고 단정히 앉아 경전과 역사에 대해 토론하였고, 곁에 고금의 법서法書·명화·골동품을 두고 품평하고 감상하였으니, 마음이 담박하여 세상의 영리를 바라지 않았다.

　서화와 골동을 품평하고 감상하는 것을 아주 고상한 삶의 형태로 보고 있는 것이다.

　이런 풍조로 인해 별별 희극이 다 벌어졌다. 정약용이 이정운李鼎運

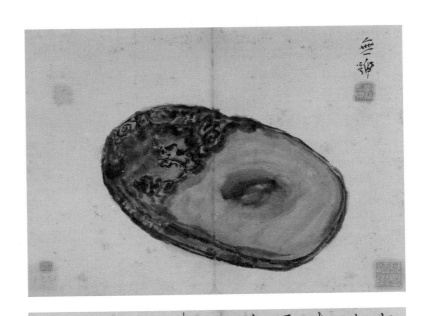

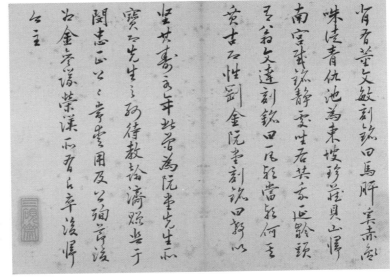

김정희의 벼루를 그린 그림
과 발문¦ 이한복李漢福, 《삼연재
연보三硯齋硯譜》, 수경실. 근대 서
화가 이한복이 한때 김정희가 소
장했던 벼루를 그린 그림이다.
아래 그림의 발문에는 이 벼루는
명나라 동기창, 청나라 옹방강을
거쳐 김정희에게 들어갔다고 되
어 있다.

이란 사람에게 보내는 편지에 이런 구절이 있다.

보내주신 신선 그림은 대릉大陵(이정운이 살던 곳을 말함)에 계시는 여러분의 그림은 아닌 듯합니다. 혹 광통교에서 사 오신 것은 아닙니까? 어떤 신선이기에 눈은 순전히 욕심으로 불타 있고 얼굴은 순전히 육기뿐이니 말입니다. 우열을 비교해 봤자 반드시 하등일 것입니다. 그러나 앞으로는 그림으로 승부를 걸려면 반드시 우리 모임의 벗들이 함께 모인 자리에서 대면하여 직접 그린 것만이 시합에 응할 수 있도록 기준을 세워야겠습니다. 그렇지 않으면 여러 가지로 간사스런 폐단이 있어 두루 방어할 수 없을 것이니, 우스운 일입니다.

이정운은 정약용과 같은 서클에 든 사람이고, 이 서클은 그림을 그려서 서로 돌려 보며 품평하기도 했던 것이다. 단원의 그림도 그런 그림 감상, 품평의 한 장면이라고 생각하면 된다. 그런데 이정운은 그림에 별 솜씨가 없어 광통교(대광통교를 말함)에서 파는 그림을 사 와서 자기 그림이라고 남에게 돌려 보였던 모양이다. 광통교는 청계천에 놓여 있던 다리다. 18세기 후반이면 광통교에 그림을 걸어놓고 파는 상인이 생겼고, 서울 시민들은 집을 꾸미는 그림을 여기서 구입했다. 《동국여지비고》에 의하면 서화를 파는 가게가 대광통교 서남쪽 개울가에 있어 여러 가지 글씨와 그림을 판다고 했으니, 광통교 일대는 조선시대 서화를 파는 공간이었던 것이다. 아마도 광통교 돌난간에 걸린 그림들은 요즘으로 치자면 이발소그림쯤 되었을 것이고, 서화포에서 파는 것은 그것보다 약간 격이 높은 것이 아니었는가

하는데 단언하기는 물론 어렵다. 어쨌든 이정운은 요즘 말로 하자면 이발소그림을 사서 동료들에게 자신의 그림인 양 하고 보냈다가 들통이 난 것이다.

정약용은 또 윤참판이란 이에게 보내는 편지에서 윤참판이 자신에게 그려 보내준 난초와 매화 그림을 격찬한 뒤 장난조로 다시 이정운을 비난한다. "오사五沙(이정운)께서는 언제나 광통교 위에 걸어놓고 파는 시원찮은 그림을 사다가 우리 모임에서 일등을 하려고 하니 이것은 시험관이 알도록 해야만 할 것입니다. 정말 우스꽝스러운 일입니다." 이정운의 가짜 그림은, 그림을 그려 동료들 간에 돌려 보이고 품평하는 풍조가 낳은 희극이었다.

위에서 좋아하면 아래에서도 따라서 좋아한다고 서화와 골동품을 수집하고, 품평, 감상하는 풍조는 급기야 사회의 저변으로 확대되었다. 앞에서 말한 광통교의 서화 판매 역시 그런 풍조를 반영한 것으로 볼 수도 있다. 조수삼趙秀三(1762~1849)은 〈고동노자古董老子〉란 글에서 이런 풍조에 빠진 한 사람을 소개했다.

서울 사는 손孫노인은 원래 부자였다. 골동품을 좋아했지만 감식안은 없었다. 사람들이 허다히 진품이 아닌 것을 속여서 중가를 받아내곤 하였다. 이런 까닭으로 집은 마침내 여지없이 몰락했다.

그러나 손노인은 자신이 속기만 했다는 사실을 깨닫지 못하였다. 빈방에 홀로 쓸쓸히 앉아서 단계석端溪石 벼루에 고묵古墨을 갈아 묵향墨香을 감상하고 한漢 때의 자기에다 좋은 차를 달여 다향茶香을 음미하며 가장 만족해했다.

"춥고 배고픈 것쯤 무슨 상관이랴?"

이웃의 한 사람이 그를 동정해 밥을 가져오자,

"나는 남들의 도움을 받을 것이 없소"

하고 손을 저어 돌려보냈다.[94]

감식안이라고는 없는 노인네다. 돈은 있고 골동품이 뭔가 중요한 감상의 대상이 되는 줄은 안다. 하지만 감식안이 없다. 배운 것이 없는 사람이니 아마도 시정의 부자로 짐작된다. 속여 먹는 것은 여반장이다.

예전에 이발소에 가면 물레방아가 돌아가는 시골 풍경의 그림이 걸려 있었다. 그 그림을 보며 지루한 이발 시간을 견딜 수 있었다. 이발

소그림을 굳이 예술사조로 따지면 낭만주의미술이다. 이발소그림의 가장 흔한 제재, 곧 목가적 풍경이나 장엄한 풍광이 낭만주의풍이 아니고 무엇이겠는가. 얼마 전 퇴근길에 보니 길거리에 그림을 잔뜩 늘어놓고 팔고 있었다. 이발소그림이었다. 그날만은 어찌된 셈인지 반가운 생각이 왈칵 들었다. 한참을 떠나지 못하고 천천히 그림을 보았다. 한편 생각해 보면, 이발소그림은 높은 평가를 받지 못하지만 예술품 대접을 받는 제대로 된 그림은 값이 너무 비싸 구입하기 어렵다. 보통 사람들에게는 이발소그림이야말로 자신의 가슴속에 있는 이상향을 표현한 것이 아닐까? 단원의 〈그림 감상〉을 보고 떠오른 생각이다. 그런데 〈그림 감상〉 속 그림은 어떤 그림이었을까? 궁금하다.

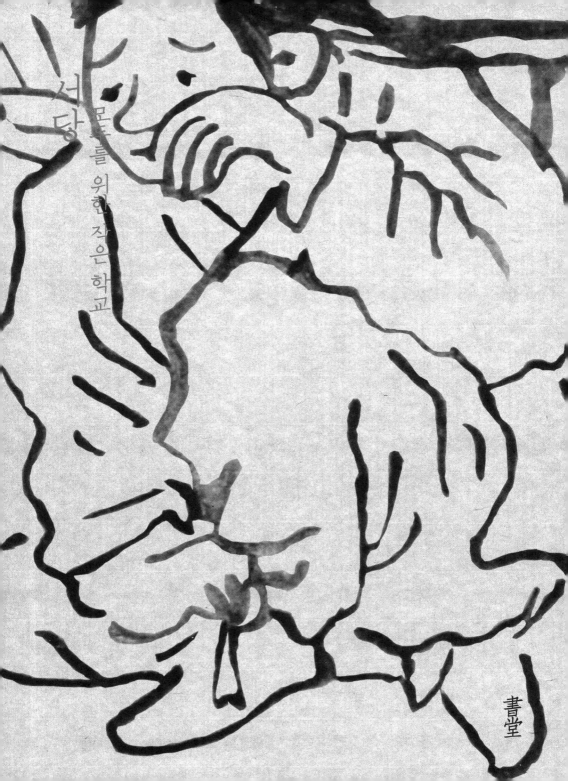

서
당
문
를
위한 작은 학교

書堂

단원의 그 유명한 〈서당 ①〉이다. 앞에 사방관을 쓰고 도포에
검은 띠를 두른 근엄한 선생님이 앉아 계신다. 앞에는 서안이
있고, 왼쪽에는 연상硯床이 있다. 선생님의 서안에 책이 없는 것은,
아마 그 책의 내용이 선생님의 머릿속에 다 있기 때문일 것이다. 조
선의 교육은 원래 텍스트 암송을 기본으로 삼기 때문에 글방 선생님
은 초학자를 가르치는 책쯤이야 다 외고 있었다.

서당의 학생은 모두 아홉 명이다. 선생님의 왼쪽(그림의 오른쪽)에
초립을 쓴 나이가 조금 들어 보이는 사내아이가 있고(이놈은 관례를
치른 놈이다), 그 아래로 머리를 땋은 어린아이 넷이 있다. 맨 끝에 있
는 놈은 등을 돌리고 있어 표정이 보이지 않지만, 나머지는 모두 입
을 벌리고 웃고 있다. 남이 맞으면 원래 고소한 법이다. 선생님의 오
른쪽에도 역시 소년 셋이 회초리를 맞고 우는 동료를 보고 은근한 미
소를 짓고 있다.

단원이 그린 이 서당 그림은 서당 안만 보여주고 있다. 제대로 된
서당의 전체 모습을 보려면, 작자 미상의 〈서당 ②〉를 보면 된다. 제
법 규모가 잡혀 있다. 사방관을 쓴 선생님 앞에 서안을 놓고 머리를
땋은 총각이 앉아 지난 시간에 배운 것을 읽으며 풀이하고 있고, 이
총각 뒤에도 다음 차례를 기다리는 총각 하나가 책을 펴놓은 채 배운
부분을 암송하고 있는 중이다. 저 안쪽에는 갓을 쓴 젊은이 하나, 그
리고 아직 어린 티가 가시지 않은 아이 셋이 앉아 있고 이쪽 대청 끝
기둥 쪽에도 같은 연배의 아이 둘이 앉아 있다. 지붕을 초가로 씌웠
지만 집안을 두루 돌아보건대 어지간히 사는 집이다. 저 위쪽에는 큼
직한 장독이 줄을 지어 서 있고, 왼쪽에는 귀가 쫑긋한 나귀 한 마리

가 아래쪽에는 닭 세 마리, 학 두 마리가 있다. 제법 살림이 실한 양반가의 주인마님이 서당을 차려놓고 학생들을 가르쳤던 모양이다.

　서당은 아니지만 선생님과 학생이 공부하는 그림은 몇 점이 더 전한다. 이인상李麟祥(1710~1760)의 〈송하수업松下授業〉이 그것이다. 제목의 뜻은 소나무 아래에서 스승으로부터 배운다는 것이다. 힘이 잔뜩 서린 소나무 아래 사방관을 쓴 선생님은 왼손에 책을 들고 근엄하게 무언가를 말씀하시고 있고, 제자는 엎드려 종이에 그것을 받아 적고 있다. 제자의 오른쪽에는 벼루와 먹, 연적이 있다. 어떻게 해서 이 스승과 제자는 집안이 아니라 밖에서 공부를 하는 것인가. 더운 여름이라서 밖으로 나온 것인가. 그렇다면 찻주전자 아래 보이는 국화는 뭐란 말인가. 가을인가? 하기야 가을이라도 밖에서 공부하기에는 춥지 않다. 어쨌거나 예전의 공부는 이러했을 것이다. 선생님의 입에서 흘러나오는 말을 받아 적고 잘 이해하는 것, 그것이 공부의 대부분이었다. 언어학의 고전인 《일반언어학강의》 역시 스승 소쉬르의 강의 내용을 받아 적은 책이 아니던가.

　단원의 〈서당〉의 하이라이트는 역시 그림 중간에 매를 맞고 훌쩍이는 놈이다. 학생들이 모두 책을 한 권씩 앞에 놓고 있는데, 이 녀석

1 서당 ①' 김홍도, 《단원풍속도첩》, 국립중앙박물관. 쪼그리고 돌아앉아 훌쩍이는 아이의 얼굴에는 서러움이 완연하다.
2 서당 ②' 필자 미상, 국립중앙박물관

은 책을 등 뒤에 두고 훌쩍이고 있다. 서안 왼쪽에 가는 회초리가 있는데 아마도 이 회초리로 맞았을 것이다. 요즘 같으면 학생들이 핸드폰으로 사진을 찍어 포도청에 전송해서 폭력 스승을 고발했겠지만, 조선시대에는 아쉽게도 그런 문명의 이기가 없었다. 매를 맞는 것은 이 학생만이 아니다. 〈서당 ②〉의 마당 부분을 자세히 보라. 갓을 쓴 젊은 친구가 마당에서 머리를 땋은 총각의 종아리를 치고 있다. 선생을 대신해서 벌을 주고 있는 것이다. 선생님은 대청에서 그 광경을 유심히 보고 있다. 이 아동들은 왜 매를 맞고 있을까? 참고 삼아 이덕무의 말을 들어보자.

> 배웠던 경전이나 사서史書를 돌아앉아 욀 때에 작은 글씨로 써놓은 것을 몰래 본다면, 그 속이려는 마음이 이보다 더할 수 없다. 불량한 버릇을 막지 않을 수가 없으니, 비록 피가 나도록 종아리를 친다 해도 조금도 아까울 것이 없다.[95]

지난 시간에 배운 것을 돌아앉아 암송하는데, 컨닝 페이퍼를 만들어 몰래 훔쳐볼 경우 종아리에 피가 나도록 호되게 맞아도 전혀 불쌍해 할 것이 없다는 말이다. 스승에게 맞고 난 아이 중에는 스승을 몹시 싫어해 부모에게 스승을 비난하기도 한다. 이덕무는 또 말한다.

스승이 엄하면 모자란 아이놈은 반드시 싫어하고 괴로워하여 자기 부형에게 이렇게 말한다.
"제 선생님은 잘 못 가르칩니다."

1 송하수업' 이인상, 개인 소장
2 회초리로 길들이기(20세기 초)' 공부를 안 하거나 잘못을 하면 회초리로 종아리를 맞았다.

그리고는 스승을 배반하고 물렁하고 속된 사람을 선생으로 삼아 따르니, 부형이 된 사람은 반드시 그 간사한 거짓말을 속속들이 살펴 호되게 꾸짖는 것이 옳다.[96]

이런 녀석일수록 부모에게 제 선생 욕을 하는 법이다. 부모가 제 자식 말을 그냥 듣게 되면, 제 자식을 망치게 되는 것은 자명한 일이다.

지금은 거의 사라졌지만 필자 연배 이상의 분들은 기억할 것이다. 초·중·고등학교에서 이루어지는 체벌은 도를 넘은 경우가 적지 않았다. 체벌은 폭력이기 쉬웠다. 나는 지금도 수학 문제를 풀지 못하는 것이 '빳다'를 맞아야 하는 이유가 되어야 하는지, 화학 문제에 오답을 쓴 것이 나의 뺨을 내주어야 하는 이유가 되는지 납득하지 못한다. 부모들은 아이가 학교에서 맞고 오면 속이야 쓰렸겠지만 병원에 가서 입원치료를 받을 정도가 아니면, 도리어 네가 맞을 만하니까 맞았지 하고 자식을 나무랐다. 이덕무의 말을 들으면, '사람 되라고' 선생이 체벌을 가했다는 우리 부모세대의 생각은 조선시대의 유물인 것이다. 교사의 폭력성 체벌이 결코 정당화될 수는 없겠지만 그렇다고 해서 요즘처럼 자식이 체벌을 받았다 해서 학교로 찾아가 선생님에게 폭력을 행사하는 것 역시 정당화될 수 없다.

서당의 교육 수준은 천차만별이지만, 대개 한문을 읽는 독해 능력의 배양, 한문을 지을 수 있는 작문 능력의 습득, 그리고 글씨 쓰기 등이 주류를 이루었다. 맨 먼저 《천자문》으로 기본 한자를 익히면, 오륜과 중국 역사와 우리나라 역사를 아주 간략하게 소개한 《동몽선습》을 배우고, 이어 좀더 긴 중국 역사 책인 《사략》과 《통감》을 배운다. 이 과정에서 대개 한문을 읽을 수 있는 능력, 곧 문리를 얻는다. 여기까지가 대개 서당에서 공통적으로 배우는 것이다. 그 외의 사서삼경이나 한시 창작은 학생의 능력과 희망에 따라서 배운다. 가르치는 순서는 대개 이렇다. 선생님이 먼저 한문으로 쓰인 교과서를 천천히 읽고 한자의 음과 뜻을 일러주면, 학생들은 따라 읽고 머릿속에 새긴다. 그리고 선생님이 문장의 뜻을 천천히 새겨준다. 간단히 말하자면 이것으로 끝이다. 학생들은 그날 배운 한자를 반복해 쓰고, 문장을 외운다. 서당에 따라서는 그날 배운 것을 그날 테스트 하는 경우도 있고, 다음날 테스트 하는 경우도 있다. 테스트 할 때 책을 등 뒤에 두고 전날 배운 부분을 암송하고, 번역하고 뜻을 풀이해야 한다. 만약 못 하면 당연히 회초리가 따른다. 단원의 〈서당 ①〉에서 훌쩍이는 녀석은 테스트를 통과하지 못했기에 맞은 것이다.

민간의 서당처럼 작은 학교의 존재는 저 멀리 삼국시대까지 소급할 것이지만, 우리가 서당 하면 떠올리는 그런 모습의 서당은 16세기 어림에 지방 사림들이 주동이 되어 만들기 시작한 것이다. 서당은 원래 성인들의 교육기관이었다. 안동의 도산서원도 원래 퇴계 선생이 열었던 도산서당 자리에 세운 것이다. 퇴계 선생의 문인이었던 황준량黃俊良(1517~1563)이 쓴 〈자양서당기紫陽書堂記〉란 글은, 김응생金應生이란 사람이 세운 서당의 기념문이다. 김응생은 여러 차례 과거에 낙방한 뒤 고향에서 서당을 열어 후진을 양성하려 했다. 건물이 열 칸이나 된다고 하였으니, 어지간한 규모의 학교였다. 〈자양서당기〉에서 황준량은 서당이 학문과 도덕을 닦는 곳이라고 말하고 있지만, 그것은 명분일 뿐이고 사실 과거 준비가 더 큰 목적이었다. 조선 중

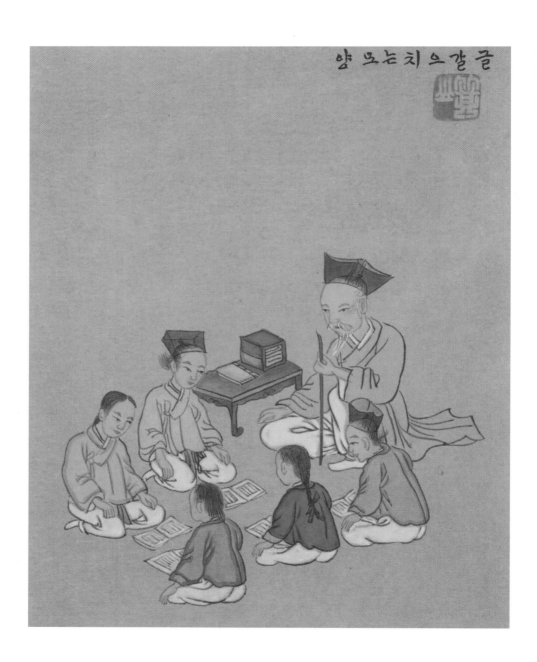

양 모 ᄂ 치 으 갈 글

天地之間萬物之眾애 唯人이 最貴니 所貴乎人者는 以其有五倫也라 是故로 孟子 曰父子有親며 君臣有義며 夫婦有別며 長幼有序며 朋友有信이라 人而不知有五常則其違禽獸 不遠矣라 然則父慈子孝며 君義臣忠며 夫和婦順며 兄友弟恭며 朋友 仁然後에사 方可謂之人矣니라

童蒙先習

父子有親

父子는 天性之親이라 生而育之며 愛而教之며 奉而承之며 孝而養之니 故로 教之以義方며 弗納於邪며 以諫也니 不使得罪於鄉黨州閭니 苟

1 글 가르치는 모양 | 김준근, 프랑스 기메 박물관
2 동몽선습 중에서 | 동몽, 즉 어린아이들이 먼저 익혀야 할 책이라는
뜻으로, 《천자문》을 익히고 난 후의 학동들이 배우는 초급교재다.

기 관료이자 학자였던 김응조金應祖의 〈의산서당기義山書堂記〉를 보면 의산서당에 문장을 전공하는 사람들이 모여들어 진사시와 문과에 합격한 사람이 쏟아졌다고 하니, 원래 서당이란 교육시설이 없는 지방에서 과거 응시자의 공부를 위해 마련한 학교였던 것이다. 물론 퇴계의 도산서당처럼 도학을 공부하는 곳이 있기도 했지만, 조선시대 양반들의 교육이란 과거를 지향했기 때문에 서당은 자연히 과거 준비를 하는 곳이 되었다. 이런 양반들의 서당은 한편으로는 지방에서 양반들의 세력을 결집하는 역할을 하기도 했다.

서당에는 나름의 학칙이 있었다. 박세채朴世采(1631~1695)의 〈남계서당학규南溪書堂學規〉를 읽어보자.[97] 1689년 12월 22일에 만든 것이라 한다. 줄여서 몇 가지 번역해 본다.

- 서당의 선비는 반드시 독실한 의지로 학문을 하고자 하여 늘 와서 글을 읽는 사람으로 가려 뽑아 서당에 들어오는 것을 허락하고 명부에 올려야 할 것이다. 또 집안과 벼슬의 좋고 나쁨을 가리지 않아야 한다.
- 동이 틀 무렵이면 일어나 자신의 침구를 정돈하고, 나이가 어린 사람에게 방을 청소하게 한다. 그 다음에 세수를 하고 머리를 빗고 의관을 갖추어 입는다.
- 선생이 강당에 있으면 윗옷을 입고 선생 앞에 나아가 예를 올린다. 선생은 자리에서 손을 굽혀 답한다.
- 각각 글을 읽는 곳으로 나아간다. 서안 앞에서 두 손을 모으고 단정히 앉아 입에 익도록 읽으며 뜻을 정밀하게 연구할 것이다. 잡되고 어지러운 생각을 해서는 안 되고, 좌우를 두리번거리거나 실없이 웃어서도 안

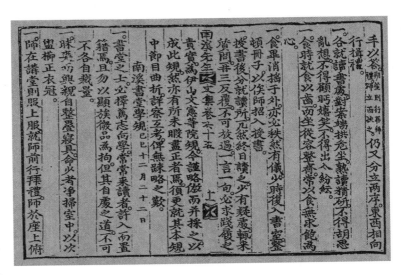

一. 食時就食以齒 而坐從容整齊 常以食無求飽爲心

一. 食畢消搖于外 亦必秩然有儀 少時復入書室 整頓冊子 以俟師招入授書

一. 授書後分就讀所 凡然終日讀之 少有疑處 輒來質問 再三反覆 不可放過 一言一

. 　句 必求踐履之方

되며, 자주 들락거리지 않아야 할 것이다.

- 식사 때는 나이 순서대로 식당에 나아갈 것이며, 조용히 질서 있게 앉아야 할 것이다. 그리고 늘 '밥을 먹을 때는 배부름을 구하지 않는다' 라는 공자의 말씀을 기억해야 할 것이다.

- 읽을 글을 받으면 책 읽는 장소로 간다. 대범하게 종일 읽어나가다가 조금이라도 의문처가 있으면 반드시 질문을 해야 한다. 두세 번 반복해

읽으면서 흘려보내는 것이 없어야 하고, 낱말 하나, 구절 하나도 반드시 실천할 방법을 찾아야 한다.

- 글을 읽다가 틈이 나면, 혹 의리를 강론하기도 하고, 혹 책을 보기도 하고 글씨를 쓰기도 해야 할 것이다. 게으름을 피우거나 제멋대로 굴어 안일한 데 빠지지 않도록 해야 할 것이다.
- 편하고 좋은 거처는 어른에게 양보해야 하고, 나이가 열 살 이상 많은 사람이 출입할 때 젊은 사람은 반드시 일어서야 한다.
- 언어는 신중해야 한다. 문자와 예법이 아니면 말하지 않는다. 음란하고 외설스럽고 이치에 어긋난 괴이한 일과 타인의 허물과 악행, 조정과 고을의 잘잘못은 입에 담아서 안 된다.
- 성현의 글, 성리학에 관한 글이 아니면 펼쳐 보아서는 안 될 것이다. 이단의 문자나, 과거 문자는 결코 가지고 들어와서는 안 될 것이다.
- 장부 하나를 두고 1년 동안 서당에 온 사람이 몇 달을 있었는지, 읽은 글은 어떤 글인지를 기록하여 뒷날 그 사람의 부지런하고 태만함을 알아보는 자료로 삼는다.

흥미로운 것은 이 서당에서는 이단, 즉 불교나 노장의 글은 물론이고 과거 준비에 필요한 문장을 보지 못하게 했다는 것이다. 왜냐? 워낙 선비들이 과거 준비에 매달리고 또 서당이란 곳이 과거 준비하는 곳이 되다 보니, 그런 풍조에 반발해 오직 학문 자체에 매진하는 서당을 만들려했던 것이다. 요즘 교육이 오직 대학입시에만 매달리는 것을 보면 상상이 될 것이다. 어쨌거나 위의 규칙은 대단히 엄격한데 서당의 선비들이 이 규칙을 예외 없이 모두 지켰는지는 의문이다. 지금보다야 훨씬 율기律己에 엄격했겠지만, 모든 학칙이 남김없이 실천되는 세상은 아마도 단군조선 때부터 지금까지 있었을 것 같지는 않다. 엄격한 교칙일수록 그것은 이상에 가까운 것일 터이다.

각설하고, 무언가 이상하지 않은가. 단원의 그림은 거개 어린아이들을 가르치고 있다. 이 아이들에게 이런 학칙을 강요하는 것은 무언가 이상한 일이 아니겠는가. 사실 앞에서 말한 바와 같이 이것은 적어도 어른을 위한 서당이지 아이들을 위한 서당이 아니다. 좌의정까지 지낸 박세태가 무슨 할 일이 없어 코흘리개를 위한 서당을 열었겠는가. 서당은 원래 성인들이 과거 공부를 하기 위해 모인 곳이고, 때로는 과거 공부에만 매달리는 것을 비판해, 학문을 하는 곳으로 열었지만 우리 머릿속에 담겨 있는 서당은 그런 서당이 아니다.

단원이 살았던 18세기 후반에는 서울과 지방 모두 서당이 굉장히 많이 생겨났다. 또 양반이 아닌 사람도 서당에 다닐 수가 있었다. 서당을 설립하는 데나, 서당에 입학하는 데 무슨 자격 제한이 있는 것은 아니었으니까 말이다. 또 양반이 아닌 사람이 교육자로 나서는 일도 흔했다. 정조 때 천수경千壽慶이라는 사람은 양반은 아니고 서리층에 속하는 사람인데, 지금의 인왕산 아래 누상동·누하동 부근에 서당을 열었다. 《희조일사熙朝軼事》란 책에는 천수경이 열었던 서당 규모를 이렇게 전하고 있다.

송석松石(천수경의 호)은 원래 가난하여 늙은 어머니를 봉양할 수 없었다. 그래서 동네 아이를 모아 가르쳤는데, 자신의 한 달 생활비를 학생들의 수로 나누어 받았다. 얼마 안 있어 학생들이 점점 불어났고, 월사금은 점점 많이 들어왔다. 그래서 한 달에 60전만 내게 하니, 사람들이 "하루에 글을 읽는 값이 어찌 동전 두 잎밖에 안된단 말인가?" 하였다. 이 때문에 학생들이 점점 더 불어나 많을 때는 3백 명이나 되었고, 좀 나이가 든 학생들이 어린 학생들을 다시 가르치니, 마치 군대에서 군법을 세운 것처럼 질서가 있었다.

천수경은 양반이 아니니 과거를 칠 필요가 없었다. 그는 평생을 시인으로 보낸 사람이다. 어머니를 모시려 서당을 열었던 것인데, 교육 내용이 괜찮고 또 월사금이 저렴했기에 학생들이 폭발적으로 늘어났던 것이다.

천수경과 같은 사람은 이 시기에 많이 있었다. 양반 아닌 중인이나 서리들 사이에서 천수경처럼 아이들 교육을 생활의 방편으로 삼는 훈장님들이 적지 않았다. 천수경의 친구 장혼張混(1759~1828)이란 사람은 교서관의 서리였는데, 《아희원람兒戲原覽》, 《계몽편啓蒙篇》 등의 아이를 가르치는 교과서를 쓰고 출판까지 했으니, 이런 책들은 아마도 천수경의 서당에서 사용되었을 것이다. 천수경이나 중인 서리들이 연 서당에서 배운 사람들이 양반일 리는 없고, 역시 자신들의 자제들이나 시정 사람들이었을 것이다. 즉 천수경의 서당은 비양반층의 교육열을 반영해서 생긴 것이다.

서당은 조선조 말이면 일반 상민들까지 다니는 교육기관이 된다. 김구 선생의 《백범일지》를 보면 상민들이 서당을 어떻게 여기는지 잘 알 수 있다. 상민이라는 이유로 천대받는 게 억울했던 백범은 자신도 글을 배워 진사가 될 수 있도록 해달라고 아버지를 조른다. 백범의 부친은 동네에 서당이 없고 또 이웃 고을의 양반 서당에서는 받아줄 리가 없으니, 아예 서당을 차리기로 한다. 문중과 동네 상놈 아이 몇을 모아 자기 집에 서당을 열고 청수리의 이생원을 선생으로 초빙한다. 이생원은 양반이지만 글이 짧아 양반에게는 초빙되지 못하고 상놈 서당의 선생이 된 것이다. 석 달 뒤 서당은 신씨 성의 사람 집으로 옮겨가는데, 얼마 있지 않아 그는 이생원을 해고한다. 이생원이 밥을 많이 먹는다는 게 이유였지만, 사실은 자기 손자는 열등생이고 백범은 최우등의 학생인 것을 시기했기 때문이었다.

이런 서당의 훈장은 가을에 강미講米(쌀과 보리)를 받기로 하고 초빙되었다. 백범의 회고를 들어보면 아무 선생은 '벼 열 섬짜리' 아무 선생은 '다섯 섬짜리'로 일컫는다 했으니, 수강료의 다소가 그 선생의 실력을 가늠하는 기준이 되었던 것이다. 백범이 전한 청수리 이생원처럼 조선 후기 서당 훈장은 대체로 몰락한 양반이거나, 양반은 아니지만 지식이 있던 사람이었다. 지식을 파는 것 외에 다른 생활 수단이 없는 이들이 훈장으로 나섰던 것이다.

서당은 뜻밖에도 20세기 초에 가장 성행했다. 신분제가 무너지고 누구나 교육을 받을 수 있다는 근대적 생각이 사람들의 머릿속에 들어가자 누구나 배우기를 원했다. 하지만 신교육은 모든 사람에게 제공될 수 없었고, 또 모든 사람들이 배울 수 있는 기회를 얻을 수도 없었다. 교육열을 만족시킨 것은 서당이었다. 서당이 우후죽순처럼 생겨났으니, 20세기 초 서당은 근대적 교육열을 전근대적 방법으로 충족시켰다. 다음의 사진들은 대한제국기의 서당 모습을 찍은 것이다. 서당은 1950년대까지 있었다. 내가 한문학을 공부하다 보니, 과거

서당에서 글(한문)을 배우신 선생님들을 종종 만나 뵌다. 그분들은 가끔 과거 서당에서 공부하던 시절을 회상하며 들려주곤 했다. 이제 그분들이 돌아가시면 서당에 대한 기억도 거의 사라질 것이다.

근대적 교육, 특히 한국에서 근대 교육이란 것은 인간의 타고난 능력에 상관없이 국가에서 정한 과목을 강제적으로 부과하고, 시험을 치르게 해 성적을 낸 뒤 그 성적에 따라 사람의 등급을 매겨 일렬로 세운다. 사람은 오로지 성적의 수치로 환산되고 또 그 수치에 따라 분류될 뿐이다. 이것은 교육인가. 서당은 작은 학교다. 어떻게 보면 선생님과 학생이 얼굴을 맞대고 가르치고 배우는 그 작은 학교가 정말 학교일 것이다. 나에게는 오직 대학 입시를 위해 맹진하는 요즈음의 학교는 학교가 아니라 수용소로 보인다. 조선시대 서당이 어찌 문제가 없겠는가마는 그래도 거기서 취해야 할 것이 없지는 않을 것이다.

서당 풍경(20세기 초)

활
쏘
기

한강들의 취미생활

십팔 이규보李奎報(1168~1241)의 〈동명왕편〉을 보면, 주몽은 태어나 한 달이 지나자 말을 했다고 한다. 그런데 처음 한 말은 이렇다. "파리가 내 눈을 자꾸 빨아서 잠을 잘 수가 없으니, 제게 활이랑 화살을 만들어주세요." 어머니 유화가 대나무로 작은 활과 화살을 만들어주었더니, 파리를 쏘아 잡는데 빗나간 적이 한 번도 없었다고 한다. 활이나 화살 그림을 볼 때마다 나는 엉뚱하게도 난 지 한 달밖에 되지 않은 아이가 활을 당기는 장면을 떠올리고는 피식 웃곤 한다. 이제 어디 활 쏘는 그림을 감상해 보자.

단원의 〈활쏘기〉는 활쏘기를 연습하는 장면이다. 그림 왼쪽에는 한 무관이 시위를 당기고 있는 사내의 자세를 잡아주고 있다. 그림의 오른쪽 사내는 한쪽 눈을 감고 화살이 굽어 있는지를 살피고 있다. 앞에 놓인 것은 화살을 넣는 전동이다. 화살에는 종류가 퍽 많지만, 대개 연습용 화살은 유엽전柳葉箭을 많이 쓴다. 유엽전은 화살촉이 버드나무 잎처럼 생겨서 붙은 이름이다. 아래의 사내는 쪼그리고 앉아 활에 힘을 주어 교정을 하고 있다. 활은 사용하지 않을 때는 시위를 얹지 않고 풀어두고, 사용할 때 시위를 건다. 이때 힘을 주어 자신이 쓰기에 알맞게 형태를 잡아주는 것이다. 강희언姜熙彦 (1710~1784)의 〈활쏘기 ②〉는 활 쏘는 장면에 집중하고 있을 뿐 단원의 그림과 대동소이하다. 약간 다른 스타일의 그림도 남아 있다. 김준근의 〈활 공부하고〉가 그것인데, 한 한량이 과녁을 향해 시위를 잔뜩 당기고 있는 장면이다. 재미있는 것은 과녁 오른쪽의 아이의 머리통이다. 화살을 줍기 위해 몸을 숨기고 있는 것이다.

활통

활

1 활쏘기 ①¹ 김홍도, 《단원풍속도첩》, 국립중앙박물관. 활쏘기를 연습하는 장면
 이다. 시위를 당기는 사내의 자세를 잡아주고 있는 무관의 표정이 진지하다.
2 활쏘기 士人射藝 ②¹ 강희언, 개인 소장

그림 속의 활을 쏘는 장소는 활터, 한 자말로 하자면 사정射亭으로 아마도 조선시대 서울 곳곳에 있던 사정 중 하나일 것이다. 땅값이 금값이 된 지금 누가 활을 쏠 너른 터를 그냥 두겠는가. 근대 이후 서울의 사정은 멸종을 하고 말았다. 겨우 남아 있는 것이 인왕산 기슭의 황학정이니, 관심 있는 분들은 산보 삼아 찾아가 보길 권한다. 황학정은 고종의 명으로 경희궁 안에 지어진 것인데 1922년 일제가 경희궁을 헐 때 지금 장소로 옮긴 것이다.

서울에는 사정이 많았다. 나라에서 세운 사정은 대개 군사 훈련용이다. 동대문운동장은 조선시대에 군사를 훈련하던 훈련원 터다. 따라서 당연히 사정이 있었다. 또 총융청과 같은 군영에도 자체 사정이 있었다. 창경궁 후원의 춘당대도 사정이다. 하지만 사정은 민간에 더 많았다. 서울은 인왕산 기슭의 서촌(우대), 지금의 동대문운동장 일대를 하촌(아래대)이라 하는데 전자에는 풍소정 · 등룡정 · 등과정 · 운룡정 · 대송정의 오정五亭이 가장 유명했고, 아래대에는 석호정 · 좌룡정 · 화룡정 · 이화정 등이 있었다. 이 외에도 곳곳에 사정이 있었다. 황학정은 등과정이 있던 터에 세운 것이다. 이들 사정들 사이에는 서로 활 솜씨를 겨루어보는

활 공부하고│김준근, 기산 김
준근 조선풍속도-스왈른 수집
본, 숭실대학교 한국기독교박
물관

황학정(20세기 초)│활쏘기 대
회가 한창인 황학정의 모습이
다. 황학정은 1899년 고종황제
의 지시로 경희궁 내에 건립된
활터다.

'편사놀음' 이 있었다. 편사놀음에 대한 가장 자세한 기록은 스튜어트
컬린의 《한국의 놀이》에 나온다.

궁술弓術은 '편사便射하기' 라는 이름으로 현재 한국에서 놀이로서 행해
지고 있다. 그것은 보통 한 도시의 서로 다른 마을 또는 서로 다른 구역
간의 시합이다. 놀이 참가자들은 매일 연습을 하고 가장 좋은 기술을
선택해 연마한다. 각 편에 열두 명의 선수들이 참가하며, 보통 서너 편

으로 나뉜다. 네 팀이 싸우게 되면 각각 다른 깃발을 가진다. 같은 편의 남자들은 비슷한 옷을 입고 비슷한 띠를 팔에 두른다. 네 팀에 있는 각 선수들의 이름을 넉 장의 종이에 쓰고 이 종이에는 점수도 적는다. 과녁은 가운데 검은 사각형이 있는 네모난 판이다.

각 선수들은 한 번에 다섯 개씩 세 번, 모두 열다섯 개의 화살을 쏜다. 과녁의 중앙을 맞히면 2점, 중앙을 벗어나면 1점을 얻는다. 쏜 화살이 중앙에 맞으면, 그 선수가 속해 있는 편의 선수들은 깃발을 흔든다. 때때로 네 팀에 각각 기생을 한 명씩 두어서, 화살이 과녁에 맞으면 그 팀의 기생이 노래를 부르거나 성공시킨 사람의 이름을 외친다. 동시에 음악이 연주된다. 밤에 놀이가 끝나면 음악은 승리자의 마을로 옮겨 가고 다른 시합 참가자들은 그 승리자를 따라간다. 진 사람들은 연회 비용을 부담하며, 이긴 편은 다음 시합에서 우선권을 차지한다. 각 편에서 가장 솜씨 있는 사람이 마지막에 화살을 쏘는 것이 관례이다.

팀의 리더를 '편장便長' 또는 '수대首帶', 즉 문자 그대로 '우두머리 띠'라고 부른다. 순서대로 두 번째 사람을 '부편장副便長' 또는 '부대副帶', 즉 문자 그대로 '두 번째 띠'라고 부른다. 세 번째 사람을 '삼편장三便長' 또는 '삼대三帶', 즉 문자 그대로 '세 번째 띠'라고 부르며 마지막 사람을 종대終帶라고 부른다.[98]

주로 마을과 마을의 시합이고, 열두 명이 한 팀이라는 것, 한 선수당 다섯 발씩 3회를 쏜다는 것, 진 팀은 이긴 팀의 연회 비용을 내야 한다는 것, 팀의 리더를 편장便長 등으로 부른다는 것이다. 스튜어트 컬린에 의하면, 그가 이 책을 발간했을 무렵인 1895년경에도 궁사들

은 "스스로 계층을 형성해서 특정 사회집단으로 결속되어 있으며,
전성기 때만큼 대단하지는 않지만 아직까지 번성하고 있다"고 한다.
그는 한량은 '직업이 없는 사람들'이라는 의미로 불린다고 하며, 한
량들은 "아무 일도 하지 않고 다만 이곳저곳을 돌아다니며, 아침부
터 밤까지 오직 화살 쏘는 일에 대해서만 생각하고 말한다"고 전하
고 있다. 컬린의 전언은 아주 정확한 것이다.

19세기 자료인 조재삼趙在三의 《송남잡지松南雜識》에 의하면 '아무
런 하는 일이 없는 사람을 무한량武閑良'이라 했다고 한다. 한량은 서
울 시내의 유흥계를 장악하고 있는 사람들이기도 했다. 한량이라 하
면 노는 모습을 연상하는 것도 바로 이 때문이다. 스튜어트 컬린은
이어 서울의 한량 조직을 언급하고 있는데, 하남촌下南村 한량, 서촌
西村 한량, 북촌北村 한량 등을 꼽고 있다. 북촌 한량은 당연히 노론

명가 출신들이다. 남쪽은 군인 가족에서 선발한다고 한다. 남촌은 지금 남산 아래 동네를 말하는데, 주로 장교 집안 출신이 아닌가 한다. 그는 관한량에 대해서도 말하는데, "한량들 중에서 가장 두드러진 사람은 양반 집안의 첩의 아들인데, '관한량官閑良'이라고 불린다"고 말하고, "이들은 출신 때문에 관직이나 군인 생활도 할 수 없어서 한량이 된다"고 한다. 이것은 어딘가 잘못된 것 같다. 관한량은 한량 중에서도 뒤에 무직으로 출세할 사람들을 일컬어 관한량이라고 한다. 스튜어트 컬린이 잘못된 정보를 입수한 것이 아닌가 한다.

한량들은 보통 사람과는 다른 풍속이 많았다. 양득중梁得中(1665~1742)의 〈비효설譬曉說〉[99]을 보면 한량들의 풍속을 알 수 있는 재미있는 이야기가 있다. 양덕중은 자신이 들은 이야기라면서 이런 이야기를 전한다. 곤수閫帥를 지낸 한 명무名武가 있었다. 시골집에서 부모상을 치르고 있는데 서울에서 웬 사람이 와서 조문을 한다. 조문이 끝난 뒤 이런저런 이야기를 나누는데 사이가 자못 친숙하고 또 우스갯소리까지 섞는다. 그 사람이 떠난 뒤 옆에 있던 사람이 누구냐고 묻자, 모른다고 하는 것이 아닌가. 또 성이라도 알 것 아니냐고 했더니, 그것도 모른단다. 이름도 모르고 어디 사는지도 모른단다. 그러면 누군 줄로 알고 그렇게 친근하게 이야기를 나누었느냐고 하니 단지 자字가 어떤 사람이고, 이른바 '무변武弁의 사정射亭 친구'란다. 그리고는 '무변의 사정 친구'에 대해 쭉 설명을 한다. 들어보자.

서울의 사정에서 활쏘기를 익히는 무변들은 활과 화살을 가지고 집밖으로 나가 멀리 과녁을 걸어놓은 집을 발견하면 곧장 찾아간다. 사정에서 활을 쏘는 허다한 무변 중에는 전에 만나 안면이 익은 사람이 있으면 읍을 하고 예를 표한다. 그리고 짝을 지어 활을 쏜다. 과녁을 걸어놓은 집이 누구의 집인지 아예 묻지를 않고, 또 그 집에서도 그 사람이 누구인지를 묻지 않는다. 또 활을 쏘는 여러 무변들도 서로를 상세히 알지 못한다. 단지 매일 어울려 다니기에 절로 안면이 트이고 마음이 통해 아주 절친한 친구처럼 되는 것이다. 그러나 단지 그럴 뿐이고, 서로 이름이 무엇인지, 어디에 사는지를 묻지 않는다. 다만 여러 사람들이 부르는 대로 부를 뿐이고 아는 것이라고는 자字 일 뿐인 것이다. 이런 사람들을 '무변의 사정 친구'라고 부른다. 양득중은 17세기 말 18세기 전반을 살았던 사람이니, 그의 말은 이 시기 사정을 중심으로 활동했던 무변들의 습속의 생생한 보고서다. 스튜어트 컬린의 말 역시 이와 유사하다. "한량들은 오랜 관습과 전통을 갖고 있다. 그들은 어렸을 때 서로 돕는 형제애가 있는 집단을 형성하고, 여론에 상관없이 항상 활과 화살을 가지고 돌아다니며, 좋아하는 일은 무엇이든지 한다." 양득중의 전언과 비슷한 분위기를 느낄 수 있을 것이다.

각설하고, 지금은 메달이 걸린 활쏘기 시합이란 양궁 일색이다. 전통적 활인 국궁國弓은 일반의 관심에서 멀어진 지 오래다. 하지만 불과 백 수십 년 전으로 거슬러 올라가면 모든 활은 국궁이었고, 조선 사람들의 생활과 의식 속에서 활은 엄청나게 중요한 것으로 자리를 잡고 있었다. 활쏘기는 출셋길의 하나였기 때문이다. 활쏘기를 연습하는 것은 취미가 아니라 무과에 응시하기 위해서다. 무과의 과목 중 가장 중요한 것이 활쏘기였기 때문이다. 《경국대전》에 의하면, 무과 초시의 시험 과목은 목전木箭·철전鐵箭·편전片箭·기사騎射·기창騎

槍・격구擊毬였다(영조 때 만들어진 《속대전》에 오면, 기사・기창・격구가
기추騎蒭・유엽전・조총・편추鞭蒭로 바뀐다). 복시도 목전・철전・편
전・기사・기창까지는 동일하고 격구가 병서兵書를 잘 알고 있는지
를 테스트 하는 강서講書로 바뀔 뿐이다. 마지막의 전시는 기격구騎擊
毬와 보격구步擊毬가 시험 과목이 된다. 일별해 '전箭' 자 그리고 '사
射' 자가 많이 들어가 있는 것에서 알 수 있듯, 활쏘기는 절대적으로

중요한 과목이었다.

　무과를 치르는 그림을 보자. 서울에서 치른 무과가 아니라, 1664년
함경도 길주에서 치른 무과다. 한시각韓時覺(1621~1691)의 〈북새선은
도권北塞宣恩圖卷〉을 보자. '선은宣恩'이란 은혜를 베푼다는 뜻이니,
왕명으로 함경도 길주에서 특별히 무과를 치른 것을 두고 한 말이다.
그림을 보면 넓은 마당에 10개의 허수아비를 세워두었고, 그 가운데

1 경기감영도 중에서 | 19세기 초반 감영과 관아를 중심으로 펼쳐진 각종 생활 장면 중 활터를 주제로 그린 부분이다.

2 경기감영도 | 필자 미상, 호암미술관

넓은 마당을 한 사나이가 말을 타고 달리며 활시위를 잔뜩 당기고 있는 참이다. 아마도 이것은 말을 타고 활을 쏘는 '기사騎射'를 시험하는 장면일 터이다. 이 외에 작자 미상의 〈경기감영도京畿監營圖〉를 보면, 활 쏘기 시험 장면이 들어 있다. 정식 무과는 아닐 것이나, 대개 무과가 이런 방식으로 치러진 것만은 분명하다.

무과는 문과처럼 간지에 자·오·묘·유가 들어가는 해, 즉 식년에 치르는 정기 시험인 식년시가 있고, 문과처럼 증광시·별시·알성시 등의 비정기 시험이 있다. 식년시를 중심으로 무과를 간단히 개괄해 보자. 무과도 문과처럼 초시·복시·전시가 있다. 초시는 식년 한 해 전에 서울의 훈련원과 각 도의 병마절도사 관할하에 치른다. 훈련원에서 70명, 각 도에서 모두 120명을 선발한다. 이 190명을 그 이듬해 서울의 병조와 훈련원에서 병서와 무예를 시험을 보여 28명을 선발한다. 이것이 무과 복시다. 그리고 다시 28명의 등수를 정한다.

하지만 이것은 법률상의 원칙일 뿐이다. 무과는 훨씬 많은 사람을 선발했다. 오죽 했으면 무과를 만 명이나 뽑는다 하여 만과萬科라고 했을까. 무과가 무질서하게 된 것은 무엇보다 임진왜란·병자호란이란 미증유의 전쟁 때문이다. 광해군 12년에 처음으로 무과 만과를 베풀었다. 내용은 자세하지 않으나, '변경 방어'에 그 목적이 있었다고 한다. 만과는 적지 않은 문제를 낳았다. 시험장에 가지 않았는데도 합격자 명단에 이름이 오른 경우가 있었으니 말해 무엇 하겠는가? 합격자에게 어사화와 합격증서인 홍패지紅牌紙를 스스로 마련하게 하는가 하면, 차사借射 대사代射로 부정 합격을 한 사람에게는 처벌하는 대신 무명 100필을 받고 용서해 주기도 했던 것이다.

만과는 한마디로 조선의 국가 제도가 붕괴하고 있음을 보여주는 결정적 증거였다. 숙종 1년 10월 19일조의 《실록》을 보면 환관이 무과에 응시한 것을 계기로 해, 모의장毛衣匠 등의 공장工匠도 무과 응시를 요구했다. 숙종 2년에 윤휴 등의 건의로 만과를 베풀었는데, 응시자가 너무 많아 서울에서 치지 못하고 중신을 각도에 보내어 선발하게 하였다. 2만 명에 가까운 합격자가 나오자 발령 낼 자리가 턱없이 부족했다. 합격자는 모두 서울에 몰려들어 벼슬을 바라지만 벼슬자리 자체가 모자라니 원망이 없을 수 없다. 서울의 쌀값도 이들 때문에 올랐다고 한다. 이들을 군대에 졸병으로 집어넣자 아니나 다를까 반발하기 시작했고 그로 인해 민심까지 흉흉해졌다.

북벌을 외쳤던 이완李浣(1602~1674) 대장은 당시 만과를 이렇게 비판했다. "우리나라는 조총이 장기인데, 만일 만과를 베풀면 사람들이 모두 총을 버리고 활을 택할 것이다" 임진왜란 때 조총의 위력을 경험했으면서도 조선조 말까지 조총이 별달리 개량되지 않았고, 군대가 총포를 위주로 편성되지 않았던 것은 바로 무과가 활쏘기란 시험 과목을 포기하지 않았기 때문이었다.

조선 후기 과거의 문란에 대해서는 알려질 만큼 알려졌지만, 대개는 문과에 대한 것이지 무과에 관한 것은 별로 알려져 있지 않다. 그런데 무과는 문과보다 더 타락했다. 숙종조의 명상 남구만南九萬(1629~1711)은 이렇게 말한다. "문과는 3년 동안 33명이 합격하는데 이것은 단지 먼 시골의 글을 못하는 사람을 위로하는 도구일 뿐이다. 무과는 화살 한두 발이면 합격하여 낫 놓고 기역자도 모르는 자가 전후로 이어져 그 끝을 모를 정도다." 문과 무과 모두 비판한 것이지만 사실상 무과가 더 심했던 것이다.

이것은 조선 후기 내내 그러했다. 조선시대 전체를 통계하면 무과 합격자는 문과 합격자의 10배나 되었다. 하지만 관직의 수는 무과가 문과에 비해 턱없이 부족했다. 숙종조의 재상 최석정崔錫鼎은 현재 무신 당상관의 자리는 300개인데 전직 당하관이 약 1,000명에 가깝고, 무과에 합격해 아직 벼슬길에 들어서지 아니한 사람이 수천 명이나 된다고 지적한다. 이런 사람들의 원망이 어찌 없겠느냐는 말이다. 그럼에도 근본적인 대책은 서지 않았다. 요즘 사람들이 존경해 마지않는 정조의 치세를 보자. 1784년에 세자 책봉을 경축하는 경과慶科를 쳤는데, 합격한 무사가 무려 2,676명이었다. 정조는 이들 중 선전관宣傳官으로 발령을 낼 사람을 지방 사람이라 차별하지 말고 골고루 뽑을 것을 지시한다.[100] 선전관은 임금을 가까이서 모시며 호위하고 임금의 명을 전하는 등의 임무를 맡는 무반의 청요직淸要職이다. 선전관을 거쳐야만 무신으로 출세할 수 있었다. 하지만 선전관청의 정식 선전관은 20명, 겸직 선전관이 50명이니 그 많은 합격자 중 극소수만 무반으로 출셋길을 잡을 뿐 나머지는 모두 합격증만 안고 살아야 할 뿐이다.

18, 19세기가 되면 대대로 서울에서 살면서 벼슬을 독점하는 경화세족이 생겨나고, 또 경화세족 중에서 안동김씨나 풍양조씨 같은 소수의 벌열이 국가권력을 사유화한다. 좋은 문반직은 모두 이들의 손아귀에 있었다. 무반직 역시 몇몇 가문이 좋은 벼슬을 독점했다. 능성구씨綾城具氏, 인동장씨仁同張氏, 덕수이씨德水李氏 등은 18세기 이래 무반가의 명문으로 이름이 난 집안들이다. 하지만 이 집안들의 존재

는 곧 유능한 인재의 진출을 막는 높은 문턱이기도 했다. 이래서야 군대라는 것이 소용이 있을 리 없다. 나라가 위기를 맞이할 때 최후로 믿을 것은 군대지만 조선왕조는 변변히 싸워보지도 못하고 식민지가 되고 말았던 것이니, 무과가 혼탁해지고 무반직을 몇몇 가문이 독점한 데도 그 원인이 있었던 것이다.

활쏘기 연습을 하는 남자들(1901)

行商

十九 〈장터길〉이란 제목으로 널리 알려진 단원의 그림이다. 하지만 '장터길'이라기보다는 부부가 행상을 나간 것으로 보는 것이 타당하다. 곧 남자와 여자는 농사를 짓다가 일시적으로 무언가를 팔러 장터에 가는 것이 아니라, 오랫동안 물건을 팔기 위해 아이를 들쳐 업고 길을 나선 것이다. 여자가 치마를 걷어 올리고 바지에 행전까지 친 것은 길을 오래 걸었다는 증거다. 이런 이유로 나는 이 그림의 제목을 〈부부 행상〉으로 바꾼다.

이 그림을 볼 때마다 애잔한 생각이 들곤 했다. 남자는 지게를 지고 지게 작대기를 들었고 여자는 광주리를 이고 있다. 남자의 벙거지는 낡아서 너덜거린다. 여자는 아이를 업고 있다. 희한하게도 아이는 처네로 업지 않고 옷 속에 업고 있다. 이들은 부부임이 분명하다. 남편의 지게에는 나무로 엮은 통이 얹혀 있다. 줄로 단단히 묶은 이 물건은 무엇인가, 새우젓인가? 아내의 광주리에 담은 것은 또 무엇인가, 푸성귀인가? 그리고 둘은 마주보며 무슨 이야기를 하는 것인가.

조선시대는 농업사회다. 농민은 정주민이다. 농토를 갈아 곡식을 심고 거두어 땅에 붙어산다. 제 땅이 있다면 친숙한 고향을 떠나 멀리 낯설고 물 선 이향을 돌아다니며 오늘은 이곳에서 내일은 저곳에서 잠을 청할 필요가 없는 것이다. 그런 행로가 만약 반복적 일상을 벗어나 예전에 보지 못했던 지리와 문화를 경험하기 위한 것이라면 얼마나 좋으랴. 하지만 〈부부 행상〉의 등에 진, 광주리에 인 변변치 않은 물화를 보라. 옷차림 또한 남루하다. 제 손으로 끊지 못한 나머지 하는 수 없이 이어가야만 하는 목숨을 위해 이토록 타향을 떠돈다

면, 그것은 저주 받은 삶에 가깝다.

　행상의 역사는 오래다. "달아, 높이곰 돋으샤. 어기야 머리곰 비춰오시라"로 시작되는, 행상을 나간 남편이 무사히 돌아오기를 기다리는 아내의 심정을 절절히 노래하는 〈정읍사井邑詞〉는 저 아득한 옛날 백제의 노래가 아닌가. 행상은 역사 이래 없었던 적이 없었다. 조선 시대에도 당연히 행상은 있었다. 서울의 육의전六矣廛을 위시한, 조정과 결탁한 시전市廛 상인들이야 그나마 안정된 삶을 살았겠지만, 천지를 떠도는 행상들의 삶은 고달프기 짝이 없었을 것이다. 대부분 상인의 대접이 이토록 초라했던 것은 유가儒家의 상인을 낮추어 보는 관념 때문이다. 왜냐? 상업은 생산을 자극할 수 있는 것이건만, 유가는 상업을 아무 것도 생산하지 않고 시간과 공간의 차이를 이용해서 돈을 버는 기생적 일로 여겼던 것이다.

　조선이란 국가의 얼개를 설계했던 정도전鄭道傳(1342~1398)은 《조선경국전朝鮮經國典》 부전賦典 〈공상세工商稅〉에서 "선왕이 공장工匠과 장사꾼에게 세금을 매긴 것은, 말작末作(수공업과 상업)을 억제하여 본실本實(농업)로 돌이키고자 했기 때문이었다. 우리나라는 전에는 공장과 장사꾼에 대한 일정한 제도가 없어서 게을리 노는 자들이 모두 수공업과 상업으로 몰렸고, 농사를 짓는 백성들이 날로 줄어들었다. 말작이 우세하자 본실이 쪼그라들었으니, 이것은 염려하지 않을 수 없다"라고 했다. 상업은 비생산적이니, 당연히 세금을 부과해 상인을 억제해야 한다는 것이다. 자연히 상인에 과세가 시작되었다. 떠돌이 행상이라도 아무나 할 수 있는 것이 아니었다. 국가에 세금을 내야 하고, 또 면허증을 받아야 했다. 《경국대전》 호전戶典 〈잡세雜稅〉조에 이런 규정이 있다.

행상에게는 노인路引(여행 허가증)을 발급
해 주고 세금을 거둔다. 육상陸商은 매월
저화楮貨 8장, 수상水商은 대선大船이 100
장, 중선이 50장, 소선이 30장이다.

조정에서는 행상을 등록시키고 세금
을 부과해 행상이 지나치게 많아지는
것을 억제했다. 이런 까닭에 상행위는
아주 천한 것으로 인식되었다. 명종 21
년 윤연尹淵이란 사람이 장연현감長淵縣
監에 임명되었는데 사관은 이렇게 말하
고 있다.

윤연은 여염의 천인賤人이다. 그 아비가
행상이었기 때문에 남에게 천대받았다. 그
런 때문에 그는 과거를 보러 가서 이름을
올릴 때 자기 아비를 적어내지 않고 아저
씨 이름을 적어냈다. 이 같은 사람이 오히
려 조정 반열에 끼었으니 어찌 통분할 일
이 아닌가.[101]

적어도 명종 때까지는 행상을 하던 상인의 자식도 과거에 합격할 수 있었던 것이다. 하지만 행상을 천시하는 관념은 너무나 깊었다.

이제 행상 그림 몇 점을 더 보자. 〈포구의 여자 행상들〉역시 단원이 1778년에 그린 〈행려풍속도병〉중 한 점이다. 이 그림에 붙은 강세황의 화제는 이러하다.

밤과 게, 새우와 소금을 광주리와 항아리에 가득 채우고 새벽녘 포구를 떠나니 해오라기 놀라 난다.

포구에서 주로 비린 것을 이고 지고 도시로 행상을 떠나는 아낙네들을 그린 것이다(왜 밤을 들었을까? 혹시 밤송이처럼 생긴 성게를 말하는 것인가?). 이 그림은 단원이 34세 때 그린 것이고 〈부부 행상〉은 그 뒤에 그려진 것이다. 두 그림은 당연히 관계가 있다. 맨 왼쪽 여자가 머리에 인 함지박과 〈부부 행상〉의 사내가 지게에 지고 있는 물건이 같은 것으로 보인다. 그리고 〈부부 행상〉의 아이 업은 아낙은, 〈포구의 여자 행상들〉 중 맨 왼쪽의 아이를 업은 여자와 꼭 같다. 더 흥미로운 것은 두 그림에 모두 여자들이 이고 있는 광주리가 중간이 움푹 파지고, 또 테가 풀어지지 말라고 검은 대나무 줄기로 엮은 것까지 꼭 같다. 이 광주리는 무엇이라 부르는지 알 수가 없다.

앞에서 말했다시피 〈포구의 여자 행상들〉은 원래 〈행려풍속도병〉의 여덟 폭 중 하나다. 그런

데 바로 이 그림에 이어지는 그림 〈나룻배를 기다리며〉를 보면, 행상한 사람이 더 나온다. 이 그림은 강가 나루터에서 멀리 있는 사공을 부르는 장면을 그린 것이다. 그림 오른쪽에는 말을 탄 양반과 그의 말구종이 있다. 말구종은 채찍을 들어 사공을 가리키고 있다. 그림 왼쪽에는 갓을 쓴 양반 둘과 삿갓을 쓴 사내가 있고, 그 오른쪽에 지게에 짐을 잔뜩 진 사내가 작대기를 짚고 서 있다. 지게에 실은 물건을 자세히 보면 그릇이다. 즉 사기그릇인 것이다. 사기그릇은 행상들이 취급하는 물건이었다. 조선 후기의 가사 〈덴동어미 화전가〉를 보면 덴동어미의 세 번째 남편인 황도령이 곧 사기장수였다. 덴동어미와 황도령 부부는 사기를 팔러 다닌다.

1 사기장수 김준근, 프랑스 기
  메 박물관
2 부상 김준근, 기산 김준근 조
  선풍속도-스왈른 수집본, 숭실
  대학교 한국기독교박물관
3 부상부부 김준근, 기산 김준
  근 조선풍속도-매산 김양선 수
  집본, 숭실대학교 한국기독교
  박물관

> 영감은 사기 한 짐 지고 골목에서 크게 외고
> 나는 사기 광주리 이고 가가호호家家戶戶 도부한다.
> 조석이면 밥을 빌어 한 그릇에 둘이 먹고
> 남촌북촌에 다니면서 부지런히 도부하니
> 돈 백이나 될 만하면 둘 중에 하나 병이 난다.
> 병구려 약시세[102] 하다 보면 남의 신세를 지고 나고
> 다시 다니며 근사勤仕 모아[103] 또 돈 백이나 될 만하면
> 또 하나이 탈이 나서 한 푼 없이 쓰고 나네.
> 도부장사 한 10년 하니 장바구니에 털이 없고
> 모가지가 자라목 되고 발가락이 무지러졌네.

이렇게 모가지가 자라목이 되고 발가락이 무지러지도록 살지만,

310

덴동어미와 황도령의 인생은 어느 날 끝장이 난다. 어느 '궂은 비 실실 오는 날' 두 사람은 산 밑 주막에 주인을 정하고, 덴동어미는 '건너 동네'로 사기를 팔러 간다. 그런데 갑자기 소나기가 쏟아지더니 주막 뒷산이 무너지고 주막터가 둘러껴져 떠내려간다. 집은 간데없고 보이느니 망망대해다. 황도령은 주막이 있는 동네에 있다가 죽고 만다. 덴동어미는 울부짖는다.

그 주막에나 있었더라면 같이 따라 죽을 것을
먼저 괴질怪疾에 죽었더라면 이런 일을 아니 볼 걸.
도부가 다 무엇인고, 도부 광주리 무어박고
하염없이 앉았으니 억장이 무너져 기막힌다.

덴동어미가 당한 이 불행은 사실상 조선 천지를 떠돌던 수많은 장돌뱅이들의 운명이었을 것이다.

요행하게도 사기장수 부부를 그린 그림이 남아 있다. 덴동어미와 황도령의 모습을 어디 한 번 보기로 하자. 김준근의 그림 〈사기장수〉가 그것인데, 여자는 광주리에 여러 가지 사기그릇을 내놓고 팔고 있고 남자는 지게에 사기를 잔뜩 지고 있다. 이 그림과 유사한 그림이 역시 김준근의 〈부상負商〉과 〈부상부부負商夫婦〉이다. 아이가 있고 없고, 또 그릇이 옹기로 바뀌었을 뿐이다.

내친김에 행상 그림을 몇 점 더 보자. 먼저 19세기의 문인이자, 화가인 권용정權用正의 〈보부상〉이다. 사내는 패랭이를 쓰고 있는데 원래 보부상의 패랭이에는 목화송이가 있어야 하지만 어떻게 된 사연

인지 없다. 대신 짧은 곰방대가 꽂혀 있다. 사내가 지고 있는 것은 옹기다. 지게 위의 물건을 보면 맨 위의 것은 자배기, 그 아래 것은 버치, 그 아래 것은 손잡이가 있는 것으로 보아 장독 뚜껑이 아닌가 한다. 참고로 1900년 전후에 찍은 것으로 보이는 사진 〈오지그릇장수〉를 보면, 손잡이가 있는 옹기가 보일 것이다. 이 무거운 물건을 진 사내는 지팡이로 땅을 짚으며 오직 목숨을 이어가기 위해 팔도를 떠돌아야 했을 것이다.

흥미로운 것은 이 사내가 지고 있는 옹기가 다른 그림에도 보인다는 것이다. 필자 미상의 〈고깃배〉란 그림이다. 〈고깃배〉란 제목을 붙이고 있지만 적절한 제목은 아니다. 고기잡이와 연관된 아무런 요소도 없기 때문이다. 사공이 고물에서 삿대를 밀고 있고 배에 탄 사람의 행색이 서로 다른 것을 보아 나룻배가 틀림없다. 여기서 눈길을 끄는 것은 담배를 피우기 위해 옆 사람에게 불을 빌리는 사내다. 이 사내는 권용정의 〈보부상〉에 나오는 사내가 지고 있는 것과 같은 물건, 곧 옹기 따위를 지고 있다. 이 사내는 지게에 물건을 지고 가다가 강을 만났고 나룻배를 타고 강을 건너는 참이다. 이 사내는 혹 덴동어미의 남편 황도령인가.

오명현吳命顯(17세기 말~18세기 중반)의 그림 〈독 나르기〉는 제목이 석연치 않다. 사내는 지게를 지고 지게 위에 독을 얹었다. 다 헤진 벙거지를 쓰고 무릎 아래를 다 드러낸 정강이에는 털이 잔뜩 나 있다. 신은 짚신이다. 하층민 중의 하층민이다. 나는 이 독이 빈 독이 아니라는 데 주목한다. 지게에 얹혀 있는 독은 뚜껑을 오지로 하지 않고 열고 닫기 편하게 천으로 해 줄을 묶어놓았다. 이것은 빈 독을 옮기는 장면이 아니다. 이 사내는 독 안에 있는 물건, 곧 꺼내기 쉬운 물건을 지고 다니며 파는 행상이다. 무엇이 들어 있느냐고? 독에 넣어 팔러 다닌다면 아마도 젓갈일 것이다.

현대의 상상물이지만 김주영의 《객주》에 나오는 길소개가 젓갈장수였다. 실제 젓갈장수는 가장 널리 알려진 장수이기도 했다. 사설시조에 '댁들에' 노래라는 것이 있다. 행상이 자기가 파는 물건을 알리기 위해 '댁들에' 곧 여러분이라고 시작하면서 부르는 노래다. '댁들에' 에 노래에는 나무장수, 연지분장수, 자리·등메 장수 등 여럿이 있는데 그중에 게젓장수도 있다.

"댁들에 동난지이 사오."

"저 장수야, 네 황후(황화, 곧 상품) 무엇이라 외는다, 사자."

"외골내육外骨內肉 양목兩目이 상천上天, 전행前行·후행後行 소소小 아리
팔족八足 대아리 이족二足, 청장淸醬 아스슥 하는 동난지이 사오."

"장사야, 하, 거북히 외지 말고 게젓이라 하려문."

'동난지'는 곧 방게젓이다. 방게젓장수는 자신이 파는 물건, 곧 게
젓에 대해 겉으로는 뼈, 안으로는 살, 두 눈이 하늘을 향해 있고, 앞
으로 가고 뒤로 가는 작은 다리 여덟 개, 큰 다리 두 개를 갖고 있는,

맑은 장국의 씹으면 아스슥 하는 방게젓을 사라고 말한다. 그러자 듣던 사람이 "야, 이 사람아, 그냥 게젓이라 불러라"고 말한다. 이것은 노래로 불리던 것이다. 다만 이 노래는 게젓장수가 나다니던 생활을 반영하고 있다.

글 첫머리에 언급했다시피 행상은 고되고 위험한 직업이었다. 행상은 물화를 갖고 움직이기 때문에 강도의 표적이 되기도 했다. 《세종실록》 10년 윤4월 10일조에 의하면 황해도의 강도가 인가를 불태우고 행상을 살해하며 재물을 강탈했다고 한다. 《성종실록》 2년 11월 7일조에는 행상에게 강도질을 한 죄로 개성부의 백성 최백이 등 세 명에게 참형을 언도하고 있다.

행상을 노리는 도둑은 조선시대 내내 존재했다. 숙종 때 관료인 민유중閔維重(1630~1687)의 말을 들어보자. 민유중은 명화적이 민가를 약탈한 사례를 열거하고 난 뒤 이렇게 말한다.

전주의 행상 몇 사람은 정읍현에서 숙박하다가 도적의 칼에 찔렸고 그 중 한 사람은 즉사했습니다. 영남 사람은 공물을 받으러 금산 땅을 지나다가 밤에 화적을 만났는데, 한 사람이 살해되었습니다. 남원, 장수의 백성 10여 명은 소금을 거래하기 위해 전주의 시장으로 가서 관문에서 10리 떨어진 들에서 묵었는데, 초저녁에 도적이 돌입하여 말 일곱 필과 말에 실었던 재물과 포목을 모두 빼앗아 갔습니다. 두 사람은 피살되고 두 사람은 다쳤습니다.[104]

이처럼 전국을 떠돌아다니는 행상은 지극히 위험한 직업이었다.

보부상의 단결 역시 이러한 위험에서 자신을 지키려는 의지의 반영이었던 것으로 보인다.

행상 활동에 대해서 전하는 자료는 드물다. 하지만 조선 후기가 되면 행상이 상당한 수로 불어났음을 짐작할 수 있다. 정확한 통계는 없지만 여러 자료로 그것을 확인할 수 있다. 김창협은 '홍천에서 인제에 이르기까지 길에서 만난 사람은 대개 과거를 치러 가는 유생이었고, 또 장사꾼으로서 영동 지방에서 오는 사람이었다. 그래서 이런 시를 짓는다'라 하고 "나그네 되어 대관령 동쪽 길 가노라니, 서쪽으로 오는 사람을 많이 만나누나. 책상자를 진 과거 칠 선비거나, 생선을 한 바리 실은 행상들이로다"라는 시를 쓰고 있다. 김창협은 강원도 홍천에서 인제로 넘어가는 길에 동해 바다 생선을 잔뜩 실은 행상들을 만났던 것이다.

하지만 전국의 사정이 꼭 같았던 것은 아니다. 남구만이 1670년(현종 11)에 올린 상소에 의하면 충청도 청주는 배가 다니는 길과 멀어 장사할 길이 없고 시장에는 곡식을 사고파는 행상이 없다고 하였으니 지역에 따라 행상이 오가며 상업이 활발한 곳도 있고 그렇지 않은 곳도 있었던 모양이다.

상업은 물화를 유통시키는 일이라 반드시 필요한 일이건만, 조선조의 양반들은 상업을 천하게 여기고 상인을 우습게 알았다. 식견 있고 속이 트인 사람들은 이런 풍조를 비판했다. 정조는 이렇게 말한다.

중국의 경우 벼슬하던 사람이 비록 재상까지 지냈다 하더라도 은퇴하

상민민영서등원정常民閔永瑞等懇情 국립부여박물관. 1892년 11월 은산에서 장을 마친 후 부상을 사칭하는 도적들에게 재물을 빼앗긴 상인들이 한산군수, 서천군추, 홍산현감 등에게 도적을 잡아줄 것을 요청한 문서다.

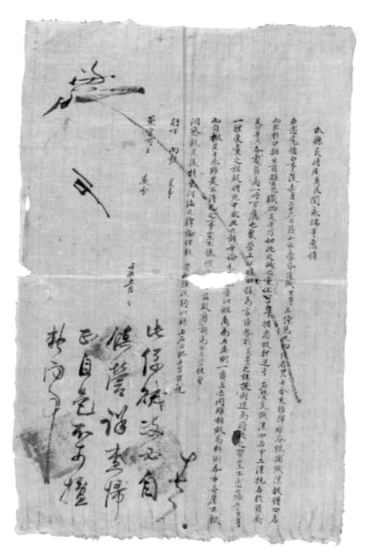

면 모두 행상을 하기에 아주 가난한 데 이르지는 않는다. 우리나라의 경우, 대대로 경상卿相을 지낸 집안이라 하더라도 한 번 벼슬길이 끊어지면, 자손들이 가난해져 다시 떨치지 못하여 심지어 유리걸식하는 사람이 나오기까지 하니, 단지 압록강 하나를 사이에 두고 있을 뿐이거늘, 풍속이 같지 아니함이 이와 같다.[105]

정조뿐만이 아니라 널리 알려진 바와 같이 유수원과 박제가 역시 양반이 상업을 천시하는 것을 비판하고, 양반 역시 상업에 종사해야 한다고 역설한 바 있다.

한데 양반이 상행위에 뛰어든 경우도 없지 않다. 홍성민洪聖民(1536~1594)은 임진왜란 직전 함경도 부령으로 귀양을 간다. 이내 빈털터리가 된 그는 먹을 것을 마련할 방도가 없다. 사람들에게 물으니, 바닷가의 싼 소금을 사서 곡식이 넉넉한 오랑캐 땅에다 팔아보란다. 홍성민은 장사치가 될 수 없다며 망설이다가 주림을 참지 못하고 소금장수를 시작한다. 한데 이 소금장수가 재미있다. 그는 종에게 몇 되의 곡식을 주어 90리 밖의 바닷가에서 소금을 사서 함경도 북쪽 120리 길을 다니며 곡식과 바꾸어 오게 하였다.

곱이 남는 장사였다. 일시에 굶주림이 해결되었지만 곡식이 떨어지자 종을 또 보내지 않을 수 없었다. 그는 장사하는 게 부끄러워 괴로워하다가 마침내는 장사가 잘되지 않을까 하고 두려워하게 되었다고 고백한다. 이 장사하는 일이 양반인 그를 얼마나 괴롭혔던지, 급기야 때때로 혼자 허허 웃다가 자신을 불쌍히 여기기도 하는 등 아주 이상한 사람이 되어버린다. 홍성민은 종을 시켜서 한 상행위에서조차도

더할 수 없는 치욕감을 느꼈던 것이다. 홍성민은 귀양에서 풀려나면
한 사람의 착실한 농사꾼이 되어 밭을 갈고 김을 매어 가을에 거두어
서 나라에 바치고 자기 한 몸을 먹여 살리겠노라 다짐한다.

　궁금하다. 상업을 이렇게 천하게 여기는 세상에서, 단원의 그림 속
부부 행상은 어떻게 생을 마쳤을 것인가? 이번 장삿길에 한몫을 잡
으면 떠돌이는 그만두고 고향으로 돌아가 논과 밭을 사서 일구며 살
리라 하던, 그 희망은 과연 실현이 되었을 것인가. 아마도 아닐 것이

독장수(20세기 초) 살림살이에
꼭 필요한 장독과 옹기 등을 지
게에 지고 다니며 팔던 행상들이
다. 쪽지게와 촉작대기를 들고
전국의 오일장을 떠돌던 이들은
도붓장수, 장돌림, 장돌뱅이, 장
꾼 등으로 불렸다.

다. 지고 있는 초라한 물건을 보아하니 그들의 희망은 가뭇없이 사라지고 타관 객지에서 눈을 감았을 것이다. 떠돌이의 삶이란 원래 그런 것이 아니던가.

길 떠나는 상단

길마 얹고 길을 나서다

商團

（二十） 그림은 단원의 〈길 떠나는 상단商團〉이다. 먼저 그림에 등장하는 사람들의 복색을 보자. 차림새를 보아하니, 모두 양반은 아니다. 아홉 명의 사내가 등장하는데, 맨 오른 쪽의 사내만 대우가 작은 갓을 썼을 뿐이고, 나머지 여덟 명 중 두 사람은 방갓을 썼고, 두 사람은 건을 썼고, 네 사람은 맨머리다. 맨머리의 사내는 상투가 보이지 않는다. 더욱이 오른쪽 부분의 긴 담뱃대를 물고 있는 맨머리 총각은 어린 기색이 완연하다. 행색으로 보아 이들은 양반이 아니다. 맨 오른쪽 갓을 쓴 사람도 나이가 들었다 뿐이지 짧은 곰방대를 가진 품이나, 복색이 도포가 아닌 점으로 미루어 보나 양반은 분명 아니다.

이 그림의 원래 제목은 〈장터길〉이라 하기도 하고 〈행상〉이라 하기도 한다. 내가 정한 것이 아니고 그렇게 전해져 온 것이다. 단원이 원래 취한 제재가 무엇인지는 정확하게 모른다. 하지만 장터와 상관이 없는 것은 물론 아닐 터이다. 이들은 한패거리이거나 아니면 두세 패거리로 짐작이 된다. 먼저 오른쪽의 네 사람을 보자. 네 사람이 네 필의 말을 타고 있다. 중간의 머리를 천으로 싸맨 사람을 제외하고는 모두 곰방대를 물고 있다. 갓을 쓴 사내는 한창 곰방대를 손으로 누르는 참이다. 담뱃불을 세게 댕기려 압력을 가하고 있는 참이다. 아래의 더벅머리 총각은 이제 막 담배를 배우는 참인지 얌전하게 담배를 빨고 있다. 그 왼쪽의 돌아보는 자세의 사내는 담뱃불을 댕기려 부싯돌을 치고 있다. 이 네 사람이 한패로 보인다.

왼쪽의 세 사람은 세 필의 말을 타고 한 필은 끌고 간다. 서로의 거리가 좁은 것으로 보아 이들 역시 한패로 보인다. 그리고 왼쪽 위의 언덕 건너편에 두 사람이 있는데 한 사람은 더벅머리 총각으로 말을

길 떠나는 상단(행상) 김홍도, 《단원풍속도첩》, 국립중앙박물관. 등장인물 아홉 명 중 더벅머리 어린 총각이 네 명이다. 총각들은 모두 견마부로 보이고, 나머지 다섯 사람은 어른이다. 아마도 이들은 시장을 오가는 상인일 것이며, 이 사내는 상단의 행수가 아닐까 한다.

324

타고 있고, 뒤를 따르는 사내는 걸어서 소를 몰고 가고 있다.

이들이 모두 한패인지, 아니면 세 패인지는 단원이 다시 살아나거나 그림 속의 누가 그림 밖으로 나오기 전에는 알 길이 없다. 다만 이들이 같은 목적으로 같은 길을 가고 있음은 충분히 짐작할 수 있다. 무엇으로 아느냐고?

이 그림에는 말이 아홉 마리, 소가 한 마리가 등장한다. 그런데 유심히 보면 맨 오른쪽 갓 쓴 사내가 타고 있는 말만 제외하면, 나머지 말과 소의 등에는 모두 길마가 얹혀 있다(길마 아래 얹은 것은 언치다). 길마는 안장이 아니다. 안장이란 사람이 말에 올라탔을 때 쾌적함을 누리기 위해 만든 장치다. 한데 그림에 등장하는 것은 원래 말에 얹는 안장이 아니라 주로 소 등에 얹는 길마다. 길마의 용도는 물건을 나르기 위한 것이다. 따라서 위의 말들은 사람이 타는 승용마가 아니라, 물건을 나르기 위한 말인 것이다. 더욱이 승용마는 오직 양반만이 탈 수 있었다. 따라서 위에 등장하는 양반 아닌 상것들이 말을 타고 다닐 수는 없는 것이다.

그렇다면 이들은 누구인가. 맨 왼쪽의 더벅머리 총각을 보자. 오른손에 들고 있는 것은 다름 아닌 채찍이다. 채찍은 말을 몰고 가는 데 쓰는 것이다. 이 총각은 원래 말을 몰고 가는 사람이다. 사람이 타는 승용마의 경우 양반네를 태우고 앞에서 말을 끌고 간다. 이 경우 그는 말구종이 된다. 말구종은 한자로 쓰면 견마부牽馬夫가 되고 '견마'가 입에 익으면 '경마'가 된다. '말 타면 경마 잡히고 싶다'는 속담은 사실 말을 타면, 말을 끌고 가는 견마잡이를 두고 싶다는 말이다. 그림 속의 견마잡이는 물건을 싣지 않은 말을 타고 가는 참이다.

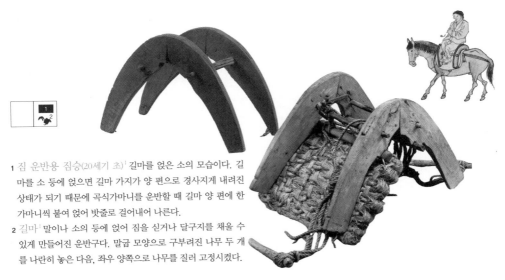

1 짐 운반용 짐승(20세기 초)[1] 길마를 얹은 소의 모습이다. 길
마를 소 등에 얹으면 길마 가지가 양 편으로 경사지게 내려진
상태가 되기 때문에 곡식가마니를 운반할 때 길마 양 편에 한
가마니씩 붙여 얹어 밧줄로 걸어내어 나른다.

2 길마[1] 말이나 소의 등에 얹어 짐을 싣거나 달구지를 채울 수
있게 만들어진 운반구다. 말굽 모양으로 구부려진 나무 두 개
를 나란히 놓은 다음, 좌우 양쪽으로 나무를 질러 고정시켰다.

또 그림 중간의 사람을 태우지 않은 말을 끌고 가는 데 유의해야 한다. 이들은 하나 같이 승용마를 타고 가는 게 아니라 짐을 싣기 위한 빈 말을 타고 가는 중이다. 즉 어딘가로 짐을 싣기 위해 가고 있으며, 아직 짐을 싣기 전이기에 길마를 얹은 빈 말을 임시로 타고 있는 것이다.

이 길마를 얹은 여덟 마리의 말과 한 마리의 소가 짐을 싣기 위한 운반용이라는 것은, 담배에 불을 댕기려고 부시를 치는 사내가 앉은 길마에 밧줄이 묶여 있는 것을 보아서도 알 수 있다. 이 밧줄은 길마에 짐을 싣고 동여매기 위한 것이다.

등장인물 아홉 명 중 더벅머리 어린 총각이 네 명이다. 총각들은 모두 견마부로 보이고, 나머지 다섯 사람은 어른이다. 어른들 중 맨 오른쪽의 갓을 쓴 사내가 아마도 이 패의 우두머리로 보인다. 갓을 차려 쓴 것이라든지 또 이 사내만은 길마 위에 타고 있지 않다는 점

다리(20세기 초)¹ 말에 짐을 싣고 한 상단이 다리를 건넌다.

을 고려하건대(사내가 탄 말이 길마가 아닌 것은 확실하지만, 안장이라고 단언할 수도 없다. 안장이라면 앞에 손으로 잡을 수 있는 튀어나온 부분이 있어야 하는데 그것이 없다. 단지 언치를 얹고 그 위에 앉기 편한 무엇, 예컨대 덕석 같은 것을 놓은 게 아닌가 한다), 그는 이 패거리 중에서는 제법 행세를 하는 사람인 것이다. 추측컨대 이들은 시장을 오가는 상인이고, 이 사내는 개성상인이나 의주상인과 같은 상단商團의 행수가 아닌가 한다. 이런 까닭에 그림의 제목을 〈길 떠나는 상단〉이라고 고친 것이다. 상단이 아니라, 어떤 시골 사람들이 생활에 필요한 물건을 사려고 시장에 가는 길이라고 할 수도 있다. 하지만 일반적으로 조선 후기에 말을 아무나 가질 수 없었음을 상기한다면, 그림에 등장하는 사람들이 평범한 시골 농민이라고는 말할 수 없을 것이다. 구한말의 사진 〈다리〉는 상인들이 말에 약간의 상품을 싣고 다리를 건너는 장면이다. 단원의 그림과 다를 바 없을 것이다.

상단을 그린 그림은 이형록李亨祿(1808~?)이 그린 것으로 전해지는 〈눈길을 걷는 상단〉도 있다. 소를 앞세우고, 말에 짐을 지우고, 아니면 어깨에 지고 한 무리의 사람들이 어디론가 가고 있다. 이 역시 상단을 그린 귀중한 그림이다.

조선이란 나라는 유교가 국가의 이데올로기였다. 유교는 상업을 원래 가장 낮은 직업으로 본다. 사·농·공·상, 즉 지식인, 농민, 수공업자, 상인의 순서다. 《맹자》〈등문공滕文公〉에 농가農家인 허자許子의 제자 진상陳相과 맹자의 논변이 나온다. 진상이 전하는 허자의 논리는 이렇다. '유가들은 왜 노동을 하지 않고 정치를 한다고 들면서 호의호식 하는가.' 이것이 허자의 문제 제기다. 이 말에 맹자는 허자

가 농사를 지을 때 사용하는 쇠쟁기는 허자가 직접 만든 것인가, 허
자가 쓰는 그릇은 허자가 직접 만든 것인가 묻는다. 이에 진상은 이
렇게 답한다. 아니다. 허자가 생산한 곡식과 바꾼 것이다. 그렇다. 허
자는 자신에게 필요한 모든 것들을 다 생산할 수 없다. 이 사회에는
사람마다 각각 역할이 있다. 곧 지금으로 말하자면 사회적 분업이 필
요하다는 말이다. 맹자는 자신의 역할을 정치라고 말하고, 허자가 대

장장이 일을 농사짓는 일과 함께할 수 없는 것처럼, 정치 역시 다른 일과 함께할 수 없다고 말한다. 허자는 맹자의 사회적 분업을 말하는 논리에 패배하고 만다.

사회적 분업을 주장하는 맹자의 논리가 맞다면, 상업이야말로 교환을 가능케 하는 수단으로서 반드시 있어야 할 직업이 아닌가. 하지만 맹자는 〈공손추公孫丑〉에서 지역에 따른 가격차를 이용해 이익을 보는 상인을 통렬하게 비난하고 있다. 맹자의 눈에는 상인의 활동이야말로 구체적 생산물을 생산하지 않는 무용한 행위로 보였을 것이다. 그가 허자에게 말한 교환이란 이익이 없는 단순한 교환 행위를 의미했다. 이것이 황당한 생각임은 여기서 굳이 변파할 필요가 없을 것이다. 하지만 오늘날에는 맹자의 말이 전적으로 타당하지 않다고 말할 수도 없다. 왜냐? 상업은 자본의 축적을 가져오고 자본의 축적 규모가 커진다면, 그 자본은 금융자본이 되어 필연적으로 생산자를 구속할 것이기 때문이다. 만개한 자본주의 사회에서 우리는 시방 그 금융자본의 위력을 직접 경험하고 있는 판이다.

유가의 상인에 대한 이런 생각 때문에 유교를 국가 이데올로기로 삼은 조선은 상업과 상인을 적극 장려하지는 않았다. 앞서 〈부부 행상〉에서 언급한 바와 같이 조선의 얼개를 짰던 정도전에게서 확인할 수 있듯, 조선의 지배자들은 농업에 제일 중요한 가치를 두고 수공업자와 상인을 억제하려 했던 것이다. 하지만 물자의 교환을 위한 시장이 없을 수는 없다. 수도를 개성에서 서울로 옮긴 뒤, 궁궐과 종묘, 관청을 지었다. 아울러 지은 것이 관영 시장인 시전市廛이었다. 조선 후기가 되면, 이 관영 시장의 상인 외에 개성상인을 위시한 사상私商의 활

장터 가는 길(귀시도)¹ 김득신, 개인 소장. 소 한 마리, 말 한 마리를 앞세우고 한 무리의 사람들이 다리를 건너고 있다. 이들은 전문 상단이라기보다 물건을 팔기 위해 혹은 사기 위해 장에 가는 보통 사람들로 보인다.

동이 부쩍 활발해진다. 이들은 국가의 감시를 뚫고 밀무역 루트까지 뚫는다. 이익이 나는 곳에 상인이 있었던 것이다. 또 역관이 주축이 된 북경과 한양, 동래와 일본을 잇는 국제무역이 제법 발달한다.

이와 함께 국내 곳곳에 시장이 생겨난다. 그림이 그려진 18~19세기가 되면, 전국에 약 1,000곳의 시장이 생긴다. 시장은 한 고을에 대여섯 곳, 많게는 여덟아홉 곳까지 있었다. 시장은 아무리 막으려 해도 막을 수가 없었던 것이다. 남이 장에 가면 거름 지고 따라간다는 말이 만들어질 정도로 시장에 가는 것은 백성들의 일상이 되었다. 김득신이 그린 〈장터 가는 길〉은 바로 그 시장 가는 장면을 그린 것이다. 소 한 마리, 말 한 마리를 앞세우고 갓을 쓴 사내와 삿갓을 쓴 사내가 앞에 서고 뒤에 아이와 어른 여럿이 따르고 있다. 이들은 이제 막 다리를 지나고 있다. 대개 등에 무언가 짐을 지고 있다. 끝에서 두 번째 지팡이를 짚고 가는 아낙은 머리에 광주리를 이고 있다. 위로 삐죽 나온 것은 술병인 듯하다. 이 일행은 상업을 자기 직업으로 삼는 상단이라기보다는 장에 가는 보통 사람들로 보인다.

시장으로 가는 사람들의 목적지, 곧 장터에 가면 온갖 사람들이 모인다. 어디 사람 벅적이는 김준근의 〈시장〉을 보자. 한 가운데는 Y자처럼 생긴 나무를 거꾸로 박아 가가假家를 세우고 장수들이 앉아서 손님을 기다리고 있다. 그리고 그림의 왼쪽 부분에는 곡식을 파는 상인들이 줄지어 앉아 있다. 그런가 하면 위쪽에는 소를 사고파는 소시장이 열렸다. 아마도 이 그림은 시장의 그 복잡하고 시끄러움을 다 담아내지는 못하고 있을 것이다. 구한말 함흥의 시장 사진을 보라. 이것이 아마도 조선시대의 시장 모습일 것이다.

1 시장 김준근, 독일 함부르크 민족학박물관
2 함흥 시장(20세기 초) 함흥은 교통의 요지
로 인근 지역 산물의 집산지였다.

조선의 역사는 양반의 역사이고, 양반만이 자신들에 대한 기록을 남겼기에 상인에 대한 문자가 남을 수는 없다. 하지만 상인을 엿볼 수 있는 시가 있다. 조석윤趙錫胤(1606~1655)의 〈목계나루 장사꾼賈客行〉[106]을 읽어보자.

목계나루 강가에
집들이 대체 몇몇 호인고.
집집마다 배를 타고
장사치로 생애가 되었구나.

호미 쟁기 내던지고
돛달고 노 젓기 일삼아서
해마다 이문을 좇아
물결 따라 바람 따라 돌아다니네.

동쪽 집 서쪽 집
어울려 동시에 발행하니
너나없이 말들 하길
"오늘이 날이 가장 길하지."

뱃머리에 술 걸러서
강신께 고사를 드리는데
비는 말씀 한결같이

"몸 평안히 재물이 집에 가득히."

가다가 비가 오면
봉옥蓬屋에 들어 피하고
가다가 바람이 불면
돛을 올려 펼치고

다못 근심 한 가지 있는 건
수심은 얕고 물살 사나워
자갈 모래 울퉁불퉁
장애가 적지 않구나.

때로는 배 밑이 땅에 닿아서
배가 나가질 못하는데
어영차 힘을 합쳐
끌어당기고 밀어붙이고

배가 서서히 가는 건
느려도 오히려 무방하거니
빨리 가다 뒤뚱하면
몹시도 겁나기 마련이라.

험한 물길 지날 땐

평지가 좋다 생각 들지만
한바탕 소동을 치르고 나선
이내 다시 웃고 농짓하고

배에서 잠깐 내려 나무를 주어다
선상에서 불 피워 밥을 짓고
날이 저물면 닻줄을 묶고
물결 위에서 잠을 자네.

서쪽에서 올라오는 배
구면의 동무를 만나면
가끔가다 서로 노를 멈추고
말을 주거니 받거니

요즈음 산골짝 고을에
소금값이 많이 올랐던걸.
서울에선 쌀값이
근래 얼마나 하던가?

지난해엔 물이 흔해서
넘쳐흘러 걱정이더니만
올해는 너무도 가물어
물이 얕아 곤란이로군.

어허 참, 하느님도

음양이 왜 고르지 못할까

우리 장삿길 나서 봤자

이익은 별로 없이 고생만 막심하네.

여보오 상인들이여!

당신네들 탄식 그만하오.

바야흐로 천하가 대혼란에 빠져

군자는 지금 이를 근심하는 판이라오.

道途惡我欲疾驅知何緣滯我嚴程不須說害
我嘉穀良可憐嗚呼天時人事乃如許臨歧四
顧心泫然。

賈客行 庚辰

木溪江上凡幾家家家賈販爲生涯不事鋤犁
事扲楫年年遂利隨風波東隣西舍同時發興
言今日日最吉船頭釃酒賽江神。昕願身安財
滿室有兩可以庇蓬屋可以張帆幅尺疑
江淺灘甚慳沙石磊磊多碗觸有時膠底不肯
進齊聲合力極推挽徐行安穩尚云可。疾走顚
危最可閒歷險方知平地樂驚憂多來還笑訛
下船取樵上船炊日暮繫纜波上宿西來舟中
多舊侶往往傳橈相與語峽中塩直比來高京
口米價今樂許前年大水怕泛濫今年大旱困
灘渚咄哉我陰陽何錯迕作賈利輕多辛苦。賈客
賈客休歡怠君子方憂天下潤

冬暖歎 癸未

一氣流行四時分。溫凉寒燠各有節玄冬凜洌
從古然萬木歸根百卉六不有一翁那有關地
底陽和忌輕泄澤迂士凍成閉塞闇然生意何

목계나루 장사꾼 조석윤, 《낙정집樂靜集》권5

목계는 남한강 상류 충주 지방에 있는 나루터다. 목계나루 근처에 사는 상인들이 강물을 따라 장삿길을 떠났던 것이다. 저 유명한 신경림의 〈목계 장터〉의 "뱃길이라 서울 사흘 목계나루에, 아흐레 나흘 찾아 박가분 파는, 가을볕도 서러운 방물장수 되라네"의 박가분장수는 다 내력이 있는 것이다.

그림 한 장으로 시작된 이야기가 너무 길었다. 하지만 장사꾼을 그림으로 옮긴 것은 드문 일이다. 정말 단원의 〈길 떠나는 상단〉이야말로 그나마 조선시대 상인들의 모습을 알려주는 가장 자세한 보고서가 아니겠는가.

길 떠나는 나그네(20세기 초)

나룻배와 강

강 위의 인생

二一 한강에는 거창한 다리가 스무 개가 넘는다. 아무도 한강을 건너기를 일로 여기지 않는다. 다리는 다만 도로의 연장일 뿐이다. 강을 하루에 대여섯 번씩 건너도 감상이 있을 수 없다. 하지만 강을 건너는 일은 색다른 체험이다. 다만 그것은 배를 타고 건넜을 때의 말이다. 선선한 강바람을 온몸으로 맞으면서 멀리 저 건너 편 강안을 바라보는 일은 일상에서 경험할 수 없는 것이다.

다리가 놓이기 전 한강에는 나룻배가 오갔다. 서해안에서 올라오는 물자를 실어 나르는 배가 끊임없이 들락거렸고, 어선도 드문드문 있었다. 강은 지금의 넓은 도로였으며, 배는 그 도로를 천천히 달리는 자동차였던 셈이다.

강마다 사람이 건너기 좋은 곳, 화물을 부리기 좋은 곳이 있었다. 나루터다. 이제 이야기를 나루를 건너는 배 쪽으로 옮겨보자.

먼저 단원의 〈나룻배와 강 건너기〉를 보자. 나룻배가 두 척이다. 이 배는 배의 바닥이 넓은 평저선이다. 원래 조선의 배는 바닥이 넓은 평저선이다. 일제강점기 이후 평저선이 사라지고 현재 우리가 보는, 바닥이 삼각형인 일본식으로 바뀌었다. 다만 유원지 같은 곳에서 두세 사람이 타는 작은 배의 바닥을 보면 모두 평평하다. 안정성을 위해서일 것이다. 하지만 그 배가 과연 조선 배의 전통을 이어서 그런 것인지는 알 길이 없다. 언젠가 방송에서 평저선을 뭇는 장인을 본 적이 있다. 그 배를 한선韓船이라 불렀는데, 그 한선을 뭇는 기능도 거의 끊길 지경에 와 있었다. 아쉬운 일이다.

단원의 〈나룻배와 강 건너기〉 그림에 위쪽 나룻배에는 사람 열둘과 소 두 마리가 타고 있다. 소까지 태웠으니 꽤나 큰 배다. 인물의 면면

을 살펴보자. 고물 쪽의 두 사람은 사공인데, 큰 배라 힘이 드는지 함께 노를 젓는다. 바로 그 앞에 더벅머리 총각 하나와 맨상투의 상한常漢이 앉았는데, 마주 앉아 곰방대를 빨고 있는 품으로 보아 일행이 분명하다.

두 사내 앞에 아이를 동반한 아낙네 한 사람이 있다. 머리에 올린 것은 옷이다. 이런 식으로 머리에 옷을 올리는 방식은 신윤복의 그림에도 나오니 당시 풍습이었던 것이다. 아낙네 앞에 삿갓을 쓴 사내가 있는데 아마도 상한일 것이다. 그 뒤에 갓을 쓴 양반이 있다. 양반은 뒤에 길쭉하게 포장한 것을 지고 있는데 무엇인지는 알 길이 없다. 그리고 그 옆에 소 두 마리가 서로 다른 방향으로 서 있다. 등에 잔뜩 진 것은 땔나무다. 서울의 저자에 팔기 위한 것일까. 소 사이에 더벅머리 총각이 곰방대를 물고 있고, 왼쪽 소의 왼쪽에 다시 삿갓을 쓴 사람이 있다. 아마도 삿갓을 쓴 두 사내와 총각은 땔나무를 팔러가는 일행일 것이다. 그리고 다시 왼쪽에는 갓을 쓴 선비가 앉아 있고, 또 그 오른쪽에는 갓을 쓴 양반이 장죽을 물고 있다.

아래의 배도 마찬가지다. 역시 오른쪽 끝에는 사공이 등을 돌리고 노를 젓고 있고, 그 왼쪽에는 망건 바람의 사내가, 그 오른 쪽에는 갓을 쓴 선비가 있다. 삿갓을 쓴 사내도 셋이 있고, 아이를 업은 아낙도 있다. 맨 왼쪽에는 학자풍의 양반이 점잖게 앉아 강을 보고 있다. 배의 왼편에는 빈 길마를 얹은 소가 한 마리, 말이 한 마리가 있다. 그리고 왼쪽 소의 옆에 검은 물체가 보이는데, 역시 말로 보인다. 어린 총각이 말을 돌보고 있다.

두 척의 나룻배는 조선 사회의 상하, 남녀를 모아놓고 있다. 단원의 다른 풍속화에는 사람들의 표정이 있는데, 이 그림에 등장하는 26명의 인물은 표정이 없다. 무료해 보인다. 인물들을 너무 작게 그려서 그렇다고? 천만에! 화가는 작은 얼굴일지라도 표정을 드러내 보인다. 아마도 이유는 다른 데 있을 것이다. 말수가 많은 사람도 버스나 지하철을 타면 갑자기 조용해진다. 더구나 여기는 강 한복판이다. 탁 트인 넓은 공간, 그것도 일상에서 경험하지 못한 공간에 오면 그저 강물을 바라볼 뿐이다. 잠시나마 일상을 벗어나는 경험 속에서 멍해지는 느낌!

그런데 이런 나룻배를 타면 사고는 없었냐고? 왜 없었겠는가. 나룻배로 넓은 한강을 건너는 것은 천만 위험한 일이었다. 숙종 44년에 과거를 치르고 난 뒤 고향으로 돌아가는 선비 80명이 한강나루를 건너다가 배가 뒤집히는 바람에 몰사한 사건이 있었다. "배가 뒤집혀 빠졌을 때 애절하게 울부짖는 소리가 강 언덕에 퍼져 차마 들을 수가 없었다"고 한다.[107]

단원의 나루터 그림이 또 있다. 〈나룻배

를 기다리며〉다. 화제畫題를 읽어보자.

백사장에 나귀 세우고
멀리 사공 오라 손짓하네.
나그네 몇이
나란히 서서 기다리니
강가 풍경이
눈에 삼삼하구나.

멀리 배가 몇 척 보이는데 그중 가장 가까이 있는 배는 삿대로 젓는 나룻배다. 말 탄 양반의 말구종 소년은 채찍을 들어 먼 곳을 가리키고 있다. 뱃사공을 부르는 것인가. 그 옆에는 사기를 한 짐 진 행상이 그리고 그 오른쪽에는 갓을 쓴 양반 둘과 삿갓을 쓴 사내가 있다. 모두 강을 건너기 위해 나룻배를 기다리는 참이다.

이형록李亨祿의 〈나루터〉를 보자. 강에 사공이 삿대로 배를 저어 강가로 오고 있고, 양반 하나가 어린 말구종을 앞세우고 막 나루터로 들어서고 있다. 역시 이형록이 그랬다고 전해지는 〈나룻배〉도 있다. 배가 두 척인데 위쪽의 배는 햇볕을 가리는 포장이 쳐져 있고, 배에 탄 사람은 모두 갓을 쓴 양반들이다. 아래쪽 배에 탄 사람들과 확연히 구분이 된다. 어쨌거나 이토록 다양한 신분의 많은 사람, 그리고 장사꾼과 소와 말까지 태워 동시에 두 척의 배가 강을 건너는 곳이라면 한강의 어느 나루에서 출발한 나룻배일 것이다. 서울의 나루터라면 어디인가. 이것을 밝혀낼 도리는 없다. 다만 말이 난 김에 한강의

1 나루터 | 전 이형록, 국립중앙박물관(중박 201005-194)
2 나룻배 | 전 이형록, 국립중앙박물관(중박 201005-194)
3 대동강(20세기 초) | 언더우드 부인이 지은 《상투쟁이들과의 15
년》(1904)에 대동강이라고 소개된 사진이다.

나루터에 몇 마디 덧보탤까 한다.

《태종실록》14년 9월 2일조에 의하면 처음으로 광진廣津과 노도露
渡에 별감을 두었다고 하는데, 곧 지금의 광나루와 노량진이다. 이
기사에서 경기관찰사는 경기도 안의 임진·낙하洛河·한강에는 별감
을 두고 기찰을 하지만, 금천·노도·광주·광진·용진龍津에는 기
찰하지 않아 범죄자들이 태연히 드나든다고 말하고 있다. 여기에 등
장하는 지명은 '낙하'를 제외하면 지금 서울 사람들이 잘 아는 곳들

이다. 노도는 노량진, 광진은 광나루, 용진은 용산이다. '한강'은 지금의 한남동 앞의 강을 말한다. 《연산군일기》 11년 5월 9일조를 보면 한강·마포·광진·두모포 등의 나루가 보이는데, 마포와 두모포가 새로 추가된 것이다. 마포는 지금의 마포고, 두모포는 지금의 옥수동 앞이다. 다시 《선조실록》 26년 10월 3일조를 보면, 한강나루 중 남쪽 길과 통하는 광진·한강·노량·양화 나루는 모두 대로大路지만 그 외의 삼전도·청담·동작은 폐기해도 상관없는 소소한 나루터라고 하고 있다. 나루에도 등급이 있었던 모양이다.

한강에 이렇게 나루가 많이 생긴 것은 한양이 조선의 수도가 되면서부터다. 한양이 수도가 되니 한강은 절로 중요한 역할을 맡게 되었다. 남한강과 북한강은 충청도와 강원도를 경유하기에 두 지방의 세금을 받아 옮기는 길이었고, 또 전라도 일대의 세금과 물자를 바닷길로 옮겨서 다시 서울로 운송하는 길이었다. 한강은 또 서울을 방어하는 방어선이었다. 그러나 한강은 동시에 길을 끊는 장애물이었다. 자연히 강을 건너기에 편리한 곳, 또는 꼭 건너야 할 곳에 자연스럽게 나루가 생겼다. 국가에서는 또 그런 곳에 나루를 설치해 관리하기도 했다.

국가가 관리하는 나루터의 사공은 나라로부터 일정한 토지를 지급받아 거기서 나오는 수입으로 생활한다. 이런 나루터를 이용하는 사람은 나룻배를 타는 돈을 내지 않아도 되었다. 하지만 모든 나루터가 국가 직영은 아니었다. 사공이 개인적으로 돈을 받고 강을 건네주는 배를 사선私船이라 하는데, 그 유래가 꽤나 오래된 것이다. 《세종실록》 25년 10월 11일조를 보면, 노도·삼전도·양화도의 관선官船은 무거워 사람과 말이 쉽게 건널 수 없고, 사선은 가볍고 빨라 쉽게 건너기 때문에 사람들이 사선을 이용하지만 사선은 삯이 비싸 백성들이 어려워한다는 것이다. 사선은 관선에 비해 서비스가 좋았지만, 값이 비싼 것이 흠이었다. 사선은 없어지지 않았다. 중종 23년 사복시 제조는 홍수로 패여 떨어져 나간 전관箭串(살곶이)의 견항犬項 일대의 땅에 석축 쌓기를 요청하는데 그중에 이런 말이 있다. 즉 살곶이 견항은 하삼도下三道와 광주廣州 등에서 오는 행인 중 삼전도를 지나오는 사람들은 삼전도에서 사공에서 삯을 주고 강을 건넌다는 것이다. 즉 삼전도나루에서는 사공이 선가를 받고 사람을 실어 날랐다는 말이다.[108]

나루터는 19세기 말까지 국가가 중요하게 관리하는 대상이었다. 1894년 갑오경장 때 내무아문에서 각 도에 훈시한 규례에는 희한하게도 나룻배에 관한 규정도 있다.

제61조 나룻배를 수시로 검사해 힘써 견고하게 할 것.
제62조 나루터 뱃사공의 역가役價와 나룻배를 개조하는 비용을 각 동리에 분배하도록 할 것.
제63조 여행이나 짐의 왕래에 뱃삯을 받지 말 것.
제64조 사공沙工의 집을 나루터 근처에 두게 할 것.[109]

아마도 한강을 제외한 강나루에 대한 규정인 듯하다. 뱃사공은 선가를 받을 수 없으며, 그 대신 부근 동리에서 대가가 온전히 그들의 것이 될 수는 없었다. 효종 6년의 《실록》 기사에 의하면, 원래 한강의 동작, 노량, 광진, 삼전도, 양화도, 공암 등 나루터에는 병자년 이전에는 모두 위전位田을 지급하고 나룻배를 책임지고 갖추도록 했는데, 병자호란 뒤 이 위전들을 한강가에 사는 사대부들이 강제로 점유한 탓에 뱃사공들이 살아갈 수 없게 되었다는 것이다. 먹을 것도 안 생기는 일에 열심일 사공은 없다. 배는 만들지도 않고 수리도 않는다. 결과는 뻔하다. 여행객들이 강을 건널 수가 없다. 효종은 다시 위전을 찾아서 주고 경기감사에게 나루터 관리에 신경을 쓰라고 명령한다.[110] 이런 명령으로 백성을 털어먹는 양반들의 버릇이 없어질까? 숙종 29년 병조판서 이유李濡는 나룻배를 둔 것은 평소 행인을 통행시킬 뿐만 아니라 국가 비상시에 쓰기 위해서라며, 별장과 무사를 파견해 배를 정돈하고 나루터를 검문해야 한다고 주장했다. 주장은 수용되어 강촌江村 사람 50명을 모아 신역을 면제하고 번을 서게 하였다. 그런데 따로 둔 별장이 말썽이 되었다. 별장들은 새로 관리 건물을 짓고 처자식을 데리고 살면서 나루터 사공의 재물 빼앗기를 직업으로 삼았다. 말썽이 나서 조사한 끝에 별장들의 범법 사실이 밝혀졌는데, 그 자들은 모두 이유의 사인私人들이었다.[111] 병조판서 이유의 의도를 알 만한가. 하기야 요즘은 그렇지 않다고 누가 장담하랴.

사공은 천민이기에 나루를 떠날 수 없는 삶은 고달팠다. 한밤중에라도 강을 건너는 양반이 있으면 배를 내어야 한다. 현종 때는 종반宗班, 곧 종실 몇이 궁노를 데리고 한강 너머서 사냥을 하고 돌아오다가 동작나루에 와서 나룻배를 빨리 대령하지 않았다고 사공을 마구 구타했다고 하니,[112] 사공의 괴로움이야 말해 무엇 하겠는가.

이런 불만이 종종 터져 나오는 경우도 있었다. 박준원朴準源(1739~

盧貴贊者驪州人不知自何來或言宰相家叛奴自
京而逃以刺船爲業然素悍慢無賴以惡船人開於
沿江云一日載商賈發船向京師掠岸而過有措大
短小髮牛白骨羸弱衣而若不勝者背靑襪手杖而
立岸上呼曰願載我少歇老脚也貴贊面而指下渡
曰待彼措大如其言循岸疾走惟恐其不及於船也
氣喘喘至下渡立而待之貴贊及渡如不見也放船
而下措大如下渡貴贊又指下渡措大又循岸走氣
喘喘欲死倚杖而立下渡貴贊又如不見也放船而

錦石集 卷之八　　雜著

睨視船去岸舉二十步措大少縮身一聲發剬倏身
已在船上舟中人大驚禊出小砲僅尺餘於是鐵裝取火而
坐船之東頭解禊汝往坐彼西頭下正當吾面而竟
還坐東頭貴贊汝往坐彼西頭之下惟睇視措大擧砲
貴贊無一語退坐西頭之下惟睇視措大面如土惟手合
正向貴贊眉額將放故爲持重貴贊面如土惟手合
向上口不絕死罪身亦不敢少動措大眼突如黙視
良久贊然放下辭在白日貴贊已倒舟中人皆知貴
贊死矣亦無敢言者措大徐納其小砲兩還束之然

余曰余自居驪江 船行亦數數 未嘗見一船人肯載過

客 輒辭以風利不得泊 往往有屈辱人 是船人之習

而如貴贊豈不甚者哉

서선인노귀찬사 중에서
전 박준원, 《금석집》 권8

1807)의 《금석집錦石集》에 〈서선인노귀찬사書船人盧貴贊事〉란 글이 있다. '뱃사공 노귀찬의 일을 기록한다'는 뜻이다. 내용은 이러하다. 노귀찬은 여주 뱃사공이었다. 그는 재상가에 죄를 지어 달아난 노비였다고도 한다. 여주에서 뱃사공 일을 하면서 워낙 패악하고 무뢰하게 굴어 '못된 사공'으로 명성(?)이 자자했다. 어느 날 반백의 비쩍 마르고 체구도 작은, 정말 볼품없이 생긴 선비 하나가 등에 푸른 괴나리봇짐을 지고 노귀찬을 불러 배를 태워달란다. 귀찬은 선비를 이쪽으로 가라 하더니, 선비가 그쪽으로 가니, 배를 이쪽으로 돌린다. 저쪽으로 가라더니 배를 또 이쪽으로 돌린다. 이렇게 선비에게 수 삼차 골탕을 먹이자, 선비가 갑자기 휙 하고 20보 되는 강물을 뛰어넘어 배에 오르는 것이 아닌가. 선비는 괴나리봇짐에서 한 자 남짓한 소포小砲를 꺼내 화약을 채우더니, 귀찬을 보고 발사하려 한다. 귀찬이 죽을죄를 지었다며 애걸복걸했으나 선비는 소포를 발사한다. 귀찬은 상처는 없었으나 머리가 홀랑 벗겨져 상투가 달아났다.

선비는 귀찬을 강둑에 내리라 호령하고는 볼기를 쳤다. 단지 세 번 쳤을 뿐인데도 매가 살을 파고들어 피가 솟아나왔다. 귀찬이 까무러쳤다가 일어나자, 선비는 하루 일곱 번 강을 건너는 사람이 있어도 귀찮아하지 않았던 공주 금강나루의 이사공의 선량한 마음씨를 들면서, 다시는 악한 짓거리를 하지 말라 타이르고 떠난다.

귀찬은 그로부터 사공 일을 그만두고 우울하게 그냥저냥 지내다가 재상집으로부터 용서를 받아 서울을 들락거렸다. 그러던 어느 날 술을 잔뜩 먹고 야금夜禁(통행금지)에 걸리자 잡으려는 나졸의 가슴을 찼고 이 사건으로 포도청에 잡혀 들어가 곤장을 맞게 되었다. 곤장을 치려고 볼기를 내리자, 옛날 선비에게 매를 맞아 생긴 뱀처럼 생긴 흉측한 상처가 보이는 것이 아닌가. 포도대장은 뱀을 싫어하는 사람이라 종사관에게 귀찬의 처벌을 맡겼고, 종사관은 귀찬을 가볍게 다스렸다.

귀찬은 여주로 돌아왔다. 어느 날 나무꾼 하나가 벼랑 꼭대기에 곰이 자고 있는데 잡으면 백 명도 포식을 하겠다고 한다. 귀찬은 배를 타고 곰이 있는 절벽으로 가서 삿대로 곰을 내리쳤다. 이어 곰과의 격투가 벌어졌으나 귀찬은 상대가 되지 않았다. 귀찬이 강물로 뛰어들자 곰도 뛰어들었고 얼마 후 귀찬은 시체가 되어 물 위로 떠올랐다. 곰은 어슬렁거리며 떠났으나 아무도 곰을 잡으려는 사람이 없었다.

행인을 골탕 먹인 노귀찬의 행위를 옹호할 사람은 없을 것이다. 하지만 양반을 골탕 먹였던 귀찬의 행동은(귀찬은 과거 보러 가는 선비를 배에 싣고는 어디론가 사라져 과거를 치지 못하도록 만들려고도 하였다) 재상집 종으로, 사공으로 살아야 했던 인간들의 반항심리에서 나온 것이 아니었을까?

박준원은 〈서선인노귀찬사〉의 말미에서 이렇게 말한다.

내가 여강에서 살면서부터 나룻배를 또한 자주 타지만, 한 번도 사공이 기꺼이 행인을 태우려는 것을 보지 못했다. 번번이 바람이 거세어 배를 댈 수가 없다고 핑계하고, 왕왕 사람들을 욕보이곤 하였다. 이것이 사공의 버릇이다. 하지만 귀찬은 그중에서도 더욱 심한 자가 아니겠는가?

사공들이 대개 과객들을 태우려 하지 않고 뻗대는 일이 다반사라

는 것이다. 그중 노귀찬은 특별히 성질이 억센 경우였던 것이다. 그는 노귀찬이 자신의 성질을 다스리지 못하고 곰에게 죽은 게 마땅하다고 한다. 또 곰이 귀찬을 죽인 것이 아니라 귀찬이 그 죽음을 스스로 취했다고 한다. 행인을 골탕 먹이는 노귀찬의 행동이 옳을 리 없지만 순조의 외조부였던 박준원, 곧 양반 중의 양반이 노귀찬처럼 아랫길을 살아야만 했던 인간의 울분을 이해했을 리 만무하다.

나루는 온갖 사연이 있는 곳이었다. 신유한申維翰(1681~1725)의 한시 한 수를 보고 그 사정을 짐작해 보자. 〈조강행祖江行〉이란 작품인데, 조강나루터의 흥망을 읊은 것이다. 조강은 한강 하류의 임진강과 한강이 합쳐지는 곳 부근을 말한다. 이 시는 강촌의 늙은이가 조강나루가 흥성하던 시절을 회상하는 장면이 압권이다. 어디 인용해 보자.

이 몸은 본래 조강나루에서 태어나
여태껏 여기서 살아왔지요.

조강은 일명 삼기하라.
세 강이 여기서 합수하여
서해바다로 모여 가기 때문이지요.

바닷물 남으로 충청 전라도 통하고
서쪽으로 낙랑벌까지 연이어
임배곰배 배들이 연이어
베 짜는 북처럼 왔다갔다.

나루터와 나룻배(20세기 초)[1]
사람과 물자를 건네주는 나룻배는 최대의 편의시설이자 유일한 교통로였다. 특히 한강에는 광나루, 삼밭나루, 동작나루, 노들나루, 양화나루 등의 많은 나루터가 있었는데, 1970년대 이후 많은 다리가 생겨나면서 나룻배가 사라지자 점차 그 기능을 잃어갔다.

생선 소금이며 과일 등속
미곡 포백이 산처럼 쌓이고
이 나루 지나는 배
하루에도 백 척인지 천 척인지.

수건 쓴 저 뱃사공
어느 고을 사나인지.
검은 머리 저 장사꾼
술잔 먼저 잡는구나.

저마다 하나같이 하는 말
한강수 오르는 물길 험하다고
술상 머리 앉아 술파는 계집과
희영수 수작을 붙이는데.

머리 처음 올린 미인
눈썹 어여쁘게 그린 가희歌姬
늘어진 버들가지 가는 허리로
춘면가 한 곡을 간드러지게 부르네.

강물은 날마다 날마다
보드라운 술로 변하나니.
얼큰히 몇 잔 들이키고

돈을 던져 젊은 여자 부르네.[113]

배가 오가고 물화가 쌓이고 술집과 작부의 떠들썩한 웃음이며 노랫 소리가 들리는 것 같지 않은가.

그런가 하면 나루란 명사는 무언가 서글픈 생각을 자아낸다. 나루를 건너는 것은 먼 길을 떠나는 것이요, 다시 만날 수 없다는 이별을 의미하기 때문이다. 앞서 잠시 인용한 바 있는 신경림의 〈목계나루〉를 이번에는 온전히 인용해 보자. "하늘은 날더러 구름이 되라 하고/땅은 날더러 바람이 되라 하네/청룡 흑룡 흩어져 비 개인 나루/잡초나 일깨우는 잔바람이 되라네/뱃길이라 서울 사흘 목계나루에/아흐레 나흘 찾아 박가분 파는/가을볕도 서러운 방물장수 되라네." 목계나루의 구름과 바람과 방물장수는 모두 정주하지 않는, 늘 떠나는 것들이다. 나루라, 어쩐지 서러운 말이로구나. 어찌하다가 단원의 그림에서 신경림까지 흘러오게 되었는가?

TV 사극에 나오는 주막은 언제나 꼭같아 보인다. 넓은 평상이 놓인 마당이 있고, 그 주위에 방이 여럿 있는 초가집이 있다. 평상에는 막걸리 잔을 기울이며 왁자지껄 떠드는 사내들이 있고, 머리를 틀어 올리고 행주치마를 두른 주모는 술병을 들고 바삐 움직인다. 한데 나는 이 장면이 늘 궁금했다. 어쩌다 사극을 볼 때면 모든 주막은 이렇게 생겼더란 말인가, 이 주막의 형상은 누가 만들어낸 것인가 하는 의문이 머리를 떠나지 않았다. 하지만 조선 후기의 풍속화를 보면 주막도 가지가지다. 일률적인 형태가 없는 것이다. 그럼 이제 주막집을 찾아 떠나보자.

먼저 단원의 〈주막 ①〉을 보자. 짚으로 엮은 지붕 아래 왼쪽에는 주모가 구기로 술독에서 술을 떠내고 있고 옆에는 치마꼬리를 잡고 칭얼대는 어린 아들이 있다. 오른쪽에는 패랭이를 쓴 사내가 격식 없이 만든 밥상을 앞에 놓고 그릇을 기울여 마지막 한술의 밥을 뜨고 있다. 국에 만 밥인가 아니면 물에 만 밥인가. 이 사내가 쓴 패랭이는 대를 가늘게 쪼갠 댓개비를 갓 모양으로 엮은 모자다. 패랭이는 원래 여러 계층의 사람이 두루 쓰는 것이었지만, 조선시대가 되면 대개 천민이나 보부상이 쓰는 것이었다. 보부상이 쓰는 패랭이에는 목화송이를 달지만 이 사내는 그것이 없다. 아마도 이 사내는 여행 중인 천민일 것이다.

패랭이 쓴 사내의 옆에는 상투도 짜지 않은 맨머리의 사내가 입에 짧은 곰방대를 물고 주머니를 열고 있다. 아마도 밥값을 내려나 보다. 한데 이 사내 역시 배꼽까지 내놓고 있는 것으로 보아 당연히 양반은 아니고, 패랭이 쓴 사내와 별반 다를 것이 없는 신분일 것이다.

주모가 서 있는 곳 뒤에 창 같은 것이 보인다. 아마도 그것은 건물일 터이다. 이는 역시 단원의 작품인 〈주막과 대장간〉에서 볼 수 있다. 이 그림은 《단원풍속도첩》의 〈주막 ①〉 이전에 그려진 〈행려풍속도병〉의 한 점이다. 당연히 이 그림과 〈주막 ①〉은 긴밀한 관계가 있다. 〈주막과 대장간〉은 〈주막 ①〉과 기본적으로 같은 구도다. 곧 〈주막과 대장간〉을 간단히 줄인 것이 〈주막 ①〉인 셈이다. 〈주막과 대장간〉의 주막은 초가집인데, 마루에다 술단지며 술병, 그리고 안줏거리를 담아 보자기로 덮어놓은 소쿠리 등을 내놓고 있다. 재미있는 것은 주인 여자가 앉아 있는 방에서 다시 차양을 내어 펼쳐놓고 있다는 것이다. 왜 이런 방식을 택했는지 알 길이 없다. 주모는 밥상을 차려 마당에 내놓았고, 갓을 쓴 젊은 양반은 숟가락으로 밥을 떠서 입으로 가져가고 있는 중이다.

표암豹菴 강세황姜世晃이 쓴 이 그림의 화제를 보자.

주막 ①¹ 김홍도, 《단원풍속도첩》, 국립중앙박물관. 한 사내가 간이주막에서 요기를 하고 있다. 국자로 무언가를 떠내는 주모의 모습이나 부뚜막 위의 양푼과 술 사발들이 당시 주막 풍경을 전해준다.

주막과 대장간 중에서路邊冶鑪 김홍도, 〈행려풍속도병〉, 국립중앙박물관

논에 해오라기 날고
키 큰 버들에 바람 시원하게 불어오네.
대장간에서는 쇠를 치고
나그네는 밥을 사 먹는구나.
시골 주막 거친 풍경에
도리어 한가로운 멋이 있구려.[114]

시골의 한가로운 한낮 풍경이다. 강세황의 말처럼 멋이 있다면 그

한가로움에 있지 않겠는가.

다시 〈주막 ①〉로 돌아가자. 지금 주모가 있는 곳은 기둥에 초가지붕만 얹은 반 옥외 공간이다. 그리고 그 밖에 싸리로 엮은 담이 빙 둘러쳐져 있다. 이것은 익히 알고 있듯 주막이다. 주막집 그림이 몇 점 남아 전하는데, 이 그림처럼 아주 간단한 형태를 띠고 있다. 보다 정비된 형태의 주막을 보려면 김준근의 〈주막 ②〉를 보면 된다. 방문을 활짝 열어놓은 바깥채에 손님 둘이 앉아 있고, 안채 부엌에는 주모가 이남박에 쌀을 일고 있는 중이다. 주막의 모습은 이런 형태에 가장 가까웠을 것이다.

말이 난 김에 한국 숙박업의 역사를 잠시 훑어보자. 나라를 경영하자면 공무로 여행을 떠나는 관원이 없을 리 없다. 이런 공무 여행객을 위해 국가가 설치해 운영하는 여관이 있다. 원院이 그것이다. 원은 조선시대에 약 1,300곳 정도 있었다. 지금도 원의 흔적이 남아 있는 곳이 있다. 이태원, 홍제원, 사리원, 요로원 등 '원'이란 말이 끝에 붙은 지명은 대개 조선시대에 원이 있던 곳이다. 원은 본래 여행하는 관원을 위해 설치한 것이지만 상인이나 일반 여행객도 사용할 수 있었다. 하지만 원을 구체적으로 어떻게 경영했는지 세부 사항은 알 길이 없다.

지금 남아 있는 원을 직접 보려면 문경새재로 가면 된다. 문경새재 첫 관문을 지나서 개울을 따라 10분쯤 올라가면 조령원이라는 곳이 나온다. 돌로 담을 쌓은 조령원의 터가 남아 있다. 한데 돌담은 옛날 것이지만, 돌담 안을 들어서면 괴이한 풍경이 기다리고 있을 것이다. 원을 복원한다고 해놓았는데, 그 건물 꼬락서니를 보고 있으면 그게

원의 원래 모습이었으리라고는 도저히 상상도 안 되고 꼭 무슨 귀신이 나오는 흉가 같다. 그러니 조령원에 가시거든 그저 돌담만 보고, 건물 앞에서는 아예 눈을 감는 것이 좋겠다.

　원이 공용 내지는 관용 여관이라면 주막은 당연히 사설 여관 내지 음식점이다. 주막이 언제부터 생겨났는지는 모르지만, 조선 전기에도 있었던 것은 자료로 확인이 된다. 임진왜란 이전을 살았던 유희춘柳希春(1513~1577)은 1574년 경연에서 선조에게 이런 말을 하고 있다. "경기도 일대의 숯막炭幕은 여행하는 사람들이 숙박하는 곳인데, 도둑들이 쳐들어가서 협박하고 그 집을 불태웁니다. 서울 안에서도 밤에 또한 도둑이 많다고 합니다."[115] 이 자료로 임진왜란 전부터 주막이 여행자들의 숙박처였음을 알 수 있다.

재미난 것은 여기서 주막을 숯막으로 쓰고 있다는 점이다. 주막은 숯을 굽는 곳이었던가? 이덕무의 〈서해여언西海旅言〉이란 기행문에 해답이 있다. "술과 숯은 발음이 서로 비슷하므로 술막酒幕이 와전되어 숯막炭幕이 된 것이다."[116] 이것이 술막이 숯막이 된 이유다.

조선 전기 주막에서 제공하는 서비스는 좀 한심한 수준이었다. 윤국형尹國馨(1543~1611)이 쓴 《갑진만록》에 이런 기록이 나온다.

중국은 방방곡곡 점포가 있고 술과 음식, 수레와 말을 모두 갖추고 있다. 비록 천리 먼 길을 간다 해도 단지 은자 한 주머니만 차고 가면 자신이 필요한 모든 것을 구할 수 있으므로 그 제도가 아주 편리하다. 하지만 우리나라 백성은 모두 가난하여 시전이나 행상 외에는 물건을 사고 파는 것이 무엇인지 알지 못하고 오직 농사로만 살 뿐이다. 호남과 영남의 대로에 주점이 있기는 하지만, 여행하는 사람이 도움을 받는 것은 술과 물, 꼴과 땔나무에 지나지 않는다. 그래서 길을 떠나는 사람은 반드시 여행에 필요한 물건을 싣고 가는데, 먼 길일 경우 말 세 마리에 싣고 가까운 길이라도 두 마리 분량은 되기에 우리나라 사람들이 괴로워한 지가 오래다.

경리經理 양호楊鎬(임진왜란 때 참전했던 명나라 장수)가 우리나라에 와서 중국을 모방해 연로에 점포를 개설해 그 지방 사람들이 물건을 대도록 했으니 정말 좋은 생각이었다. 하지만 습관을 바꾸기 어렵고 재력이 미치지 못하여 사람들이 그렇게 하려고 들지를 않았다. 수령들은 책임을 면하기 위해 중국 장수들이 지나갈 때면 관에서 물건을 갖추어 길옆에 진열하여 사고파는 듯 보여주다가 지나가고 나면 다시 거두었으니, 아이들 장난만도 못한 짓이라, 중국 사람들에게 비웃음 사고 말았으니, 한심한 일이다.

주막이란 술이나 물, 꼴, 땔나무를 공급할 뿐이고, 먹을 양식과 이부자리 같은 것은 여행객이 모두 갖추어 가지고 떠났던 것으로 보인다.

주막이 본격적으로 늘어난 것은 역시 임진왜란·병자호란 이후다. 전쟁의 상처가 가라앉고, 대동법 같은 법령의 제정과 일본과 중국을 잇는 중계무역의 발달, 그리고 농업에서 발생한 잉여 등이 상업을 자극하자 물자의 이동이 더욱 활발해졌다. 이에 여행객에게 술과 음식, 숙박을 제공하는 주막들이 제법 번성하게 되었던 것이다. 주막은 교통의 요지에 있기 마련이고, 그곳에 들르는 사람은 상인이나 공무로 여행하는 사람들이 대부분이었기에 강도가 노리는 곳이기도 했다. 《영조실록》 32년 윤9월 5일조에 의하면, 창과 칼로 무장한 도적이 성환成歡 주막에 돌입해 사람을 해치고 공주와 영동에서 상납하는 군포軍布錢을 빼앗아 갔다고 하니, 그 사정을 알 만하다.

여행객들이 많은 교통의 요지에는 주막이 몰려 있었다. 김득신의 〈주막거리〉를 보자. 그림 아래쪽 초가집 안에는 이미 여러 차례 본

바 있는 주모가 술과 안주를 팔고 있고, 그 앞에는 언치 얹은 소를 끌고 온 행인이 술을 사기 위해 주머니에서 돈을 꺼내고 있는 참이다. 그 길을 오른쪽으로 꺾어 올라가면 박을 올린 초가집이 보이는데, 역시 술을 파는 아낙이 앉아 있다. 나귀를 끌고 온 댕기머리 총각이 막 찾아들고 있으며, 그 위쪽으로는 사선紗扇을 쥔 양반이 주막집 문으로 막 들어서려는 참이다. 이처럼 길을 따라 여러 주막이 동시에 영업을 하는 곳도 있었던 것이다.

이제 주막을 이용한 사람들의 기억을 더듬어보자. 조선 후기 시인으로 이름이 있었던 김창흡은 1702년 호남 일대를 여행하는데, 천안의 주막에서 아침을 먹고는 주막에서 여행객들에게 팔기 위해 늘어놓은 떡과 술을 보고 곡식을 쓸데없는 데 허비하는 해로움을 알았다고 말하고 있다. 암행어사가 이용하는 숙박처도 당연히 주막이다. 신정申晸 (1628~1687)은 1671년 9월 1일 암행어사로 임명된다. 그리고 임무 수행지가 영남으로 정해진 14일에 출발한다. 그의 암행어사 수행 일기인 〈남행일록南行日錄〉을 읽어보면 주막에서 잔 기록이 나온다. 그는 15일 숙소를 새벽에 출발해 지금 판교의 주막에 도착해 아침을 먹는다. 점심은 용인 어증포魚贈浦 주막에서 먹고, 그날 밤은 금량역金梁驛에서 잔다. 역

辛亥九月初一日。余以薰輔德寓直春坊書遠進講
俊與尹校理敬敎李修撰端夏李正郎選鄭佐郎維
岳諸人會話于騎省午時政院發牌以招進詣臺廳
則乃御史治裝之命也李次山·趙子羽金重叔詣臺廳
初與吾承命而仲初以事不遑遠度支送米太各一
吾呈覽吾藿香石魚等物
十四日晴去夜以事引避歸路歷訪李副學惠仲別
昇仲自交庄入來南北伯雲路叔任俱在座呼白酒

德夜深後始還家終日宿醒未解日高猶不起任
陽文仲到門披衣出見寒喧未畢召畔以降忿忿詣
關西以未經廬畫到關下陳疏則政院微票使之來
待臺廳故不得已入去李次山·崔成伯次山得嶺南
于南關王庭折見封封則五種與三學士來會
羽得湖西重叔折京議書史恭益天從之到漢津次
未本中使傳封書司鑰傳臘刻五種各得嶺南次•山
山重叔與余騎一般相去不遠兩脉脉相着八日目
咲而已下芜哭次火山並轡到廣州寺洞踏分歧將
欲留宿其村夾俸有村學究三人來醉作爲提致夢

奴必大杖將欲亂打余覩往收解而吃嗜甚餘波
及杙余故不得已呼書史往之此退則果菫亦甚惺
愧謝罪不已見之一極可咲也形途已露不得留宿其
村乘月前進村良才驛宿是月行二十里
十五日晚大霧畫睛夜半晴覺則落月滿窓村鷄喔
憧喔莫前程蓍思茫然且念宿問一事最難得宜戰
耿憂念不能貼席安臥天未明發行到板橋酒幕朝
飯初欲直向丹陽謁李叔仍求粮資向竹嶺仍行披
見地圓則與李次山自其山听來過店門見余在此怱
路朝飯後李次山亦禮遇去云而
然入來未事出不意驚喜不可言重叔次山向青田余
不得相達午後又達次山行杙中落仁魚署
而龍仁夕陽分岐不無黯然之懷中大于龍仁魚署
浦酒幕夕宿金梁驛蓋卜馬病仆將以替馬故也是
日行八十里
十六日晴晨發朝飯于竹山盂谷水色山听盖許景
輝以藍轝出來故也許晦叔煥亦在庄打話夕投竹
山山城下村家是日行七十五里
十七日晴去夜與主人兒火同宿一房且有鼈虫不
能德牘晨發向視山路到忠州北面态山村朝飯有

1 주막거리 김득신, 〈풍속팔곡병風俗八曲屛風〉, 호암미술관
2 남행일록 중에서 신정, 《분애유고汾厓遺稿》 권12

에서 잔 것은 그가 암행어사였기 때문이다. 신정은 민간에서 여러 날 묵는다. 그러다 20일에 조령 고사리高沙里 주막에서 아침을 먹었고, 점심때는 다시 용추의 주막에 들린다.

귀양객도 주막에서 자지 않을 수 없다. 송상기宋相琦(1657~1723)는 신임사화 때 소론의 탄핵을 받아 1722년 1월 전라남도 강진으로 귀양을 가는데, 이때의 기록이 〈남천록南遷錄〉이다. 송상기는 1월 2일 한강을 건너 과천에서 하루를 자고, 3일 정오에 미륵당 주막에 도착해 밥을 먹고 그날 밤은 수원에서 잔다. 이후 간간이 주막에 들른 이야기가 나온다. 8일에는 이산尼山의 수령 윤의래가 경천景天의 주막에서 기다리고 있었다 하고, 그날 이산의 주막에 도착했다고 한다. 9일에는 오목五木 주막을 지나다가 우연히 상경하는 이보혁을 만나 주막에 들렀다 했고, 10일에는 참례參禮 주막으로 송사윤이 찾아왔다고 쓰고 있다. 이런 경우를 보면 잠은 주막 아닌 민가에서 잘 수도 있지만 식사는 주막에서 해결하는 게 보통이었다.

그러면 가장 쓸쓸한 심정으로 주막에 드는 나그네는 누구였던가. 과거에 낙방하고 집으로 돌아가는 사람이 아닐까. 박두세朴斗世는 숙종 4년(1678)에 서울서 과거를 보고 낙방해 집으로 돌아가던 중 요로원 주막에서 하루를 묵는다. 그날 밤 서울의 거만한 양반과 나눈 대화의 기록이 바로 《요로원야화기要路院夜話記》[117]다. 이 책을 통해 조선 후기 주막의 운영 방식을 대충 짐작할 수 있다. 정말 주막 연구에 매우 귀중한 문헌이라 하겠다. 각설하고, 박두세의 말을 따라가 보자. 그의 말인즉 이렇다. "무오년 내 서울로부터 과거 보고 올 제 행색이 피폐하여 병든 말과 기복騎僕을 겸하고 종이 잔멸殘滅하고 의복이 남루하니 길에 든 데마다 보는 자가 업신여기더라." 과거에는 떨어져 의기소침한 데다가 말은 병이 들었고 수행한 노비도 보잘것없고 걸친 옷도 누더기다. 그러니 사람들에게 무시를 당할 수밖에. 박두세는 낮에 소사를 떠나 저녁에 요로원에서 묵을 참이다. 이 장면에서의 요로원은 지명으로 쓰인 것이지, 공용 여관이란 뜻이 아니다. 그런데 요로원을 5리 남겨놓고 말이 발을 전다. 말에 채찍을 더해 초저녁에야 겨우 요로원 주막에 당도한다. 주막에는 이미 여행객들이 가득하다. 자신의 고단한 행색을 보니, 주인에게 큰소리를 칠 형편이 아니다. 그렇거나 말거나 어쨌든 양반이 아닌가. 양반이 든 방에서 하루를 묵을 요량으로 한 주막에 들어가니, 봉당 위에 한 양반이 비스듬히 누워 있다가 박두세가 오는 모양을 보고는 자기 종에게 "너희는 어디 있관대 행인을 금치 않는고"라고 소리를 친다. 이것을 보면, 행색을 보아 자신과 신분이 어울리지 않으면 같은 방에 들이지 않았던 모양이다. 종놈 중 한 놈은 박두세의 말을 치고, 한 놈은 박두세의 등을 떠민다. 하지만 이미 말에서 내린 뒤다. 박두세는 자신이 양반임을 알린다.

"남의 하처를 앗으려 하는 것이 아니라 잠깐 머물러 다른 곳을 정코자 하거늘 너희 양반이 어찌 상액相阨(서로 막음)함이 이렇듯 하뇨?" 이 말에 먼저 와 있던 양반은 종들에게 "그만하여 두라"고 한다. 방으로 들어간 박두세가 예를 올렸으나 그 양반은 답하지 않는다. 짐작에 경화거족京華巨族으로 의복이 선명하고 안마鞍馬가 호사스러운 것을 보아하니, 자신이 시골 양반이라 해 답례를 하지 않는 것이다. 그래서 박두세는 그를 속여 골탕을 먹이기로 한다. 박두세가 서울 양반을 속이는 것이, 바로 요로원에서 나눈 밤중의 이야기 요로 원야화기다. 그 이야기는 여기서 할 것이 아니니 생략하자.

주막에서 식사는 어떻게 하였을까? 박두세는 종에게 "마소 들여 매고 양식쌀을 내라"고 말한다. 앞에서도 말한 바와 같이 주막에 드는 사람은 양식을 준비해 가지고 다녔던 것이다(물론 사서 먹는 경우도 있다). 다시 불을 켜야 할 때가 되자, 박두세는 이렇게 말한다.

"솔가지 불 켜 올리라."

서울 양반이 "상등 양반이면 촉燭을 아니 가져왔느냐" 하자, 박두세는 "진실로 가져왔으되, 어제 다 진盡하였노라"고 답한다. 그러자 서울 양반이 "솔불이 매워 괴로운지라 내 행중行中의 촉을 내어 켜라."

박두세는 이어 밥을 먹기 위해 행찬行饌, 곧 여행 시에 먹기 위해 마련한 찬을 꺼내놓는다. '마른 장'과 '청어 반 꼬리'다. 서울 양반이 "상등 양반의 반찬이 좋지 아니하도다" 하고 핀잔을 준다. 이것을 보면 여행자는 자신이 먹을 반찬까지 마련해 주막에 들었으니, 당시 주막은 요즘의 호텔이나 여관과는 사뭇 달랐던 것이다.

주막을 그린 그림은 꽤나 여러 점이 남아 있다. 그 그림들을 보면서 조선 후기 주막들의 다양한 모습을 감상해 보자. 이형록이 그린 것으로 전해지는 〈눈 내린 주막 풍경〉은 천지가 눈으로 덮인 날의 주막을 그린 것이다. 그림의 오른쪽에 있는 집이 바로 주막이다. 안을 보면 남자인지 여자인지 알 수가 없지만(나는 여자라고 추측한다. 여자라고 해 두자), 한 사람이 쪼그리고 앉아 큰 그릇을 들고 뭔가 일을 하고 있다. 이 사람 앞에는 소반이 하나 있는데, 자세히 보면 젓가락이 세 별 놓여 있다. 이제 막 밥상 혹은 술상을 차리는 참인 것이다. 소

반 주위에는 동이와 자배기, 술병이 놓여 있다. 대문 앞에 부담 지운
말을 앞세우고, 양손을 소매 속으로 넣고 몸을 웅크린 채 막 주막의
술청으로 들어서는 사내가 있다. 이 사내는 저 술단지와 술병의 술로
언 몸을 녹일 것이다.

　주막은 초가집이다. 초가에 눈이 쌓여 지붕이 반반하게 보인다. 대
문까지 있는 것으로 보아, 이건 제대로 된 주막이다. 대문 위에는 술
집임을 알리는 장대가 솟아 있고, 거기에 매달린 주기酒旗에는 아마

도 '酒'라고 써놓았을 것이다. 물론 눈에 맞아 축 쳐졌지만. 집 안에는 역시 눈이 소복하게 쌓인 장독대가 보인다. 그림에는 보이지 않지만 마당을 건너가면, 나그네들이 잠을 청할 방이 나올 것이다.

좀더 자세한 그림을 보자. 이한철李漢喆의 〈세시풍속도歲時風俗圖〉 중 그림 중간을 보면 사립을 두른 초가집이 있다. 초가집 앞 탁자에는 그릇이 놓여 있고, 그 뒤에 한 여인이 술단지를 옆에 두고 앉아 있다. 탁자의 왼편에 놓인 것은 아마도 젓가락인 듯하다. 나그네가 아이 하나를 데리고(아마도 종일 것이다) 막 주막으로 들어서고 있다.

주막은 그 이름대로 여관이라기보다는 우선 술집이다. 여행객들이 한 잔 술로 피로를 푸는 곳이 주막의 본 면목이다. 조선 후기에 와서 사람들이 명승지를 찾는 유람이 유행하자 자연히 그런 곳에는 주막이 성행했다. 정조의 문체반정文體反正에 걸려들어 크게 곤욕을 치렀던 문인 이옥李鈺(1760~1812)은 1793년 8월 22일 민원모閔元模, 김려金鑢, 김선金鑷 등 친구들과 북한산으로 놀러가는 계획을 세운다. 가기 전에 세 가지 약속을 하는데, 좋은 경치를 만나면 시를 지을 것, 산행을 할 옷차림을 하고 장비를 갖추었으니(장비라야 지팡이지만) 뛰든 구르든 어디를 가도 무방하지만 절대로 백운대는 올라가서는 안 된다는 것이다. 여기에 조건이 하나 더 붙는다. "산골짜기나 개울가에 다행히 주막이 있거든 술이 붉은지 누런지 묻지 말 것이며, 맑은지 걸쭉한지 묻지 말 것이며, 술 파는 여자가 어떠한지 묻지 말 일이다. …… 술을 마시기

1 세시풍속도 중 7면ㅣ 이한철, 동아대학교박물관
2 주막 ③ㅣ 필자 미상, 국립중앙박물관

는 하되 석 잔에 이르는 것을 일절 허용
하지 않는다."[118] 탐승을 떠나기 전에 주
막에서 술 마실 일부터 걱정하는 게 정
말 재미있지 않은가.

아마 이런 술집이라면 간단한 간이
주점이었을 것이다. 작자 미상의 〈주막
③〉을 보자. 그림 상단에 "丁未南至前
日, 遯翁書于雪香屋(정미년 동지 하루 전
날, 둔옹이 설향옥에서 쓴다)"라고 적혀
있는데, 여기 등장하는 둔옹이란 호를
보고 작자를 성세창成世昌(1481~1548)이
라고 추정하기도 하지만(성세창의 호가
둔재遯齋이기 때문이다), 근거가 전혀 없
다. 둔옹은 흔한 호여서 꼭 성세창일 수
가 없고, 또 그림 아래쪽을 보면 화톳불
에 담뱃불을 붙이는 사람이 있는데 성

세창이 살던 시대에는 담배가 없었기 때문이다.

어쨌거나 이 그림은 가장 간단한 형태의 주막이다. 그림의 위쪽 3분의 2는 눈 내린 산을 묘사하고 있다. 소나무와 참나무에 눈이 쌓여 있다. 말을 타고 있는 사내와 그림 아래쪽의 엉거주춤한 자세로 주머니에서 돈을 꺼내고 있는 사내 모두 얼굴만 내놓고 머리와 목 전체를 두르는 휘양을 쓴 것을 보면 몹시 추운 날이다. 이런 날 길을 가다보면 어한禦寒을 할 한 잔 술 생각이 나지 않을 수 없다. 주막은 이래서 필요한 것이다.

그림 하단부의 주막을 보자. 나무로 기둥 넷만 세우고 짚으로 지붕을 덮고, 오른쪽 벽만 겨우 이엉으로 가렸을 뿐이다. 주막 안에는 할미가 술단지에서 술을 푸고 있다. 그리고 바로 바깥에는 한 나그네가 옷을 들치고 주머니에서 돈을 꺼내고 있는 참이다. 한 잔 술로 어한을 할 모양이다. 그림 아래쪽에는 화톳불을 피워놓았고, 등짐을 진 길손이 담뱃불을 댕기고 있다. 왼쪽에 쪼그리고 앉아 불을 쬐는 어린 아이는 나무를 한짐 해서 돌아가던 중에 추워서 주막 앞에서 손을 녹이고 있다. 아이의 나뭇짐은 그림 오른쪽 아래 지게에 얹혀 있다. 담뱃대가 나오는 장면은 하나 더 있다. 그림 중간의 말을 타고 가는 사내를 보자. 말구종으로 보이는 어린 소년이 담뱃대를 자기 상전에게 막 건네는 참이다. 아마도 이 소년 역시 이제 막 화톳불에서 담뱃불을 댕겼을 것이다.

단원의 〈길가의 술장수 ①〉 역시 같은 성격의 그림이다. 그림의 상단부는 성벽이 있고 그 안에 시퍼런 기와집이 즐비하다. 아마도 관청일 것이다. 관청인 것을 알 수 있는 것이, 그림의 아래쪽에 비석이 둘

1 길가의 술장수路傍沽酒 ①｜김홍도, 〈행려풍속도병〉, 국립중앙박물관(중박 201005-194)
2 길가의 술장수 ②｜김득신, 〈풍속팔곡병〉, 호암미술관

서 있는데, 그 비석에 새겨 놓기를 "牧使李公善政碑 巡察使金公永世
不忘善政碑"다. 즉 목사 김공이 정사를 잘 베풀었기에 또 순찰사 김
공이 선정을 베풀었기에 영원토록 잊을 수 없는 감동(?)을 먹었기에
비석을 세워 기념한 것이다. 이토록 선정을 베풀었는데, 왜 민란이
일어났는지 백성들이 굶어죽고 유리걸식을 했는지 모를 일이다. 어
쨌거나 이런 선정비가 여럿 있으니 목사가 있는 고을이다. 하지만 이
게 주목할 바는 아니다. 그림 맨 아래를 보면, 길가에 노파가 자리를
깔고 술을 팔고 있다. 그 옆에 갓을 쓰고 앉은 양반은 막 잔을 기울이
고 있고, 노파는 다시 한 잔을 붓는 참이다. 이런 곳이 길목마다 있었
을 것이다.

　김득신의 그림 〈길가의 술장수 ②〉 역시 같은 내용이다. 길 아래에
는 한 양반이 말을 타고 길라잡이 하나, 수행하는 젊은 양반 하나, 상

노 하나를 데리고 길을 가고 있다. 그 왼쪽에 방갓을 쓴 여자가 양반 행차에 막 인사를 하고 있고, 그 위 길이 굽어 도는 곳에 어떤 여자가 솥(단지)을 걸고 구기로 무언가를 퍼내고 있다. 길거리의 술집이다. 그 건너편에는 나뭇짐 두 단을 풀어놓고 남자 하나가 지게 작대기를 오른손에 쥐고 앉아 있고, 주모의 옆에는 역시 술을 사먹고 있는 남자 하나가 앉아 있다. 아마도 나무를 지고 가다가 술장수를 만났던 것이리라.

단원의 〈주막〉에서 시작해 길거리의 술장수까지 오니, 주막이며 술장수를 그린 그림은 적지 않게 남아 있는 것을 알게 되었다. 옛 그림을 꼼꼼히 보니 별게 다 보이는구나.

서울 거리의 식당(20세기 초)
서울 거리의 한 모퉁이나 시장의 한편에서 부침개와 같은 간단한 음식 등을 팔던 간이식당의 풍경이다.

길 가는 여인 훔쳐 보기

길 가는 나그네 말고삐를 늦추고 눈길을 하껏 주네

단원의 〈길 가는 여인 훔쳐보기 ①〉을 보면, 한 가족이 길을 가고 있고, 건너편에 갓을 쓴 젊은 선비가 부채 너머로 이 가족을 훔쳐보고 있다. 눈길은 물론 젊은 아낙을 향하고 있다. 아낙은 소 위에 앉아 아이를 안고 있다. 뒤에는 갓을 쓴 사내 역시 아이를 업고 따르고 있다. 아이는 졸리는지 눈을 감고 있다. 재미있는 것은 등짐 위에 얹혀 있는 게 아이뿐이 아니라는 점이다. 자세히 보면, 수탉이 한 마리 얹혀 있다. 닭을 팔려고 시장에라도 가는 것인가. 이 아낙과 사내는 어쨌거나 양반이다. 아낙이 장옷을 걸치고 있고 또 남편이 넓은 갓을 쓰고 있는 것을 보면 그렇다.

원래 양반가의 여성이 밖을 나서면 장옷을 걸치고 부담마를 타는 법이다. 김준근의 〈부담마 탄 모양〉을 보라. 말에 부담롱을 메고 그 위에 여자가 타고 있다. 부담마를 탔다는 것은 부담롱을 싣고 그 위에 사람이 탄다는 뜻이다. 이렇게 말을 타고 견마를 잡혀야 하지만, 말이 없으면 〈길 가는 여인 훔쳐보기 ①〉처럼 소라도 타야 한다. 부담롱은 없지만, 소에 길마를 얹고 무엇인가를 채운 가마니를 얹어 사람이 타도록 만들었다. 물론 이렇게 소를 탈지언정 장옷을 입고 있으니, 내외를 하는 양반가의 여성이 틀림없다.

소를 탄 아낙 건너편에는 젊은 선비가 어린 종이 끄는 말을 타고 길을 가는 중이다. 말갈기 위로 삐죽 생황이 나와 있으니, 풍류깨나 찾는 젊은 양반이 분명하다. 재미있는 것은 말 다리 사이에 있는 망아지다. 어미젖을 먹으며 따라가고 있는 참이다. 그런데 문제는 이 남자의 시선이다. 부채로 얼굴을 살짝 가린 채 남의 여

자를 엿보고 있지 않은가. 남의 아내까지 엿보는 것이 남성의 저 내면에 감추어진 욕망의 본체다. 단원의 그림은 그 깊은 곳에 감추어져 있는 은밀한 욕망을 드러내는 중이다.

한데 단원에게는 이런 풍의 그림이 몇 점 더 남아 있다. 먼저 프랑스 기메 박물관에 소장된 〈풍속도병〉의 하나인 〈길 가는 여인 훔쳐보기 ②〉는 배경을 제외하면 《단원풍속도첩》의 〈길 가는 여인 훔쳐보기 ①〉과 동일함을 알 수 있다. 다만 인물 그림 자체는 기메 박물관 소장 그림이 《단원풍속도첩》의 것만 훨씬 못하다. 무엇보다 인물이 너무 일직선으로 배치되어 있어 마주친 두 일행 사이에 어떠한 긴장감도 찾을 수가 없다. 표정 처리도 미숙하다.

이보다 뒤에 그려진 동일한 제재의 그림으로 1778년(34세)에 그린 〈행려풍속도병〉의 〈길 가는 여인 훔쳐보기 ③〉이 있다. 이 그림은 〈길 가는 여인 훔쳐보기 ①〉에 훨씬 더 가깝다. 그림 위쪽에는 지게를 지고 소를 모는 젊은 총각이 있고, 그 아래에는 길을 가다가 마주친 두 패의 사람이 있다. 길 왼쪽에 있는 패는 한 가족이고, 오른쪽은 길 가던 양반 둘이다. 왼쪽의 가족을 보면 젊은 아낙이 어린애를 안고서 소를 타고 있고, 그 뒤를 갓을 쓰고 아이를 업은 젊은 선비가 따르고 있다. 이것은 〈길 가는 여인 훔쳐보기 ①〉과 꼭 같은 구도다. 다만 남편으로 보이는 사내가 좀더 늙어 보인다. 의문인 것은 두 패 가운데 있는 괴나리봇짐을 진 총각이다. 걷는 방향으로 보면, 가족과 일행은 아닌 것이 분명하다. 그렇다고 해서 양반 일행도 아닌 것 같다. 양반 일행의 말구종이 아닌가 하겠지만, 부채로 입을 가린 양반에게는 분명히 말구종이 있다. 말의 발 쪽을 보면 말구종의 발이 분명하게 보이는 것

길 가는 여인 훔쳐보기路上彼顧
① 김홍도,《단원풍속도첩》, 국립중앙박물관. 아이를 안고 가는 여인을 부채로 얼굴을 가리고 몰래 훔쳐보고 있는 선비의 모습이 재밌다.

1 길 가는 여인 훔쳐보기官吏行女 ② ¹ 김홍도, 〈풍속도병〉, 프랑스 기메 박물관
2 길 가는 여인 훔쳐보기 ③ ¹ 김홍도, 〈행려풍속도병〉, 국립중앙박물관(중박 201005-188)
3 목화밭 여인 훔쳐보기拾綿林機 ¹ 김홍도, 〈풍속도병〉, 프랑스 기메 박물관
4 목화밭 여인네들 훔쳐보기破顔興趣 ¹ 김홍도, 〈행려풍속도병〉, 국립중앙박물관(중박 201005-188)

이다. 어쨌거나 이 그림 역시 절묘한 곳은 말을 탄 젊은 양반이 부채로 입을 살짝 가리고 남의 집 아낙을 훔쳐보는 데 있다. 강세황은 이 장면을 이렇게 평했다. 화제를 보자.

소 등에 탄 시골 아낙
어찌 사람을 끌랴마는
길가는 나그네 말고삐를 늦추고
눈길을 한껏 주네.
한때 풍경이
배꼽을 잡게 하네.[119]

시골 아낙이 무슨 남자의 눈을 끌 것이 있겠는가마는 그래도 남자의 속성은 그렇지 않다. 여자라면 남자의 눈길이 머무르기 마련인 것이다.

참고 삼아 프랑스 기메 박물관 소장의 〈풍속도병〉 중 〈목화밭 여인 훔쳐보기〉를 보자. 길 가던 양반이 밭에서 일을 하는 여인네들을 부채로 얼굴을 살짝 가리고 훔쳐보고 있다. 이 여인들은 무슨 일을 하고 있는 것인가. 또 1778년에 그린 〈행려풍속도병〉의 〈목화밭 여인네들 훔쳐보기〉를 보자. 두 그림의 제재는 서로 꼭 같다. 다만 다리를 건너는 사람의 위치만 조금 바뀌었을 뿐이다. 그림 아래쪽에는 검은 머리에 노란 저고리, 검은 치마를 입은 젊은 아낙과 흰 옷을 입고 아이를 업은 중년의 아낙이 어떤 일에 열중하고 있다. 이것만으로는 무슨 일을 하고 있는지 알 수가 없다. 〈단원기檀園記〉를 써서 단원의 예술세계를 이해하고 격찬했던 단원의 스승 강세황은 이런 화제를 썼다. 강세황이 써놓은 화제를 보자.

헤진 안장, 비쩍 마른 말을 보니
행색이 몹시 고달픈데.
무슨 흥취가 있기에
고개 돌려 목화 따는 시골 아낙을 보는가.[120]

여자 둘은 지금 목화를 따고 있는 중이다. 목화밭 바깥 길에 한 젊은 양반이 말을 타고 길을 가는 중이다. 말 옆에는 망아지가 따르고, 뒤에는 상노로 보이는 10대의 남자 아이가 짐을 지고 따르고 있다. 그런데 양반의 눈길이 목화 따는 시골 아낙에게 쏠려 있는 것이 아닌가.

상대가 기혼이든 미혼이든 남성의 시선은 여성을 향한다. 도덕과 윤리가 그 시선을 아무리 옭죄어도 시선은 은폐될 뿐 사라지지 않는다. 어디 성협成夾의 〈기생 훔쳐보기〉를 보자. 길을 가는 두 여인이 쓰고 있는 누런 모자는 전모다. 요사이 영화나 드라마에서 흔히 기생이 전모를 쓰고 나오는 것을 볼 수 있는데, 그럴 만한 이유가 있다. 조선시대에는 기생이나 첩 등 신분이 천한 여자는 햇볕을 가리기 위한 유옥교, 즉 뚜껑이 있는 가마를 타는 것이 금지되어 있었기에 전모를 썼던 것이다. 왼쪽 여자가 전모 아래 쓰고 있는 흰 방한구 역시 내력 미상이다. 아얌이 아닌가 하지만, 그러기에는 폭이 너무 넓다. 오른쪽 여자가 전모 아래 쓰고 있는 것들은, 추측컨대 두터운 방한용 모피 위에 가리마를 쓴 것이 아닌가 한다. 가리마는 원래 의녀들이

對人含語轉頭
佯羞笑柱
頻摘面
秋午夜江樓
者和海低唯
不惜
解明舍

쓰는 것이지만, 조선 후기에 와서 관기들이 의녀로 발령이 났기 때문에 쓰게 된 것이다. 이 그림에 적힌 시를 보아서도 알겠지만(시는 뒤에 소개한다), 이 두 여성은 기생으로 보인다.

왼쪽의 남자는 도포를 입은 점잖은 선비다. 손에 들고 있는 것은 차면遮面, 혹은 사선紗扇이다. 내외를 해야 할 때, 예컨대 상주가 나다닐 때 얼굴을 가리는 것이다. 이 남자가 상중에 있었는지는 알 수 없지만, 꽤나 내외를 엄격히 따지는 인간이었던 것은 분명하다. 한데, 어떤가. 이 자는 차면 위로 눈을 내밀고 두 기생을 곁눈질로 보고 있지 않는가. 그의 오른쪽에 서 있는 기생은 남자의 눈길에 불쾌했는지 고개를 돌리고 있다.

곁눈질하던 점잖은 남자의 속내는 어떠했을까. 그림에 쓰인 시를 번역하면 이런 뜻이다. "사람을 대하고는 한마디 말도 없이 고개를 바삐 돌리더니, 화장 짙은 얼굴로 살짝 웃다 찌푸리네. 한밤중 강가 누각에서 춘정이 바다 같아, 휘장을 내린 뒤에 스스럼없이 귀고리를 푸는구나(對人無語轉頭忙, 淺笑輕嚬滿面粧. 午夜江樓春似海, 低帷不惜解明璫)" 남자가 여자의 얼굴을 보니 여자가 얼굴을 획 돌린다. 그러다가 온통 다 화장을 한 그 얼굴로 살짝 웃더니 또 살짝 찌푸린다. 어떻게 하자는 것인가. 자, 강가의 기생집에 봄이 완전히 깃들었다. 휘장을 내리고 여자가 스스럼없이 귀고리를 푼다. 말하자면 이 시는 기생과의 하룻밤을 간절히 원하는 남자의 속내를 그리고 있는 것이 아니겠는가.

이 그림과 시는 보다시피 남성의 여성을 향한 성적 욕망을 그리고 있다. 여기서 너무나 흥미로운 것은 앞에서 말한 바 있는 차면이다. 차면은 곧 도덕적 장치다. 눈길을 주어서는 안 될 것이 시선에 들어

1 기생 훔쳐보기路上風情ㅣ 성협, 국립중앙박물관(중박 201005-194)
2 사선ㅣ 사선은 대나무로 양쪽에 자루를 만들고 자루에 베를 붙여 사용한다.

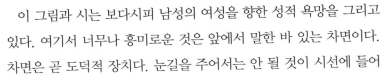

상주喪主(20세기 초)¹ 상주의 외출 복장이다. 외출 시 방갓을 쓰고 사선으로 얼굴을 가린다.

오지 않게 막는 장치다. 하지만 성적 욕망은 차면을 넘어 여성을 향하고 있다. 길 가던 남성이 여성을 계속해서 곁눈질하는 일이 큰 실례가 되는 것은 예나 오늘이나 같다. 더욱이 이 남자는 점잖은 양반이 아닌가. 또 상대방 여성은 양반으로서는 길거리에서 눈길을 주거나 이야기를 나누어야 할 여성이 아니다. 길거리에서 여성에게 눈길을 주는 것조차 예의에 어긋나거니와, 상대는 사대부들이 언필칭 더럽다고 하던 직업(기생) 여성이 아닌가. 조선시대 기생을 도덕의 눈길이 어떻게 바라보았는지 적절한 사례가 있다. 율곡 선생의 친구였던 성혼成渾에 얽힌 이야기를 하나 해보자.

정철鄭澈(1536~1593)의 아들 정홍명鄭弘溟(1592~1650)은 이런 이야기를 전한다. 율곡 이이李珥, 정철, 성혼이 이희삼이란 사람의 집에서 술자리를 베풀고 당대의 명창 기생 석개石介를 불러 노래를 시켰더니, 성혼이 벌떡 일어나 자리를 떴고 아무도 말릴 수 없었다는 것이다(쩨쩨하기는!). 성혼의 행동은 성리학의 윤리 도덕을 따른 것이다. 그 윤리에 의하면, 남성과 여성은 동일한 공간에 있을 수 없다는 것이다. 아내 외의 모든 여성과의 접촉은 금지되어야 마땅했다.

이 분리는 남성과 여성의 관계가 근원적으로 성적인 관계라는 데 바탕을 둔 것이다. 그것은 남자와 여자의 접촉은 합법적 관계, 곧 결혼에 의한 성관계 이외의 성관계가 맺어질 수도 있다는 우려를 내포한다. 이 우려는 과도한 것이지만, 일면의 진실은 없지 않다. 성욕은 인간의 기본적 욕망이다. 동물과 달리 인간의 욕망은 바닥이 없는 독이다. 아무리 채워도 채워지지 않는다. 성욕 역시 채워지지 않는 욕망이다. 성욕은 스스로의 충족을 위해 자신의 숙주, 즉 인간 자체까지 파멸로 몰아넣는다. 절대 권력을 보유한 군주들이 성욕의 충족을 끊임없이 추구하다가 결국 자기 권력의 기반인 국가를 붕괴시킨 경우를 허다히 볼 수 있다. 따라서 성욕은 감시와 억압의 대상이 된다. 그것은 보통 윤리 도덕이란 이름으로 감시되거나 억압된다.

한데 이 윤리 도덕은 또 다른 문제를 내포하고 있다. 윤리 도덕은 모든 인간에게 초월적 진리가 아니다. 그것은 권력적 속성을 내포한다. 즉 윤리도덕은 그 윤리도덕을 제작하는 주체의 이익을 감추고 있다는 것이다. 조선은 가부장제 사회였다. 가부장제는 남성의 여성 지배를 기초로 출발한다. 그것은 남성에게 여성은 성적으로 종속되어야 한다는 것, 달리 말해 남성과 여성의 관계에서 남성의 성적 이익이 여성에게 일방적으로 관철되어야 한다는 의미다. 이런 점에서 가부장제 사회에서 남성의 성욕은 여성에 비해 확실히 자유롭다.

다만 가부장제의 권력 이면에는 기묘하게도 그늘진 구석이 있었다. 가부장제가 진리화한 사회에서 남성은 먼저 자신을 윤리와 도덕으로 의식화해야 했다. 즉 윤리 도덕의 실천자임을 먼저 보여주어야 했던 것이다. 성혼이 기생을 초청한 것을 보고 벌떡 일어선 것은 바로 남성 스스로가 윤리 도덕의 실천자임을 과시하는 행위다. 한데 그 실천은 성혼이나 조광조처럼 소수의 별스런 사람들만이 가능한 처사였다. 대다수의 인간은 도덕이 가하는 압력과 욕망의 아우성 사이에서 시달리기 마련이었다. 곧 도덕을 사이에 두고 자신의 성적 욕망이 외부로 드러나는 것을 차단하려 하지만, 성적 욕망은 어느새 그 차단선을 넘어 여성으로 향한다. 도덕의 감시로 욕망을 잠재우는 일은 근원적으로 불가능하다. 아니, 도덕의 감시는 욕망의 분출을 동반한다.

길거리의 곁눈질이 사랑이 된 경우도 있다. 이옥의 소설 〈심생〉에서 심생은 우연히 길에서 본 젊은 처녀를 잊지 못한다. 수소문해 처녀의 집을 찾아가 곡절을 겪은 끝에 처녀와 사랑에 빠져 잠자리를 같이 한다. 여자가 심생의 존재를 부모에게 알리자, 부모는 결혼을 허락한다. 하지만 심생의 집에서는 심생을 과거 공부를 하라고 절로 올려 보낸다. 연락이 끊어진 얼마 뒤 여자는 심생에게 유서를 보내고 자살한다. 길에서 만나 이루어진 사랑이었으되 비극적 결말의 사랑이었다.

　　길거리에서 남자와 여자가 서로를 바라보는 시선은 성욕의 시선이다. 그 시선의 합의가 이루어질 경우, 우리는 그것을 사랑이란 거룩한 이름으로 부른다. 성협과 단원의 그림이 보여주는 남성의 엿보기는 무언가 부도덕한 느낌이 없지는 않지만, 그것은 절절했던 심생의 사랑의 단초일 것이다. 아니 그런가?

新行

二四 결혼식은 즐겁다. 하지만 결혼이 즐거운 일인지는 찬찬히 따져볼 일이다. 인간사의 대다수 괴로움이 인간과 인간의 맺어짐으로부터 시작되기 때문이다. 누구나 행복하기를 원해서 결혼하지만, 죽을 무렵에 '당신 결혼해서 행복했느냐'고 물어본다면 글쎄, 나로서는 그렇다고 선뜻 말하기 어려울 것 같다.

결혼은 두 남녀의 결합이다. 극히 드문 사례이기는 하지만 최근에는 동성 간의 결혼도 있으니, 반드시 남녀의 결합이라고만 할 수는 없다. 하지만 대부분의 결혼은 남녀의 결합이다. 한데 상호 성적 관계의 독점을 전제하는 남성과 여성의 결합은 그 출발점, 즉 결혼식부터 간단하지 않다.

문화권에 따라서 결혼의 의미와 양상, 그리고 결혼식은 그야말로 천차만별이다. 문화인류학에서 친족관계는 모두 결혼관계와 관련된 것이고, 그것의 복잡성은 상상을 초월한다. 또 동일한 문화권이라 하더라도 지역에 따라 그 세부 사항은 너무나도 다르다. 한국과 한국의 과거인 조선에서의 결혼도 마찬가지다. 아마도 조선과 현대한국의 결혼과 결혼식을 연구하려 한다면 평생을 바쳐도 모자랄 것이다. 사정이 이러하니 괜히 복잡한 소리 말고 그림이나 간단히 해설해 보자.

단원의 〈신행길〉을 보자. 맨 앞에 청사등롱을 든 젊은 남자 둘이 길을 인도한다. 등롱 자체는 보이지 않고, 겉에 위는 붉고 아래는 푸른색의 등롱의燈籠衣를 씌운다. 원래 이 청사등롱은 정2품 내지 3품의 벼슬아치가 밤에 사용하는 것이다. 하지만 결혼식 날은 벼슬이 없어도 들 수 있으니, 일생에 한 번 있는 경사라 해서 허락한 것이 아닌가 한다. 이렇게 등롱을 들고 다니는 사람을 또 등롱꾼이라 한다. 다

만 맨 앞의 등롱꾼이 맨발인 게 몹시 안쓰럽다.

등롱꾼 뒤에 기러기를 들고 따르는 사람은 기러아비[雁夫]다. 기러기는 신부 집에 가서 상 위에 놓고 절을 하기 위해서다. 기러아비는 대개 결혼생활이 원만한 사람으로 세운다. 기러아비 뒤에 벙거지를 쓴 사내가 손에 끈을 쥐고 따르고 있는데, 짐작은 가지만 누구인지는 확실하지 않다. 이 사람에 대해서는 뒤에 다시 언급하기로 하자.

뒤에는 말을 타고 신랑이 따르고 있다. 신랑 옆의 사람은 말고삐를 잡은 말구종이다. 신랑은 사모관대를 하고 있다. 즉 사모를 쓰고 관복을 입고 각대角帶를 두르고 있는 것이다. 사모는 원래 벼슬아치들이 공식적으로 쓰는 모자다. 가는 대나무로 틀을 만들고 거기에 검은 비단을 바른다. 뒤의 날개 역시 대나무나 철사로 틀을 만들고 검은 비단을 바른 것이다. 신랑이 입고 있는 옷은 단령團領이라고 한다. 단령은 둥근 깃을 말하는 것이다. 자세히 보면 신랑이 입은 관복의 목둘레가 둥근 깃으로 되어 있을 것이다. 각대는 쇠 바탕에 뿔 조각을 붙여 만든 띠로서, 관복에는 반드시 띠게 되어 있다. 물론 각대는 허리를 조이는 것이 아니라, 장식성이 강한 장신구다.

서울의 결혼식에 대해 유득공은 《경도잡지》의 〈혼의婚儀〉에서 이렇게 말하고 있다.

신랑은 흰 말을 타고 보라색 비단으로 지은 단령團領을 입고 서대犀帶를 띠고 겹날개가 달린 사모紗帽를 쓴다. 신랑 앞에는 청사등롱 네 쌍을 세운다. 기러아비는 붉은 갓에, 검은 색 단령을 입고 기러기를 받들고 천천히 앞에서 걸어간다. 여러 관아의 아전이나 하인들을 빌어다 신랑 일

1 신행길 김홍도, 《단원풍속도첩》, 국립중앙박물관. 백마를 탄 신랑 앞으로 청사초롱과 기러아비가 앞서서 걷고 있다. 신랑 뒤에서 장옷을 입고 따라오는 여인이 매파다.
2 백마를 탄 신랑(20세기 초) 서대를 띠고 사모관대를 한 신랑이 백마를 타고 신부 집으로 향하고 있다.

목기러기

사모

각대

단령

청사등롱

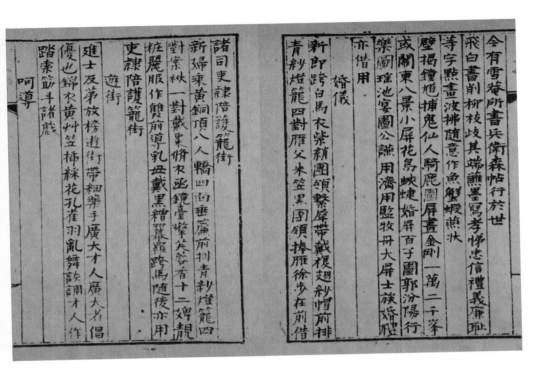

今有雪蕃所書兵衛森帖行於世
飛白書削柳枝岐其端離墨寫孝悌忠信禮義廉恥
等字點畫波拂隨意作魚鮮蝦鷰狀
壁揭鐘馗捕鬼仙人騎鹿圖屏畫金剛一萬二千峯
或關東八景小屏花鳥蛺蝶婚屏百子圖郭汾陽行
樂圖瑤池宴圖公讌用酒用監牧丹大屏士族婚殿
亦借用

婚儀
新卽跨白馬衣紫綃圍領繫犀帶戴複紗帽前排
青紗燈籠四對雁父夫笠黑圍領捧雁徐步在前借

諸司吏隷陪護籠街
吏隷陪護籠街
遊街
新婦乘黃銅頂八人轎四面垂簾前排青紗燈籠四
對案秋一對戴果俏衣盥鏡臺燈炷容奇十二婢靚
粧麗服作態前導乳母戴黑繒羅跨馬隨後亦用

進士反第放榜遊街帶細藥手廣大才人廣大名倡
優也錦衣黃州笠插綵花孔雀羽亂舞歌調才人作
踏索節斗諸戲
呵導

경도잡지 중에서 〈혼의〉, 유득공. 《경도잡지》에는 18세기 말 서울 사람들의 의복, 식생활, 기물, 취미, 오락, 음악, 세시풍속 등 각종 생활상에 대한 다양한 정보가 수록되어 있다.

행을 호위해 가게 한다.

혼의라고 했지만, 친영親迎(初行) 장면을 묘사한 것이다. 앞서 기럭
아비 뒤의 사람을 모르겠다고 했는데, 위에서 "여러 관아의 아전이나
하인들을 빌어다 신랑 일행을 호위해 가게 한다"고 했으니, 아마도
기럭아비 뒤에 있는 벙거지를 쓴 사내는 바로 관청의 아전이나 하인
이 아니겠는가? 그런데 유득공은 등롱군이 넷이라고 하지만, 〈신행
길〉에서는 둘뿐이다. 또 기럭아비는 붉은 갓을 쓴다 했는데, 그림에
서는 검은 갓이다. 그러면 어떠랴. 결혼식은 앞서 지역마다 각각 다를
수 있다 하지 않았는가. 또 형편에 따라 가감할 수도 있는 것이다.

친영은 신랑이 신부 집에 가서 결혼식을 올리고 신부를 데려오기
위해서 가는 것이다. 초행을 묘사한 그림에는 김준근 풍속화가 두 점
남아 있어 좀더 자세하게 볼 수 있다. 〈혼행 ①〉을 보자. 맨 앞에 초

립을 쓰고 전복戰服을 입은 초립둥이 둘이 청사초롱을 들고 길을 인도하고 있다. 초립둥이는 대개 장가를 든 청소년이다. 이들이 오른쪽 겨드랑이 아래에 차고 있는 막대기 같은 물건은 칼로 보인다.

그 뒤에 따르는 벙거지를 쓰고 검은 두루마기를 입은 사내는 오른손에 붉고 긴 고삐를 잡고 있으니 말구종이다. 이런 차림의 사람을 세어보면 모두 둘이 더 있는데, 모두 같은 하인배일 것이다. 그리고 이제 신랑이 말을 타고 간다. 신랑은 사모관대를 하고 차면으로 입을 가리고 있다. 신랑이 입을 가린 검은 천이 차면인데, 장가가는 신랑만이 아니라 상주도 썼다. 신랑의 말 뒤에는 일산을 들고 따르는 하인이 있다. 그 외 신랑의 왼쪽에 도포를 입고 도보로 따르는 사람, 맨 뒤에 말을 타고 따르는 사람은 모두 상객上客이라 불리는 사람들이다. 상객은 신랑의 할아버지나 아버지, 백부, 숙부, 형 등이 된다. 이 외에 후행後行이라 해서 친척 가운데 복 많은 사람이 따라가기도 한

1 혼행 ①¦ 김준근, 독일 함부르크 민족학박물관
2 혼행 ②¦ 김준근, 독일 함부르크 민족학박물관

다. 물론 이 그림에서 누가 후행인지는 알 수가 없다.

김준근의 또 다른 〈혼행 ②〉는 같은 내용의 그림이지만, 등장인물의 수에서 약간 차이가 있다. 앞의 〈혼행 ①〉에서는 등장인물이 열 명이었지만, 〈혼행 ②〉는 모두 열세 명이 등장한다. 맨 앞에 벙거지를 쓴 사람은 앞의 〈혼행 ①〉에서 이미 등장한 사람이다. 여기서는 일산日傘을 들고 앞장을 서고 있다. 그 뒤에 전복을 입은 초립동이 둘이 청사초롱을 들고 있고, 그 뒤에 말을 탄 사내가 있는데 가슴에 붉은 보퉁이를 안고 있다. 기러기를 싼 보자기일 것이니, 이 사내는 곧 기럭아비다. 기럭아비가 탄 말 옆의 머리만 보이는 사내는 당연히 말구종이다. 기럭아비 일행 뒤에 신랑이 따른다. 신랑 일행은 앞의 〈혼행 ①〉과 같아서 더 이상 설명할 것이 없다. 기럭아비는 앞의 〈혼행 ①〉에는 안 보이던 사람인데, 여기서 말을 타고 등장하는 바람에 사람 수가 더 늘었던 것이다.

초행은 결혼식의 하이라이트다. 단원이 결혼식 중 초행만을 그리고, 김준근이 초행을 두 번이나 그린 데는 그만한 이유가 있기 때문이다. 초행은 신부 집으로 가는 것이다. 신부 집에서 신랑·신부가 초례醮禮를 올리는데, 이것이 우리가 아는 좁은 의미의 결혼식이다. 신랑이 당도하기 전 신부 집에서는 대청이나 마당에 차일을 치고 그 아래 멍석을 깔고 다시 돗자리를 펴고 전안례奠雁禮나 합근례合졸禮를 치를 준비를 하고 기다린다. 신랑이 문에 들어서면 신부 집에서는 안내자가 읍을 하면서 신랑을 인도해 홀기笏記(의식 순서를 적은 글)에 의해서, 또는 집사執事의 지시에 따라 식이 진행된다.[121] 이후 전안례가 시작되는데, 지방마다 그 세부적 절차가 각각 다르다. 서울의 경우 신랑이 나무 기러기를 들고 초롱을 든 하인의 안내로 읍을 세 번 하면서 신부 집으로 들어가서, 초례청 위에 기러기를 놓고 재배再拜한다.[122] 이것이 전안례이다. 신부는 예식 절차를 잘 아는 수모의 부축을 받아 초례상 앞으로 나아가 신랑을 마주하고 선다. 이어 교배례交拜禮가 시작된다. 신부는 수모의 부축을 받아 신랑에게 네 번 절하고, 신랑은 두 번 절해 답례한다. 지방에 따라서는 신부가 두 번, 신랑이 한 번, 신부가 세 번 반, 신랑이 두 번 반을 하는 경우도 있어 절하는 숫자는 가감이 있다.

교배례를 이어 합근례合巹禮가 있다. 합근은 원래 작은 박을 갈라 만든 잔으로 신랑과 신부가 한몸임을 의미하는 것이다. 합근례는 지방에 따라 그 방식이 각이해 표준이라고 말할 수 있는 것이 없다. 동래 지방의 경우를 들면 이렇다. 신랑과 신부 앞에 각각 술잔과 안주를 놓는다. 의식 절차를 담당하는 사람(수모일 경우도 있고 다른 사람일 경우도 있다)이 각각의 잔에 술을 따른다. 신랑과 신부는 각각 자신의 술잔을 마시는데, 대개 입만 대어 마시는 시늉만 하고 술잔을 물린다. 이어 다시 잔을 채우고, 신랑은 청실을 감아 신부에게 보낸다. 그러면 신부는 홍실을 감아 신랑에게 보내어 마시게 한다. 이어 안주를 먹으면 합근례가 끝난다.[123] 각각 한 잔을 마시고 잔을 바꾸어 마시게 하는 것인데, 지역에 따라 그 미세한 방식은 천차만별이다.

김준근의 그림 〈초례〉는 바로 합근례를 치르는 모습을 그린 것이다. 수모가 술을 따라 신랑에게 건네고 있는 참이다. 초례상 위에는 양쪽에 불을 켠 촛대가 있고, 왼쪽 촛대 아래에는 뚜껑을 벗긴 향로, 향합이 있다. 그리고 정중앙에는 기럭아비가 가져온 붉은 기러기가

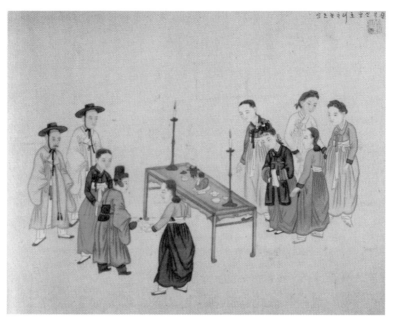

초례 | 김준근, 독일 함부르크 민
족학박물관

놓여 있다. 오른쪽 촛대 아래에 있는 흰 사기 종발은 퇴줏그릇이고,
양쪽에 놓인 작은 종지는 흰쌀을 담는 종지다. 받침이 있는 것은 합
근례에 쓰는 술잔이다. 이 초례청의 차림은 아주 간소한 것이다. 지
방에 따라 초례청에 올리는 물건도 아주 다양하다. 서울 지방의 경우
를 예로 들면, 흰 달떡, 밤, 대추, 나무로 만든 닭을 좌우에 각 한 마
리, 촛불, 대나무, 들쭉나무를 양편에 놓는다고 한다.[124] 다른 지방에
서는 나무로 만든 닭이 아니라, 살아 있는 암탉과 수탉을 들고 사람
이 초례상 양쪽에 서 있기도 한다.

　우리가 아는 유교식 관혼상제는 주자의 《가례家禮》(흔히 《주자가례》

또는 《문공가례》라고 한다)에 근거한 것이다. 고려 말에 수입된 《주자가례》가 현실화되는 데는 장구한 시간이 소요되었다. 예컨대 불교식 장의葬儀를 유교식, 즉 《문공가례》에 의한 것으로 바꾸는 데만도 몇 세기가 소요되었다. 관례·혼례·상례·제례 중 가장 심한 저항을 받았던 것은 혼례였다.

고려조의 결혼 절차에 대해서는 세부적 사항이 알려져 있지 않다. 다만 여러 기록들로 유추하건대 대개의 경우 신부의 집에서 결혼식을 치르고, 신랑은 신부의 집에서 살았다. 성리학의 가부장제는 이것이 매우 못마땅했다. 해서 《주자가례》에 입각해 신부 집에서 신랑을 데려와서 신랑 집에서 결혼식을 치르고, 결혼식 이후 신부가 신랑 집에서 사는 형태로 결혼 절차와 주거제도를 바꾸려 했으나, 아무도 이런 새로운 제도를 따르려 하지 않았다. 무엇보다 새로운 제도를 주장한 양반 사대부들부터 새 제도에 냉담했던 것이다.

왕실에서는 친영제를 의도적으로 실천해 보기도 했다. 세종 때 태종의 막내 딸 숙신옹주淑慎翁主와 파원군坡原君 윤평尹泙의 결혼식이 친영제에 의해서 이루어졌고, 1517년 급격한 유교적 개혁을 추구했던 조광조趙光祖 등 사림 세력에 공감한 중종은 자신의 세 번째 결혼식, 곧 문정왕후와 결혼식을 할 때 친영제를 실천했다. 왕실이 아닌 민간의 친영제는 중종의 결혼식이 있고 난 이듬해인 1518년 김치운金致雲이 자신의 결혼식을 친영제로 치른 것이 유일했다. 《주자가례》에 의한 결혼식은 거의 시행되지 않았던 것이다. 또 1519년 곧 기묘년에 개혁을 이끌던 조광조 일파가 대량으로 실각한 기묘사화가 일어났기 때문에 친영제는 한동안 더더욱 추진될 수가 없었다. 그러다

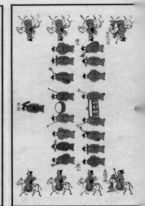

가 다시 명종 때 친영제의 실천을 두고 논란이 일어났으나, 모든 제
도를 중국식으로 고칠 수는 없다는 의견이 여전히 강력했다. 명종 9
년(1554) 9월 27일 사헌부의 말을 들어보자.

우리나라는 중국으로부터 아득히 먼 곳에 있어, 땅도 풍속도 서로 같지
않습니다. 삼강오상三綱五常이야 중국과 다를 리 없지만 그 사이의 제도
와 문물은 중국과 다를 수밖에 없는 것이 있기 마련입니다. 이런 까닭
에 사족士族의 제도는 중국에는 없고 우리나라에는 있습니다. 노비의
법도 중국에는 없는 것이지만 우리나라에는 있습니다. 그렇다면 사족
을 없앨 수 있겠습니까? 노비가 없어도 되는 것입니까?
아내가 남편의 집으로 가는 것이 순조로운 예禮이겠지만 우리나라의 경
우는 남편이 아내의 집으로 갑니다. 무덤을 지키며 여막에서 사는 것은

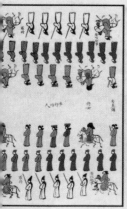
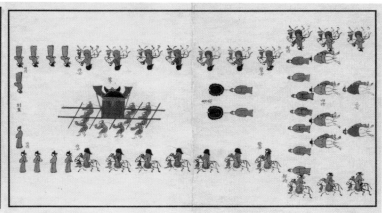

옛날부터 그렇게 하던 것이 아닙니다. 하지만 우리나라에서는 3년 동안
여묘살이를 합니다. 그렇다면 친영親迎을 복구할 수 있고 여묘를 폐할
수 있겠습니까? 이 같은 일들이 한 가지뿐만이 아닌데 어떻게 한결같이
중국의 제도를 따를 수 있겠습니까? 그렇다면, 친영은 회복할 수 있고,
여묘살이는 폐지할 수 있겠습니까? 이런 일들이 하나만이 아니니, 어찌
한결같이 중국의 제도를 따라야만 하겠습니까?

이 자료를 보건대, 1554년까지 여전히 친영제도는 일반적이지 않
았던 것이다. 이에 신랑이 신부의 집에 가서 결혼식을 치르고, 신부
집에서 사는 남귀여가혼男歸女家婚 친영제를 섞어 절충한 반친영半親
迎이 생겨났다. 이것은 신랑이 신부의 집에 가서 결혼식을 치르는 방
식은 남귀여가혼의 방식을 따르지만, 결혼식 이후 사흘 만에 신랑집

1 시집가는 길(신행) [|] 김준근, 독일 함부르크 민족
학박물관
2 신부가 탄 가마(20세기 초) [|] 신부의 가마 행렬이
다. 여기에서도 가마 위를 장식한 화려한 호랑이
가죽을 확인할 수 있다.

에서 시부모를 뵙는 예[舅姑之禮]를 올리는 방식이다. 이 반친영이 16세기 이후 차차 보급이 되어 전국적으로 행해지게 되었다.

이쯤에서 친영제 얘기는 그만하고, 이제 여성이 남편의 집으로 가는 장면을 보도록 하자. 유득공의 《경도잡지》〈혼의〉에서 인용한다.

> 신부는 놋쇠로 머리를 꾸민 팔인교八人轎를 타는데, 사면에는 발을 드리운다. 가마 앞에는 청사등롱 네 쌍과 안복雁襆 한 쌍을 늘어세운다. 대추와 포脯, 옷상자, 경대를 이고, 부용향芙蓉香을 받든 계집종 열두 명이 곱게 단장을 하고 짝을 지워 앞장을 선다.
> 유모는 검은 비단 가리마를 쓰고 말을 타고 뒤따른다. 또 관아의 아전과 하인들을 동원해 가마를 보호하면서 가게 한다.

아주 사치스러운 행차다. 그 실제 모습은 이미 확인할 수가 없고, 다만 김준근의 〈시집가는 길〉에서 대충 짐작할 수는 있다. 유득공은 팔인교를 탄다고 했지만, 여기서는 사인교를 타고 있다. 유득공은 대추와 포, 옷상자, 경대를 이고, 부용향을 받든 계집종 열두 명이 앞장 선다 했지만, 이 그림에는 붉은 보퉁이를 이고 가는 여자 둘이 있을 뿐이다. 유득공은 또 유모는 말을 타고 따른다 했지만, 이 그림에 의하면 따르는 것은 작은 가마다. 물론 형편에 따라 갖추는 것이 다를 수 있으니 별로 이상하게 여길 것은 못 된다. 한 가지 재미있는 것은 신부가 탄 가마 위에 얹힌 호랑이 가죽인데, 왜 덮었는지 모르겠다. 하기야 어디 옛날 문화에 대해 모르는 것이 한두 가지이던가. 가마 속에서 긴장하고 있을 신부나 축하해 줄 일이다.

단원의 〈모연募緣 ①〉을 보자. 이 그림에는 '점괘'란 제목이 붙어 있으나 왜 이런 제목이 붙었는지 정확하게 밝혀져 있지는 않다.

그림 왼쪽에는 스님 둘이 있고 성인 여자 하나, 어린 계집아이 하나가 있다. 여자는 장옷을 머리에 얹고 길을 가던 여자가 치마를 걷고 주머니에서 돈을 꺼내고 있다. 아래쪽의 계집아이는 똬리를 틀고 함지박을 머리에 이고 있다. 함지박 안에 있는 물건은 반병두리로 보인다. 계집아이는 아마 돈을 꺼내고 있는 여성의 심부름을 하는 어린 계집종일 것이다. 여자가 사용하는 담뱃대와 부채를 들고 있지 않은가.

두 스님 중에 목탁을 치고 있는 스님이 쓰고 있는 모자는 송낙이다. 송낙은 소나무에 기생하는 겨우살이를 엮어서 만든 모자다. 아랫부분은 엮지 않고 그대로 두는데, 이 그림에는 재단을 해 엮지 않은 부분이 보이지 않는다. 스님이 평시에 납의衲衣를 입을 때 쓰는 모자다. 그림에서 송낙을 쓴 스님이 입고 있는 옷이 납의다. 납의의 '衲'은 '기울 납'자다. 옷을 깁는다는 뜻이다. 즉 사람들이 버린 천 조각을 모아서 누덕누덕 기워 짓고 회색 물을 들인 옷이다. 그림의 스님도 회색 옷을 입고 있다. 요즘도 수행하는 스님들의 옷을 자세히 보면, 여러 천 조각으로 기워 만든 게 있는 것을 확인할 수 있다. 스님을 납자衲子라고 부르기도 하는데 납의를 입은 사람이란 뜻이다.

옆의 스님이 활에 둥근 악기를 달아서 채로 치고 있는데, 이 악기가 무엇인지는 알 길이 없다. 이 악기와 비슷한 악기가 〈모연 ②〉에 나오는데, 뒤에 언급하기로 하자.

송낙

단원의 〈모연 ①〉과 같은 내용의 그림이 작자 미상의 〈모연 ②〉이다. 이 그림은 스님 둘만 등장한다. 먼저 아래쪽 검은 승복을 입은 스님이 왼손에 쥐고 있는 악기를 보자. 긴 막대기 끝에 둥근 쇠 같은 것이 달려 있다. 《조선시대 풍속화》 중 그림 해설 부분을 보면 이 악기

1 모연(점괘) ①' 김홍도, 《단원 풍속도첩》, 국립중앙박물관. 두 명의 승려가 모연문을 펼쳐놓고 목탁을 두들기며 시주를 호소하고 있다. 지나가던 여인이 엽전을 꺼내기 위해 주머니를 열고 있다.
2 모연(점 보셔요) ②' 필자 미상, 국립중앙박물관(중박 201005-194)

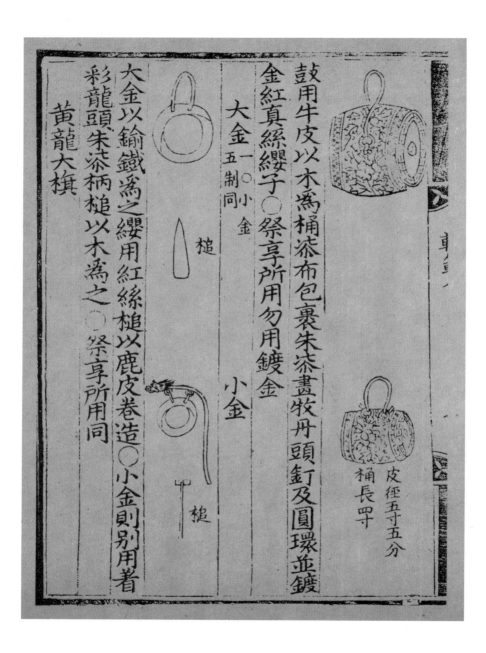

鼓用牛皮以木爲桶漆布包裹朱漆畫牧丹頭、釘及圓環並鍍

金紅眞絲纓子○祭享所用勿用鍍金

大金一○小金五制同

大金　小金

皮徑五寸五分　桶長罒

大金以鍮鐵爲之纓用紅絲槌以鹿皮卷造○小金則別用著

彩龍頭朱添柄槌以木爲之○祭享所用同

黃龍大槙

槌　槌

412

를 소고小鼓라고 하고 있으나 정확한 근거가 있는 것은 아니다. 소고는 채가 길쭉한 나무로 되어 있다. 아무런 장식이 없다. 그런데 두 그림의 채를 보면 끝을 천으로 둥글게 감싸고 털 같은 것이 삐죽삐죽 나와 있다. 이것은 금속성 악기를 치는 채다. 《악학궤범》 8권에 각종 악기들 그림이 나와 있는데 소금小金, 즉 꽹과리를 보면 'ㄱ'자 형태로 구부러진 나무에 꽹과리를 달아놓고 있다. 이렇게 금속성 악기를 나무에 매달아 치는 방법이 있는 것이다. 그렇다고 해서 이것이 꽹과리라고 단정할 수는 없다. 무엇보다 꽹과리라면 부피감이 있어야 할 터인데, 〈모연 ②〉에서는 전혀 부피감을 느낄 수 없다. 뒤에 다시 언급하겠지만, 유득공은 이것을 동발이라 하고 있다. 특히 가운데 동그란 것은 동발의 약간 튀어나온 부분이 아닌가 한다. 그렇다면 〈모연 ①〉에 등장하는 악기는 무엇인가. 이것은 약간의 부피감이 있는 것이다. 채는 꼭 같은 것이어서 금속성 악기를 치는 것이 틀림없다. 곧 꽹과리를 매단 것이 아닌가 한다.

위쪽의 요령을 흔드는 스님은, 가사를 입고 위에 장삼을 걸치고 있다. 스님의 의식용 정식 복장을 갖춘 것이다. 이 스님이 쓰고 있는 모자의 유래를 알 수 없는데, 어떤 스님의 말씀으로는 고깔이라고 한다. 불교의 의복이나 장신구에 대해 필자는 아는 것이 없으니 무어라 말을 하지 못하겠다.

이제 오명현吳命顯의 〈권선〉을 보자. 그림 오른쪽에 서 있는 스님의 차림은 가사 장삼을 입고 오른손에 요령을 들고 흔들고 있다. 〈모연 ②〉와 동일한데 다만 고깔을 쓰고 있을 뿐이다. 그림 왼쪽에는 더펄머리 총각 하나가 주머니에서 돈을 꺼내고 있는 참이다.

1 악학궤범 중에서 소금, 즉 꽹과리를 소개하고 있는 《악학궤범》 권8의 내용이다. 꽹과리는 용도에 따라 명칭이 다른데 궁중의 제향에 쓰이는 것은 소금이라 하고, 농악이나 무악 등에 사용되는 것은 꽹과리라고 부른다.

2 꽹과리와 채 대개 지름이 20센티미터 내외인 둥근 모양으로 크기는 징보다 작으며 측면에 손잡이를 끼울 수 있는 구멍이 두 개 있다. 채는 주로 나무로 만드는데, 끝을 둥글게 만들어 소리가 경쾌하게 나도록 한다.

이 세 점의 그림은 무엇을 그린 것인가. 원래 〈모연 ①〉에는 〈점괘〉, 〈모연 ②〉에는 〈점 보셔요〉, 〈권선〉은 〈점괘도〉란 제목이 붙어 있다. 모두 '점'과 연관 지은 것이다. 하지만 그림을 설명하는 어떤 글에서도 그림의 어떤 내용이 점과 관련이 있는지는 설명하고 있지 않다. 이것은 아마 세 그림 속에 펼쳐진 물건이 무엇인지를 알면 해명이 되겠지만, 그게 그렇게 단순하지 않다는 데 문제가 있다. 〈모연 ①〉과 〈권선〉은 장방형의 큰 천을 펼쳐놓은 것처럼 보이지만, 〈모연 ②〉는 약간

1 권선(점괘도) 오명현, 개인 소장

2 요령

사정이 다르다. 자세히 보면 큰 책의 형태다. 특히 오른쪽을 보면 여러 페이지의 커다란 책을 펼쳐 놓고 있는 것을 확인할 수 있다. 그리고 그 위에 붉고 누런 색은 어떤 물건을 얹은 것이 아니라, 색을 칠한 것임을 알 수 있다. 보자기나 책처럼 생긴 물건이 무엇인지 궁금해 이 책 저 책 찾아보았으나, 유래를 짐작할 도리가 없다. 불교사를 전공하는 부산대학교 채상식 교수에게 문의했더니, 보자기나 책처럼 생긴 물건은 점을 치는 데 쓰는 물건이며, 또 과거 청계천의 고서점가에서 파는 보자기며 책을 본 적도 있다고 했다. 하지만 그 이상은 알 수 없다고 했다. 아마도 이 물건의 용도는 옛 물건을 취급하는 분들이 자세히 알 것이다. 아시는 분이 있으면 가르쳐 주시기 바란다.

　다만 필자로서는 점을 쳐주든 아니 쳐주든 간에 어떤 목적으로 신자들에게 시주받는, 즉 모연하는 장면을 그린 게 아닌가 한다. 유득공의 《경도잡지》는 원일元日, 곧 설날의 풍속 중 승려와 관계된 풍속 하나를 소개하고 있다.

중들이 큰북을 지고 거리로 들어와 울리는 것을 '법고法鼓'라고 한다.
혹은 모연문募緣文을 펼쳐놓고 동발을 두드리며 염불을 한다.
혹은 쌀자루를 메고 문 앞에 늘어서서 재를 올리라고 소리를 친다.
또 떡 한 덩이를 속세의 떡 두 덩이와 바꾼다. 사람들은 중의 떡을 얻어 어린애에게 먹이면 마마를 곱게 한다고 믿는다.
당저조當宁朝에 승니僧尼가 도성 문을 들어오지 못하게 금지하였으므로, 성 바깥에 이런 풍습이 있다.

두 번째 줄에 '모연문을 펼쳐놓고 동발을 두드리며 염불을 한다'는 말이 있다. 곧 이것은 위의 세 그림의 내용과 일치한다. 물론 부분적으로 〈모연 ①〉은 동발이 아니라 꽹과리지만, 비슷한 소리를 내는 금속성 악기라는 점에서는 동일하다.

인용문 맨 아래의 '당저조'란 '지금의 임금'이란 뜻이다. 유득공의 생몰연대로 보건대 《경도잡지》가 정조 때 작품이니 아마도 정조를 가리키는 것일 터이다. 그런데 약 반세기기 지나 1849년 홍석모가 쓴 《동국세시기》에 약간 다른 기록이 보인다.

혹은 모연문을 펼쳐놓고 동발을 두드리며 염불을 하면, 사람들이 다투어 돈을 던진다.

《경도잡지》와 똑같고 '사람들이 다투어 돈을 던진다'는 부분만 첨가된 것이다. 즉 중들이 목탁을 치고 요령을 흔들고, 꽹과리나 동발을 치는 것은 사람들로부터 시주받기 위해서인 것이다.

물론 앞의 그림과 《경도잡지》 및 《동국세시기》가 일치하지 않는 부분도 분명히 있다. 즉 그림에서 펼치고 있는 울긋불긋한 그 무엇이 있는 보자기나 책은 《경도잡지》와 《동국세시기》가 언급하는 모연문은 아닌 것이다. 지금 남아 있는 모연문을 보면 모두 긴 종이 두루마리의 형태다. 따라서 두 책에 의한 해명은 결국 절반밖에 이루어지지 않은 셈이고, 그림 속에 펼쳐진 보자기나 책에 대해서는 더 이상 말할 게 없다.

하지만 그렇다 해서 모연에 대한 이야기가 전혀 몰가치한 것은 아니다. 어쨌든 앞의 그림은 지나가는 사람들에게 불심佛心을 일으켜 시주받으려는 장면을 그린 것이니, 모연과 여전히 유관한 것이다. 이제 이야기를 모연으로 돌려보자. '모연'은 사찰에 시주를 해 좋은 인연을 맺게 하는 것을 의미하고, 모연문은 바로 어떤 불사佛事에 필요한 재물을 내기 바란다는 취지의 문장을 말한다. 어떤 관계가 있었는지 궁금하다.

실제 모연이 이루어지는 장면을 한번 보도록 하자.

강석기姜錫祺는 서울의 악소년이었다. 매일 술에 취해서 사람을 구타하지만 아무도 가릴 수가 없었다. 한번은 권선문을 파는 중의 바리때에 돈이 약간 쌓였음을 보고 말을 붙였다.

"스님, 돈을 시주하면 극락 가우?"

"그렇지요."

석기는 하하 웃으며

"스님이 받은 돈이 이만큼 많은 것을 보면 극락 가는 길은 틀림없이 어깨가 걸리고 발이 밟혀서 가기 어려울 거야. 누가 그런 고생을 사서 한담. 스님, 나는 지옥길을 활개치며 갈 테요. 그러려면 이제 불가불 스님 돈을 집어다가 술이나 먹어야 되지 않겠소?"

하고 바리때에 담긴 돈을 남기지 않고 몽땅 쓸어가 버렸다.

사람사람 시주하면 천당에 가려니와
앗아가면 모름지기 지옥에 간다는데
비좁은 천당길 구태여 갈 것 있나.

차라리 지옥길을 활개치며 가리라.

원래 조수삼趙秀三(1762~1849)의 《추재기이秋齋紀異》의 한 편인 〈강확시姜攫施〉[125]다. '攫施'는 '시줏돈을 움켜쥐다'는 뜻이다. 번역은 이우성·임형택 선생의 것을 옮겨왔는데, '한번은 권선문을 파는 중의 바리때에 돈이 약간 쌓였음을 보고'의 원문은 '見募緣僧勸善文, 積錢寸許'이다. 직역하면, "모연승의 권선문에 돈이 약간 쌓인 것을 보고"이다. 즉 모연하는 스님의 권선문에 돈이 쌓인 것을 말한다. 악소년이 권선문에 쌓인 돈을 털어간 것이다. 이 이야기로 보아, 서울 시정에 권선문을 펼쳐놓고 시줏돈을 받는 스님이 실제 적지 않게 있었음을 짐작할 수 있다.

모연은 절에서 건물을 짓거나 수리할 때 흔히 하는 방식이다. 《세조실록》14년 5월 4일조를 보면, 중 수미守眉가 전라도에서 세조에게 글을 올려 중들의 사장社長들이 원각사의 불유佛油를 모연한다면서, 혹은 낙산사를 짓는 화주승化主僧이라면서 민간에서 작폐하는 경우가 많다고 하자, 세조는 사장과 화주승을 잡아들이라고 명한다. 불유는 물론 낙산사를 짓는 것도 모연문을 가지고 다니며 재물을 모았던 것이다.[126]

모연문은 조선시대 문인들의 문집에 꽤나 보인다. 스님들이 한문으로 글을 짓는 데 썩 익숙하지 않았기 때문에 문인들을 찾아와 부탁한 것이다. 그중 예를 하나를 들어보자. 알 만한 절이 있으니, 금강산 유점사다. 조선 후기의 문인 최창대崔昌大(1669~1720)는 1696년에 〈유점사중건모연문楡岾寺重建募緣文〉을 짓는다. 내용인즉 이렇다. 유점사가

昆侖集 卷十四 雜著 四

馬路不教塵客到門泰兒郞偉抛梁北弱雲諸峰青
蘊蘤醉來前檻捲簾看無限平郊晴雪色兒郞偉抛
梁上秋天星月光森明堂中一片瀠翁圖俯仰胸中
開萬象兒郞偉抛梁下蒲庭花竹秀而野幽人睡起
無餘事眼看圖書盈一架半願上梁之後牀狀無恙
塗墍常安輪奐盈門咸稱石家之榮其能眠叶蔓無
美鄒氏之蕃昌惟淸白而傳家之實惟忠孝爲立身
之原庶從祝規永保基業

榆岾寺重建慕緣文 甲子

東國固多名寺刹而金剛之榆岾特間地淸奧多瓌
奇絶待之觀且其官宇壯麗而佛事甚苦以故國中
人士之好遊者與夫閭巷庶民之疾痛冤苦而有所
新願訴告於佛者皆不計遠邇不憚勤險而輻輳四方
而至于山門爲之塡噎云歲丙子寺燬于火棟爐牆壁
杉斷而爲之美軀儠之儼罷藏珍貝之重一福而爲塵泥
煤燼毋論緇徒之沸愍相弔卽東西者助之悲焉而
僧萬淙者此心發願將廣化財糧謀爲一新耞則
先麁糧走漢師逆門而謁余爲勸緣之文者余旣
慈然父之仍設難而問曰凜乎若殆其無成乎夫區
地而戶此戶而闆者厥數有萬而其類居二非上面

昆侖集 卷十四 雜著 五

爲士則下而爲民也今若猶街市歷城邑家呼而里
訴者亦不出二家已夫士敎乎敎者也躬儒服口儒
談諷聖賢之經崇聖賢之道苟貳於我者將毀絶誅
斥而不餘力矣若之貳者耶凡若之居雖水
火者固毀拆傾擢之無惜其誰能與若而助之成肌
夫民徇平生者也早琹筋力而業是犬於是食於是
父母妻子於是餘粟秋忽之微皆以有所用需於是
人者始欲擾而服之其誰能捐已所有而需不忿
求也耶是故士或惠於財而無所事於佛民或不惠
於佛而不能惠於財由是已若殆其無成乎榘曰
唯唯然亦有說焉敢問今之爲士者皆能盡乎其教
者乎皆能踐儒服之所以當躬者乎皆能充儒談之
所以當口者乎皆能知經之所以當躬而知道之所
以當崇者乎抑佛氏之所以當眠絲斥者皆能與
知實見而無所疑乎誠如是也亦何敢以吾私相干
有如萬一有不饜斯言而拒我則是特
自託於闢異敎之名而其心實不在此也非吾所敢
知已且也四方遊士之登吾山入吾寺者歲累數百
人方其意與境會實與心融也咸一口讚歎曰斯界
也斯宇也雖萬金無論也今爲就斯界刱斯宇而求

1696년에 화재가 나서 소실되자, 만름萬凜이란 스님이 유점사를 중건하기로 발원해 서울로 최창대를 찾아와 중건 모연문을 지어달라 부탁한다. 최창대는 만름에게 이렇게 말한다. 천하 사람은 사대부와 백성으로 나눌 수 있는데, 사대부는 유학을 하는 선비이니 재물이 있다 해도 이단인 불교의 사찰을 짓는 데 그 재물을 내놓을 수 없고, 백성들은 불교를 믿는다 해도 그럴 재물의 여유가 없으니, 중건은 이루어질 수가 없을 것이다.

이에 만름은 이렇게 답한다. 유학 하는 선비라고 하지만 모두 유학을 완벽하게 실천하는 사람은 아닐 터이다. 또 불교가 이단이라고 배척하지만, 과연 진정 이단인 것을 투철히 알아서 비판하는 사람은 없을 것이다. 다만 도와주기 싫어서 핑계하는 말일 뿐이다. 또 해마다 수많은 선비들이 금강산 유점사를 찾아와서 경치에 감동하고, 빼어난 경관 속에 유점사가 있는 것에 감탄하지 않느냐? 그럼에도 절을 짓는 것을 도와 달라고 하면, 자신은 모르는 일이라고 머리를 젓는다. 백성들의 경우, 평소에는 인근의 절을 찾아와 공양을 하고 보시를 하면서 재액을 면하고 복을 받게 해달라고 해 그런 결과를 얻었건만, 불이 난 뒤 절을 다시 짓도록 도와달라고 하자 얼마 안 되는 재물을 아껴 거들떠보지도 않는다. 이처럼 제가 유리할 때는 붙고 불리해지면 끊고 돌아서는 사람을 '반덕지민反德之民'이라고 한다. 이런 사람들은 지금 이 세상에서 여러 사람들에게서 버림받을 것이다. 어느 겨를에 후생의 보은을 바라겠는가. 그러니 아마도 사대부이거나 백성이거나 반드시 나를 도우려 할 것이다. 어찌 중건이 이루어지지 않겠는가?

이런 취지의 말을 하자, 최창대는 "그대의 말은 지극한 도리를 갖춘 말은 아니지만 그래도 사람의 행실을 감화시키기에는 충분하다"고 하고 모연을 받아보라고 권한다. 이상에서 언급한 것이 실제 〈유점사중건모연문〉의 내용이다. 실제 모연문은 대개 어떤 목적으로 시주를 받는다는 글을 쓰기 마련인 바, 이 글 역시 그렇다고 하겠다.

끝을 맺자. 옛 그림을 보다 보면 지금 쓰이지 않는 기물을 많이 만난다. 단원의 〈모연 ①〉에 보이는 펼쳐진 물건은 무엇이었던가. 궁금한 일이다. 단 하나 이 물건의 쓰임새를 몰라 나는 그림의 해석에 성공하지 못한 것이다. 알아야 할 것은 너무나 많다.

승려(1893)

• 주석

1 오주석, 《단원 김홍도》, 열화당, 1998; 진준현, 《단원 김홍도 연구》, 일지사, 1999; 정병모, 《한국의 풍속화》, 한길아트, 2000; 유홍준, 《화인열전》 2, 역사비평사, 2001.

2 진준현, 같은 책, 1999, 403면. 이 견해는 정병모가 처음 주장하였다. 정병모, 〈조선 시대 후반기 풍속화의 연구〉, 동국대학교 대학원 박사논문, 1991, 113면.

3 오주석은 이 작품이 김홍도의 작품이 아니라고 한다. 한편 진준현은 김홍도의 작품 이라고 주장한다. 진준현, 같은 책, 1999, 408면 '각주 79'를 볼 것.

4 정약용, 《다산시문집茶山詩文集》 권4.

5 주강현, 《두레》, 들녘, 2006, 678~680면.

6 강희맹, 〈농담農談〉 2, 《금양잡록衿陽雜錄》, 《사숙재집私淑齋集》 권11.

7 정약용, 〈용산마을 아전〉, 임형택 편역, 《이조시대 서사시李朝時代 敍事詩》 상, 창작과 비평사, 1992, 210~252면.

8 홍신유, 〈우거행〉, 임형택 편역, 같은 책, 1992, 201면.

9 강희맹, 〈대엽待饁〉, 〈선농구選農謳〉, 같은 책.

10 강희맹, 〈구복扣腹〉, 같은 책.

11 서거정, 〈전가田家〉, 《사가집四佳集》 시집詩集 권3.

12 안축, 〈농두엽부壟頭饁婦〉, 〈삼척서루팔영三陟西樓八詠〉, 《근재집謹齋集》 권1.

13 박성의 교주校注, 《농가월령가·한양가農家月令歌·漢陽歌》, 교문사, 1984, 2~75면. 이하 〈농가월령가〉는 모두 이 책에서 인용한다.

14 이익, 〈식소食少〉, 인사문人事門, 《성호사설星湖僿說》 권17.

15 이덕무, 〈식계食戒〉, 《앙엽기盎葉記》 7, 《청장관전서青莊館全書》 권60.

16 《연산군일기》 8년 11월 1일.

17 정약용, 〈보리타작打麥行〉, 송재소 역주, 《다산시선茶山詩選》, 창작과비평사, 1981, 212~213면.

18 이산해, 〈전가잡영田家雜咏〉 3수, 《아계유고鵝溪遺稿》 권3.

19 정약용, 〈호남 여러 고을의 소작농이 세금을 바치는 풍속을 엄히 금하기를 청하는 차자擬嚴禁湖南諸邑佃夫輸租之俗箚子〉, 《다산시문집》 권9.

20 이익, 〈민빈民貧〉, 인사문, 《성호사설》 권16.

21 박지원, 〈한민명전의限民名田議〉, 《연암집燕巖集》 권17.

22 스튜어트 컬린, 《한국의 놀이》, 윤광봉 옮김, 열화당, 2003, 139면.

23 스튜어트 컬린, 〈밤윷〉, 같은 책, 2003, 134면, 도판번호 106.

24 김성일, 〈請停築城, 仍陳時弊箚〉, 《학봉집鶴峯集》 권3.

25 서거정, 《사가집》, 시집 권4.

26 임형택 편역, 같은 책, 1992, 162~163면.

27 《중종실록》 36년 2월 20일.

28 《현종실록》 5년 11월 1일.

29 서영보, 〈교민오칙教民五則〉, 《죽석관유집竹石館遺集》 7책.

30 "完平諦在驪州戶長家, 織席爲業." 장현광, 《여헌집旅軒集》 속집續集 권9, 부록, 〈배문록拜門錄〉(신열도申悅道).

31 김낙행, 〈직석설織席說〉, 《구사당집九思堂集》 권8.

32 《정조실록》 5년 12월 28일.

33 이덕무, 〈발굽쇠馬蹄鐵〉, 《앙엽기》 6, 《청장관전서》 권59.

34 이유원, 〈마착철馬着鐵〉, 《임하필기林下筆記》 권20.

35 이익, 〈마제馬蹄〉, 만물문萬物門, 《성호사설》 권6.

36 김경선, 〈금수禽獸〉, 유관별록留館別錄, 《연원직지燕轅直指》 제6권.

37 금세렴, 〈해사록海槎錄〉, 병자丙子(1636) 12월 3일(癸酉).

38 이익, 〈마정馬政〉, 만물문, 《성호사설》 제4권.

39 박지원, 〈태학유관록太學留館錄〉, 8월 14일(경신), 《열하일기熱河日記》.

40 이훈종, 《민족생활어사전》, 한길사, 1992, 393면.

41 《태종실록》 6년 1월 28일.

42 김성일, 〈풍속고이風俗考異〉, 《학봉집》 권6.

43 유수원, 〈상판商販의 사리와 액세額稅의 규제를 논함論商販事理額稅規制〉, 《우서迂書》
제8권.

44 홍대용, 〈연기燕記〉, '옥택屋宅', 《담헌서湛軒書》 외집外集 권10.

45 박지원, 〈도강록渡江錄〉, 《열하일기》.

46 박지원, 〈일신수필馹汛隨筆〉, 《열하일기》.

47 홍만선, 〈우물井〉, 복거卜居, 《산림경제山林經濟》 권1.

48 김창협, 잡식雜識, 외편外篇, 《농암집農巖集》 권34.

49 이수광, 〈우물井〉, 《지봉유설芝峯類說》, 권2 지리부地理部.

50 박지원, 〈도강록渡江錄〉, 6월 27일(갑술), 《열하일기》.

51 서긍, 〈한탁澣濯〉, 《고려도경高麗圖經》 권23.

52 《조선시대 풍속화》, 국립중앙박물관, 2002, 144면, 도판번호 44와 301면의 이 작품
에 대한 해설을 볼 것.

53 진준현, 같은 책, 1999, 329~330면.

54 浣濯紈裏, 不須問不龜手之藥. 此間徜逢羊家赤脚, 試問練裙多少.

55 정약용, 《다산시문집》 권6.

56 서긍, 〈한탁〉, 《고려도경》 권23.

57 《소학小學》, 내편內篇 입교立敎 2장.

58 《고려사高麗史》 권71, 지志 25, 악樂 2.

59 鏡湖三百里, 菡萏發荷花. 五月西施採, 人看溢若耶. 回舟不待月, 歸去越王家.

60 송재소 역주, 같은 책, 1981, 212~213면.

61 송재소 역주, 같은 책, 1981, 240면.

62 정약용, 《역주 목심심서 4》, 창작과비평사, 1984, 117면.

63 이덕무, 《아정유고雅亭遺稿》 12, 《청장관전서》 권20.

64 《해동역사海東繹史》 권26, 물산지物産志 1, 초류草類 연초烟草.

65 《순조실록》 8년(1808) 11월 19일.

66 《해동역사》 제26권, 물산지 1, 초류 연초.

67 《해동역사》 제26권, 물산지 1, 초류 연초.

68 《순조실록》 8년 11월 19일. 홍면섭洪冕燮의 말이다.

69 《영조실록》 10년 11월 5일.

70 《정조실록》 21년 7월 8일.

71 《인조실록》 18년 4월 19일.

72 陸羽茶經好, 劉伶酒頌奇. 淡婆今始出, 遷客最相知. 정약용, 〈연연煙〉, 《다산시문집》 권4.

73 《홍재전서弘齋全書》 권178, 《일득록日得錄》 18, 훈어訓語 5.

74 《홍재전서》 권52, 1796년에 출제한 문제다.

75 이익, 〈생재生財〉, 인사문, 《성호사설》 권8.

76 이익, 〈고금지재古今之災〉, 인사문, 《성호사설》 권16.

77 이익, 〈남초南草〉, 만물문, 《성호사설》 권4. 이하 관련 서술은 이 책에 의한다.

78 이덕무, 〈이목구심서耳目口心書〉 3, 《청장관전서》 권50.

79 이덕무, 《사소절士小節》 중, 사전士典 2, 《청장관전서》 권28.

80 이덕무, 같은 글, 같은 책.

81 이유원, 〈연초시말煙草始末〉, 《임하필기》 권28.

82 이유원, 〈벽려신지薜荔新志〉, 《임하필기》 권35.

83 《순조실록》 8년(1808) 11월 19일. 순조의 말이다.

84 이덕무, 《사소절》 중, 사전 2, 《청장관전서》 권28.

85 이덕무, 《사소절》 하, 동규童規 1, 《청장관전서》 권31.

86 이덕무, 《사소절》 상, 사전 1, 《청장관전서》 권27.

87 송시열, 어록語錄 5, 《송자대전宋子大全》 부록附錄 권18.

88 최남선, 《조선상식문답속편朝鮮常識問答續篇》, 《육당최남선전집六堂崔南善全集》 3, 현암사, 1973, 148면.

89 이우성·임형택 역편, 《이조한문단편집李朝漢文短篇集》, 일조각, 1978, 165~166면.

90 《세종실록》 12년 7월 28일.

91 허봉, 〈하곡선생조천기荷谷先生朝天記〉 상, 《하곡집荷谷集》.

92 정약용, 〈황주월파루기黃州月波樓記〉, 《다산시문집》 권14.

93 정약용, 〈玉堂請謁聖放榜. 勿以舞童賜新恩箚子〉, 《다산시문집》 권9.

94 이우성·임형택 역편, 같은 책, 1978, 333면.

95 이덕무, 《사소절》하, 동규童規 1, 《청장관전서》 권31.

96 이덕무, 같은 글, 같은 책.

97 박세채, 《남계집南溪集》 정집正集, 권65.

98 스튜어트 컬린, 〈편사 하기: 활쏘기 놀이〉, 같은 책, 2003.

99 양득중, 《덕촌집德村集》 권4.

100 《정조실록》 8년 11월 18일.

101 《명종실록》 21년 6월 21일.

102 병구완과 약시시. 약시시는 약으로 다스리는 일.

103 오랫동안 공을 들인다는 뜻.

104 민유중, 〈전주부윤리원정파출상全州府尹李元禎罷黜狀〉, 《문정공유고文貞公遺稿》 권7.

105 《홍재전서》 권172, 〈일득록〉 12, 인물人物 2.

106 이우성·임형택 편역, 같은 책, 1992, 107~109면.

107 《숙종실록》 44년 11월 4일.

108 《중종실록》 23년 7월 8일.

109 《고종실록》 32년 3월 10일.

110 《효종실록》 6년 10월 7일

111 《숙종실록》 29년 5월 3일.

112 《현종실록》 5년 9월 9일.

113 임형택 편역, 같은 책, 1992, 143~146면.

114 水田鷺飛, 高柳風凉. 冶爐打鐵, 行子買飯. 村店荒寒之景, 反覺有安閒之趣

115 유희춘, 〈경연일기經筵日記〉, 갑술甲戌(1574) 12월 6일, 《미암집眉巖集》 권18.

116 이덕무, 〈서해여언西海旅言〉, 《청장관전서》 권62.

117 《요로원야화기要路院夜話記》는 김동욱 교주, 《어우야담·운영전·요로원야화기·삼
    설기》, 1984, 교문사, 444~501면에 실려 있음. 이하 관련 인용은 이 책에 의한다.

118 이옥, 〈중흥유기重興遊記〉, 실시학사 고전문학연구회 역주, 《이옥전집》 1, 2002,
    282~283면.

119 牛背村婆, 何足動人. 而行子緩轡, 注眼以視. 一時光景, 令人笑倒.

120 破鞍羸蹄, 行色疲甚. 有何興趣, 回首拾綿村娥.

121 《한국민속대관韓國民俗大觀》 1, 고려대학교 민족문화연구소, 1980, 598면.

122 《한국민속대관》 1, 598면.

123 《한국민속대관》 1, 600~601면.

124 《한국민속대관》 1, 601면.

125 이우성·임형택 역편, 같은 책, 1978, 199~207면.

126 《세조실록》 14년 5월 6일.

조선 풍속사 1

조선 사람들, 단원의 그림이 되다

⊙ 2010년 6월 7일 초판 1쇄 발행
⊙ 2016년 8월 17일 초판 4쇄 발행
⊙ 글쓴이   강명관
⊙ 펴낸이   박혜숙
⊙ 책임편집   신상미
⊙ 디자인   조현주
⊙ 영업·제작   변재원
⊙ 인쇄   정민인쇄
⊙ 제본   정민제책
⊙ 종이   화인페이퍼
⊙ 펴낸곳 도서출판 푸른역사
　 우) 03044 서울시 종로구 자하문로8길 13
　 전화: 02)720-8921(편집부) 02)720-8920(영업부)
　 팩스: 02)720-9887
　 전자우편: 2013history@naver.com
　 등록: 1997년 2월 14일 제13-483호

ⓒ 강명관, 2016

ISBN   978-89-94079-14-1 03900
ISBN   978-89-94079-17-2 (세트)